Edition Maritim

JANE CUMBERLIDGE

Binnengewässer Irlands

Alle schiffbaren Flüsse und Kanäle

Edition Maritim

Autor und Verlag übernehmen für Irrtümer, Fehler oder Weglassungen keinerlei Gewährleistung oder Haftung. Die Pläne dienen zur Orientierung und nicht zur Navigation; sie ersetzen also keineswegs offizielle Karten.

Bibliografische Information der Deutschen Bibliothek
Die Deutsche Bibliothek verzeichnet diese Publikation in der Deutschen Nationalbibliografie; detaillierte bibliografische Daten sind im Internet über „http://dnb.ddb.de" abrufbar.

1. Auflage
ISBN 3-89225-468-0
Die Rechte für diese deutsche Ausgabe liegen bei
Edition Maritim GmbH, Raboisen 8, 20095 Hamburg

© für die englische Originalausgabe:
Jane Cumberlidge 2002
published by
Imray, Laurie, Norie & Wilson Ltd., St. Ives, Cambridgeshire

Umschlag: Buchholz/Hinsch/Hensinger, Hamburg
Übersetzung und deutsche Bearbeitung: Dr. Volker Bartsch, Berlin
Druck: M. P. Media-Print Informationstechnologie GmbH, Paderborn

Fotos: Jane Cumberlidge, bis auf:
Siân Barron: Seite 12, 57, 81 o., 82/83 o., 83 u., 84 o., 86 u., 87 o., 88u. li.
James Briggs: Seite 10, 81 u. li., 82 li. Spalte, 86/87 u., 87 u., 92 u., 117, 138
The National Trust: Seite 44, 69, 92 o.

Printed in Germany 2003

Vertrieb: Delius Klasing Verlag, Siekerwall 21, 33602 Bielefeld
Tel.: 0521/559-0, Fax: 0521/559-114
e-mail: info@delius-klasing.de · www.delius-klasing.de

Inhalt

Danksagung

Wie immer bei solchen faktenreichen Büchern haben mir zahllose Enthusiasten mit ihrer Zeit, ihrem Rat und ihren lokalen Kenntnissen geholfen. So viele haben mir von ihren Lieblingsplätzen erzählt, den Restaurants oder den besten Pubs mit der besten Musik, ihren schönsten Ankerplätzen und auch den weniger guten, dass ich unmöglich jeden namentlich nennen kann. Ihnen gilt mein aufrichtiger Dank für die vielen wertvollen Hinweise.

Aber einigen möchte ich besonders danken, die Entwürfe gelesen und korrigiert und zahllose Fragen beantwortet und mir Informationen geschickt haben. Zuallererst danke ich den Mitgliedern der Inland Waterways Association of Ireland (IWAI) und ihrem Präsidenten Colin Becker; Brian Goggin, dem Herausgeber der *Inland Waterways News*; Susan Horan von der Lough Corrib-Gruppe; Jim Davies, Michael Savage und Ian Leinster von der Gruppe für Nordirland. Mein besonderer Dank gilt auch den Mitarbeitern der IWAI im ganzen Land. Manche arbeiteten für andere Organisationen, als ich sie kennen lernte, darunter Brigid Johnston, Alec Foye, Bernie Maguire, Brian McTeggart und Jim Keane. Wertvolle Informationen und Vorschläge kamen von Shane Belford von der Ulster Waterways Group, Greg Ferris vom Lisburn District Council, Alan Cooper von Ferguson McIlveen, Alan Hill und Cormac Healy vom Shannon–Erne Waterway, Caroline Marshall vom Beratungskomitee für Lough Neagh und den Lower Bann, David Thompson, dem Manager des Strangford Lough Wildlife Trust und der Aufseherin Sheilagh Rainey. Dank an May Blair für die Hintergrundinformationen zum Lagan, James Briggs für seine Recherchen und Fotos und Wallace Clark für seine Ergänzungen zum Lower Bann und den Fjorden.

Zu Wasser und an Land wurde die Informationsbeschaffung durch John Lahiffe von Bord Fáilte, der irischen Tourismusorganisation, erleichtert. Ebenso von Joanne Clark von Dúchas, dem Waterway Service, Graham Thomas von Riversdale Barge Holidays und Angus Levie von der Shannon Castle Line. Ihre Unterstützung war für dieses Buch außerordentlich wertvoll.

Mein Dank gilt Willie Wilson für die Möglichkeit, dieses Buch zu schreiben, und den Mitarbeitern des Imray-Verlages, besonders Jill Eaton, die die Karten erstellt hat.

Vorwort

Als Grund für das gewagte Unternehmen, dieses Buch zu schreiben, kann ich nur die unheilbare Begeisterung angeben, die wie bei vielen Enthusiasten der Wasserwege durch den eleganten und beschwörenden Stil der Prosa von Lionel T. C. „Tom" Rolt angefacht wurde. Vor vielen Jahren lenkte die Lektüre von *Narrow Boat* mein Interesse auf die englischen Kanäle. Als ich später ein Exemplar von *Green and Silver* in die Hände bekam, war ich von dem Blick auf die irischen Wasserwege gefesselt, die Rolt so verführerisch beschreibt. Und als ich begann, das erstaunlich weit verzweigte Netz von Kanälen, Flüssen und Loughs in der wunderschönen irischen Landschaft zu erkunden, war ich alles andere als enttäuscht. Kreuz und quer in diesem charmanten Land warten genug friedliche, spektakulär schöne und schiffbare Gewässer auf ihre faszinierende Entdeckung. Man hätte damit Jahre zu tun, selbst wenn man nichts anderes täte. Angesichts der Zeit, die den meisten von uns dafür zur Verfügung steht, bin ich sicher, dass die irischen Binnengewässer groß und interessant genug sind, um fast ein Leben lang genüsslich auf ihnen umherzufahren.

Die Auflage von 1962 der *Inland Waterways of Great Britain* von Lewis A. „Teddy" Edwards enthielt ein Kapitel über die seinerzeit schiffbaren irischen Binnengewässer. In den folgenden Ausgaben fehlten sie, nur 1972 gab es dazu einen Anhang. Als ich in den späten 1990er-Jahren die siebte Auflage vorbereitete, waren der Herausgeber und ich der Meinung, dass es angesichts der beachtlichen Entwicklung und der fortschreitenden Arbeiten an den irischen Wasserwegen an der Zeit wäre, ein eigenes Buch darüber zu schreiben, das neben den entsprechenden Büchern des Verlages stehen sollte. Hier also ist es.

Die Möglichkeiten für Törns in Irland sind enorm. Eine der größten Attraktionen dieser vergleichsweise wenig frequentierten Kanäle, Flüsse und Loughs ist die einladende Weitläufigkeit, die häufig das Gefühl vermittelt, allein auf weiter Flur zu sein. Hoffentlich ändert dieses Buch diesen Umstand nicht allzu sehr. Anders als in Großbritannien, wo die meisten Strecken Kanäle sind, kann man in Irland die unterschiedlichsten Gewässer befahren. Deshalb begeben sich hier Menschen mit den verschiedensten Vorlieben und Bootstypen aufs Wasser – stark motorisierten Kabinenkreuzern, traditionellen Last-kähnen, umgebauten Arbeitsschiffen, Trailerbooten, Dingis, Ruderbooten oder Kanus. Die wunderbaren Fjorde und die großartige Shannon-Mündung machen es auch seegängigen Booten möglich, weit ins Inland vorzudringen. Mit dem richtigen Schiff kann man Irland von der Irischen See bis zum Atlantik durchqueren.

Die irischen Binnengewässer bieten zugleich eine große Vielfalt von Aktivitäten an den Ufern. Um mehr Menschen zum Besuch dieser zauberhaften Gegenden zu ermutigen, wendet sich dieses Buch nicht nur an diejenigen, die ausschließlich an Aktivitäten auf dem Wasser interessiert sind. Deshalb enthält es einige Hinweise auf interessante Orte und Aktivitäten in der Nähe der jeweiligen Gewässer, ebenso Restauranttipps. Natürlich sind solche Empfehlungen keine Garantie, aber ich selbst habe sie immer als guten Ausgangspunkt empfunden – und so sollten sie verstanden werden.

Lange Wanderungen entlang der gut ausgeschilderten Wasserwege sind sehr beliebt. In vielen Fällen kann man abends mit örtlichen Verkehrsmitteln zum Ausgangspunkt zurückkehren. Einige Routen bieten nahe gelegene Unterkünfte, und man kann das Gepäck transportieren lassen. Auch Fahrradtouren werden beliebter, und die Wege sind gut gekennzeichnet. An den Kanälen in Nordirland gibt es immer mehr von „Sustrans" (Sustainable Transport Group) geplante und markierte Routen.

Der Angelsport gehörte immer schon überall zu den Binnengewässern. Das ist in Irland nicht anders. Hier gibt es einige der besten Fischgewässer im nördlichen Europa. Viele Bootsvermieter bieten zu den Urlaubskreuzern kleine Angelboote an. Überall gibt es zahlreiche Angelwettbewerbe, über die am besten die örtlichen Touristenbüros informieren.

Meine Absicht mit diesem Buch ist es, die wesentlichen Informationen über die irischen Kanäle, Flüsse und Loughs aufzubereiten, damit jeder seine eigenen Entdeckungen machen kann, und so zur Freude an diesem unvergleichlichen Land und seinen herrlichen Binnengewässern beizutragen. Sollte der Leser auf seiner Reise irgendwelche Fehler entdecken, wäre ich für eine Nachricht an den Verlag dankbar.

Jane Cumberlidge

Einleitung

Irland ist eine außerordentlich wasserreiche Insel. Aus der Luft könnte man meinen, es gäbe ebenso viel Wasserflächen wie Land. Was wäre also geeigneter, dieses wunderschöne Land mit seinen warmherzigen und freundlichen Menschen kennen zu lernen, als es von seinen Hunderten von Kilometern von Wasserwegen aus zu erkunden. Irlands herrliche Fjorde und Buchten dringen tief hinter die Küstenlinie ins Land und bieten aufregende Segel- und Motorbootreviere für jeden, der es erleben will. Im Inland gibt es spektakuläre Flüsse, Süßwasserseen und ein faszinierendes Netz von Kanälen, die das tiefe, von Bergen umgebene Becken im Herzen des Landes durchziehen.

Seit unvordenklichen Zeiten wurden die Flüsse als Transportwege und Entdeckerpfade genutzt. In Irlands bewegter Historie gibt es genug Geschichten über Invasoren, die über die Flüsse ins Land kamen. Der mächtige Shannon ist der längste Fluss auf den Britischen Inseln. Er war über Tausende von Jahren der Weg ins Innere des Landes. Der River Barrow windet sich von Waterford aus durch den fruchtbaren Südosten des Landes, der Bann verbindet Lough Neagh mit der Nordostküste, und der River Erne entwässert die Seen des County Fermanagh in den Atlantik.

Als die Menschen in der Lage waren, die Flüsse durch Wehre zu stauen, wurde die Schifffahrt sehr viel leichter. Im 18. Jahrhundert begann man, vollständig künstliche Kanäle anzulegen. Der Grand Canal und der Royal Canal verbanden Dublin mit dem Shannon und schufen leichtere Transportwege nach Limerick und an die Atlantikküste. Belfast wurde über den River Lagan und den Lagan Canal mit dem Ostufer des Lough Neagh verbunden, während der Ulster Canal westwärts die Verbindung zu Lough Erne schuf und von hier über den Ballinamore and Ballyconnell Canal zum Shannon. Es war möglich, Irland von Waterford im Süden nach Coleraine im Norden zu durchqueren, ohne die See zu berühren.

Die Wirtschaft entlang der Kanäle entwickelte sich nicht so, wie man im Viktorianischen Zeitalter erwartete. Bedauerlich, aber unvermeidlich übernahm die Eisenbahn zuerst die Passagiere und dann die Waren. Zum Ende des Zweiten Weltkrieges waren nur noch die größeren Binnenwasserstraßen schiffbar: Shannon, Grand Canal, östliche Abschnitte des Royal Canal und der River Barrow. 1946 unternahm Tom Rolt eine Sommerreise auf den irischen Wasserwegen. Er war einer der letzten, der die Rundreise vom Shannon über den Grand Canal nach Dublin und zurück über den Royal Canal machen konnte.

Heute ist Irland wohl eines der wenigen Länder, das immerhin die Möglichkeit bieten könnte, eine Insel von Küste zu Küste, von Nord nach Süd und Ost nach West per Boot durchqueren zu können. Wenn die verschiedenen Seezugänge und die Kanäle aus dem 19. Jahrhundert restauriert würden, hätte Irland Tausenden von Enthusiasten Einzigartiges zu bieten.

Mein Interesse an den irischen Wasserwegen erwachte, als ich Tom Rolts *Green and Silver* las, den unwiderstehlichen Bericht über seine Reise von 1946. Vor kürzerem las ich in den Zeitungen von der Arbeit der Royal Canal Amenity Group zur Wiederherstellung der Verbindung zum Shannon, damit diese Rundreise in Zukunft wieder möglich wird.

Die Inland Waterways Association of Ireland und die Ulster Waterways Group setzen sich weiter für die Binnenwasserstraßen ein. Und hoffentlich werden in Zukunft der Ulster Canal erneuert und weitere Kanäle in Nordirland restauriert.

Unterdessen hat Irland bereits ausreichend schiffbare Gewässer, die viele Sommer lang großartige Törns ermöglichen. Man findet immer einen ruhigen Hafen für die Nacht in friedvoller Umgebung. Und wenn einem danach ist, wird der Weg über eine verschlafene Landstraße zu einem Dorf oder einer lebendigen Kleinstadt und zur legendären irischen Gastfreundschaft nicht zu weit sein. Es findet sich immer ein Pub hinter der nächsten Ecke. Und in den Bars der kleinsten Nester oder geschäftigen Städte wird im ganzen Land viel irische Musik gespielt.

Aber man muss nicht Boot fahren, um die Schönheit der Wasserwege quer durch Irlands Landschaft genießen zu können. Die Treidelpfade entlang des Royal und des Grand Canal sind gut ausgeschilderte Wanderstrecken. Der Treidelpfad am River Barrow lädt zu einer langen Wanderung ein. Am Mittelabschnitt des River Suck gibt es einen markierten Weg. Viele Abschnitte des Shannon sind Wanderern zugänglich. Irland ist auch gut mit dem Fahrrad zu bereisen. Viele Strecken führen an Kanälen entlang oder um die Loughs herum. Touristische Einrich-

BINNENGEWÄSSER IRLANDS

N

Malin Head

Lough Swilly

Lough Foyle

Portrush

Coleraine

Letterkenny

Foyle

LONDONDERRY

Strabane

Lower Bann

Larne

Belfast Lough

NORD-IRLAND

Antrim

Atlantischer Ozean

Donegal

Lough Neagh

Coalisland

BELFAST

Donegal Bay

Belleek

Ballyshannon

Erne

Lower Lough Erne

Enniskillen

Blackwater

Armagh

Lagan

Upper Bann

Strangford Lough

Sligo

Lough Gill

Upper Lough Erne

Monaghan

Ulster Canal

Newry Canal

Newry

Carlingford Lough

Lough Key

Lough Allen

Belturbet

Dundalk

Boyle

Boyle

Shannon - Erne Waterway

Lough Oughter

Carrick on Shannon

Carnadoe Waters

Longford

Erne

Drogheda

Navan

Westport

Lough Mask

Royal Canal

Boyne

Lough Ree

Clifden

Lough Corrib

Suck

Shannon

Athlone

Kilbeggan

Grand Canal

Edenderry

DUBLIN

GALWAY

Ballinasloe

Shannon Harbour

Mountmellick

Naas

Corbally

Aran Is

Shannon

Lough Derg

Athy

Wicklow

Ennis

REPUBLIK IRLAND

Carlow

Barrow

Kilrush

Shannon

LIMERICK

Kilkenny

Foynes

Adare

Tipperary

Inistioge

Nore

New Ross

Slaney

Enniscorthy

Tralee

Deel

Maigue

Clonmel

Carrick-on-Suir

Suir

Waterford

Wexford

Dingle

Castlemaine

Mallow

Cappoquin

Lismore

Bride

Sankt-Georgs-Kanal

Killarney

Blackwater

CORK

Youghal

Lee

Bantry

Irische See

Schiffbarer Wasserweg	
Nicht schiffbarer Wasserweg	
Fluss	

0   50

Kilometer

9

Das Wehr in Graiguenamanagh

tungen gibt es überall nahe an den Wasserwegen. Alle Formen des Angelns kann man an den Loughs, Kanälen und Flüssen betreiben. Die klaren, nicht verschmutzten Gewässer bergen eine große Zahl von Fischarten als Herausforderung für Angler, die aus der ganzen Welt hierher kommen.

Wer weniger sportlich ist, kann in einigen alten Kanalabschnitten detektivisch industrielle Archäologie betreiben. Man kann dem Verlauf des alten Ulster Canal noch teilweise folgen und viele der originalen Bauwerke finden. Was geschah mit dem Strabane Canal? Warum wurde der Blackwater and Munster Canal nie vollendet? Wurde der Kilkenny Canal je in Betrieb genommen? Man kann den verschiedenen Wegen folgen, auf denen Boote jahrelang durch Limerick ins Gebiet des Shannon fuhren, oder den Verlauf des Cong Canal nachvollziehen, der Lough Corrib und Lough Mask verbinden sollte.

An vielen Ufern gibt es wunderbare historische Monumente. Die Klosterruinen von Clonmacnois, gegründet im 6. Jahrhundert, sind vermutlich die berühmtesten. Es gibt einige imposante Ruinen von Hotels der Kanalgesellschaft am Grand Canal. Viel älter sind die merkwürdigen Janusfiguren auf Boa Island im Lower Lough Erne. Überall gibt es nicht

weit von den Wasserwegen Castles, Herrenhäuser und große Gartenanlagen. Literaturfreunde können am Grand Canal in Dublin in der Nähe von Patrick Kavanagh verweilen oder Banagher besuchen, wo Charlotte Brontë ihre Flitterwochen mit Arthur Bell Nicholls verbrachte. Und natürlich kann man in Dublin auf den Spuren von James Joyces *Ulysses* wandeln.

Mit der Zunahme des Tourismus haben sich auch die Qualität und die Quantität von Unterkunft und Verpflegung verbessert. Viele junge irische Köche machen sich einen Namen mit frischen einheimischen Erzeugnissen und entwickeln einen irischen Stil und Geschmack, der einen schon ans Wiederkommen denken lässt, bevor man wieder zu Hause ist. Mit der Gemächlichkeit einer Bootsfahrt, zu Fuß oder auf zwei Rädern oder einer mußevollen Autotour wird man eine Seite Irlands entdecken, von der nur wenige Besucher des Landes etwas wissen.

Wenn man in Irland umherreist, sei es im Boot oder Auto, weiß man manchmal nicht, wo genau man sich befindet. Mir ist die charmante widersprüchliche Schreibweise von Ortsnamen aufgefallen. Heißt es Roosky oder Rooskey, trifft der Royal Canal den Shannon bei Clondra, Clondara oder Cloondara, wo

Morgenstimmung in Mountshannon am Lough Derg

ist Innfield oder ist man in Enfield schon ange-
kommen? Wenn eine Karte, ein Straßenschild oder
Reiseführer eine wieder andere Schreibweise für
meine Beispiele hat, bitte ich um Entschuldigung für
die gestiftete Verwirrung und hoffe, dass jedermann
sein Vergnügen finde werde, wo immer das auch sein
mag.

Für manchen wird die Nummerierung der Schleusen
in Irland gewöhnungsbedürftig sein. Hier zählt man
Doppelschleusen einfach. Zwischen Clondalkin und
Sallins auf dem Grand Canal passiert man die
Schleusen 9 bis 15, aber 9 und 13 haben je zwei Kammern unmittelbar hintereinander. Nach englischer
Zählweise hat man es mit neun Schleusen zu tun, nach
irischer nur mit sieben. Das ist zwar weniger logisch,
macht aber vermutlich entsprechend weniger Arbeit.

Als Tom Rolt 1946 mit der *Le Coq* die Kanäle und
den Shannon erkundete, sah die Zukunft vieler düste-
rer aus. 1954 hellte sich die Lage etwas auf, als eine
kleine Gruppe Kanalbegeisterter die Inland Waterways Association of Ireland gründete. In unserem
neuen Jahrhundert mit immer mehr Technik, Stress
und Geschwindigkeit wird die friedliche Schönheit
von Flüssen, Seen und kleinen, in die Landschaft
geschmiegten Kanälen von vielen geschätzt. Nicht

nur von denen, die sich den Gewässern anvertrauen,
sondern auch von den gehetzten Seelen, die sich zu
Fuß oder auf dem Fahrrad an ihren Uferwegen
treiben lassen.

Wasser verstärkt die Wirkung einer Landschaft durch
seine Geräusche, sein Dahinfließen oder einfach
durch seine stille Anwesenheit wie bei Kanälen.
Irlands Binnengewässer sind ein natürlicher Anzie-
hungspunkt und spielen für den Tourismus eine
wichtige Rolle. Dieses Buch ist ein allgemeiner
Führer für ein breites Spektrum von Lesern: für
Bootseigner oder Urlauber, die ein Boot chartern
wollen, für Wanderer und Fahrradtouristen oder für
solche, die sich einfach für schiffbare Gewässer
interessieren. Und wer noch nie in Irland war, dem
steht ein unvergessliches Erlebnis bevor.

Geschichte der Wasserwege

Auf einer Insel mit tiefen Buchten, großen Seen und
Tausenden von Flüssen spielen die Wasserwege eine
bedeutende Rolle in der Geschichte. Auf ihnen gab es
immer schon ein leichteres Fortkommen als in den
Mooren und der Wildnis Irlands. Einige prähistori-

Auf der Insel Boa im Lower Lough Erne stehen diese seltsamen Janus-Figuren.

sche Überreste belegen, dass bereits die frühen Iren an den Gewässern siedelten.

Der Nachteil der Flüsse bestand darin, dass auch die Feinde übers Wasser kamen. Nicht nur Nachbarstämme, sondern auch Invasoren von weit her nahmen diesen Weg. Die Wikinger sind zweifellos die bekanntesten, die den Shannon hinaufzogen. Das mag daran liegen, dass ihre Raubzüge im 9. und 10. Jahrhundert gut belegt sind, wohingegen es aus früheren Zeiten keine Quellen gibt.

Auf den großen Loughs im Herzen des Landes haben viele irische Schlachten stattgefunden. Lough Ree, Lough Neagh und Lough Derg sind fast schon Binnenmeere. Im ganzen Land gibt es Hunderte kleinerer Loughs, wie die Seen hier heißen. Der Legende nach wurde der berüchtigte Wikinger Turgesius 845 im Lough Owel ertränkt, nachdem ihn der König von Meath, Maelshechlainn (O'Meglaghlin) gefangen hatte. In der Mitte des 10. Jahrhunderts schlug Brian Boru auf Lough Ree ein Wikingerheer. Der erste künstliche Wasserweg war vermutlich der Friar's Cut, den die Mönche des Klosters Claregalway 1178 durch eine kleine Insel am Südende von Lough Corrib gruben. Er ist seither bis heute schiff-

bar. Im Mittelalter wurden vielfach Wehre gebaut, um Mühlen zu betreiben, Fischgewässer zu schaffen oder den Bootsverkehr zu erleichtern.

Angeblich haben die Chinesen die Schleusen erfunden. Lange Zeit öffnete man zum Passieren eines Wehrs ein Tor. Dabei floss sehr viel Wasser ab. Dann kam die Idee einer Kammer mit zwei Toren auf. Das Boot fuhr in die Kammer und wurde angehoben oder abgesenkt. Leonardo da Vinci erfand die Gehrungen für die Tore, die wir heute gewohnt sind. Obwohl heute viele moderne Schleusen automatisiert sind, geht der Tormechanismus auf Leonardo zurück.

Gegen Ende des 15. Jahrhunderts gab es einen erfolglosen Versuch, Lough Corrib mit dem Meer zu verbinden. Erst 200 Jahre später ging es voran. Um 1700 wurden im irischen Parlament mehrere Gesetze mit dem Ziel eingebracht, die Schiffbarkeit von Shannon, Barrow, Boyne und Suir zu verbessern und einen Kanal von Newry zum Lough Neagh zu bauen. Keiner dieser Pläne fand Gehör.

Ein berühmtes Gesetz von 1715 sollte im Landesinnern zur Bodenverbesserung durch bessere Entwässerung führen. Zugleich sollten etliche Flüsse, u. a. der Shannon, Liffey, Barrow, Brosna, Boyne, Bann, Erne, Foyle, Boyle, Rye, Slaney, Suck und Suir für den Warentransport schiffbar gemacht werden. Trotz der nachfolgenden Gesetze von 1721 und 1729 wurde praktisch kaum etwas erreicht.

An der Maigue, einem Nebenfluss des Shannon unterhalb von Limerick, gab es einige Arbeiten. Ein Bauprogramm wurde am Liffey begonnen, geriet aber 1723 so in Schwierigkeiten, dass die Gesellschaft trotz Hilfe durch das Parlament bankrott ging. Dies scheint private Investoren für etliche Jahre entmutigt zu haben. 1729 wurde in jeder Provinz ein Komitee gebildet, das die bisher lokal wahrgenommenen Aufgaben beim Kanalbau übernahm.

Das schnelle Wachstum Dublins und sein Bedarf an Kohle brachte die Regierung schließlich in Schwung. Im County Tyrone waren Kohlegruben erschlossen worden. Man glaubte, so Dublin besser versorgen zu können als durch Importkohle aus Großbritannien. Pläne zum Bau eines Kanals zwischen Newry und Lough Neagh wurden entwickelt, der durch einen westlichen Kanal zu den Kohlegruben ergänzt werden sollte.

Der 1742 eröffnete Newry Canal wurde die erste künstliche Wasserstraße des Kanalzeitalters auf den Britischen Inseln. 20 Jahre später baute man einen Kanal vom Carlingford Lough nach Newry, der 1769 eröffnet wurde. Thomas Omer war der Ingenieur. Nun konnten 120-Tonnen-Schiffe die Stadt anlaufen und machten sie zum bedeutendsten Hafen im Norden von Irland.

1751 wurde durch Gesetz eine Organisation zur

Zusammenführung der vier Provinzzuständigkeiten gegründet, die *Corporation for Promoting and Carrying on an Inland Navigation in Ireland*. Mit ihr und mehr öffentlichen Geldern entwickelten sich nun Schifffahrtsprojekte sehr schnell. In England waren die Kanäle eine Antwort auf die beginnende Industrialisierung und den Transportbedarf für Waren und Rohstoffe, um die wachsende Stadtbevölkerung versorgen zu können. In Irland wurde diese Entwicklung von der Regierung in der Hoffnung gefördert, dass die Industrialisierung der ausgebauten Infrastruktur folgen würde. Außerdem glaubte man, dass sich die Landwirtschaft wegen des leichteren Zugangs zu den Märkten im ganzen Land modernisieren würde.

Die neue Gesellschaft begann Arbeiten am Shannon, am Grand Canal, dem unteren Abschnitt der Boyne bei Drogheda und am Barrow. Trotz der Vielzahl der Projekte und der Unterstützung durch die Regierung ging es in der zweiten Hälfte des 18. Jahrhunderts nur schleppend voran. Der Tyrone-Wasserweg, auch als Coalisland Canal bekannt, entwickelte sich mit mehreren Rückschlägen nur langsam und teuer. Weder die Menge noch die Qualität der Kohle erfüllte die Erwartungen. Die Arbeiten am Lagan-Wasserweg begannen 1756, aber es dauerte noch 30 Jahre, bevor Lough Neagh und Belfast Lough verbunden waren. Der Strabane Canal nördlich von Londonderry wurde 1796 eröffnet, am Grand Canal ging die Arbeit weiter, und die Schifffahrt am Barrow bis St. Mullins wurde 1790 freigegeben.

Organisationsformen unterliegen dem Wandel. Diese Gesellschaft wurde 1797 aufgelöst. An ihre Stelle traten Einzelgesellschaften für die verschiedenen Projekte. 1801 brauchte man neuen Schwung und eine neue Körperschaft, die *Directors General of Inland Navigation*, wiederum verantwortlich für alle Projekte im Lande. 1805 wurde der Grand Canal bis Shannon Harbour eröffnet. Die Grand Canal Company schloss ihre Ausbaumaßnahmen am mittleren Shannon 1810 ab.

Im Norden des Landes erreichte der Royal Canal 1817 den Shannon bei Clondara. Man baute parallel zum hier zu flachen Shannon einen Kanal von Battlebridge zum Lough Allan. Angesichts dieser Verbesserungen wurde wieder das Interesse an einer Verbindung zum Lough Neagh wach. 1825 wurde die Ulster Canal Company beauftragt, einen Kanal vom Südwesten des Lough zum Finn, einem Zufluss des Lough Erne, zu bauen. Dieser erste Schritt nach Westen zum Shannon wurde erst 1841 fertig.

1846 begann man mit dem heutigen Shannon–Erne Waterway. Der Ballinamore and Ballyconnell Canal wurde 1859 eröffnet. Aber der Verkehr auf diesen beiden Kanälen kam nicht in Gang. Kurz nach der

Limerick: die erste Schleuse, wo der alte Kanal in den Fluss Abbey einmündet.

Eröffnung des letzteren wurde der Ulster Canal wegen Ausbesserungsarbeiten wieder geschlossen. Aber man erweiterte die Schleusen nicht. Die schmalsten waren nur 3,5 m breit, fast einen Meter schmaler als an den Lagan- und Newry-Kanälen, was natürlich Probleme bereitete. Als der Ulster Canal 1873 wieder geöffnet wurde, war die Shannon–Erne-Verbindung schon nahezu unpassierbar, weil der stets problematische Versuch aus der Bauzeit sich auswirkte, Entwässerung und Schifffahrt zu verbinden.

1831 wurden die ersten Kommissare für öffentliche Arbeiten ernannt, die die Aufgaben des *Directors General of Inland Navigation* übernahmen. Es gab eine Gesellschaft, die Raddampfer auf dem Shannon betrieb, und es war unübersehbar, dass am Shannon umfangreiche Arbeiten erforderlich waren, um ihn voll schiffbar zu machen. 1835 wurde das erste einer Reihe von Shannon-Schifffahrtsgesetzen verabschiedet und Arbeiten begonnen, um den Handelsverkehr auf diesem großen Fluss zu verbessern. 1845 wurden für diese Aufgabe besondere Kommissare ernannt.

Im ganzen 19. Jahrhundert spielten die Binnenwasserstraßen für das Transportwesen in Irland eine bedeutende Rolle, aber die sich entwickelnde Eisenbahn setzte den Kanalgebühren enge Grenzen. Die Passagierschifffahrt musste bald der schnelleren und flexibleren Bahn weichen. Die meisten Dienste gaben bis in die 1860er-Jahre auf. Eisenbahngesellschaften begannen Kanalgesellschaften zu übernehmen. Die Royal Canal Company wurde 1845 an die Midland and Great Western Railway Company verkauft.

Zu Beginn des 20. Jahrhunderts gab es noch umfangreiche Transporte auf dem Grand Canal, dem Barrow und dem Shannon, aber nur sehr unbedeutend auf den anderen Wasserwegen. Dies blieb bis zum Zweiten Weltkrieg so. 1906 setzte die Regierung die Shuttleworth Commission mit der Aufgabe ein, den Zustand der Wasserstraßen in ganz Großbritannien zu untersuchen. Trotz durchgreifender Empfehlungen für viele Bereiche wurden alle Schlussfolgerungen der Kommission ignoriert. Die junge Republik Irland setzte 1922 eine neue Kommission ein. Auch sie gab Empfehlungen zur Modernisierung der noch in Betrieb befindlichen Wasserwege. Aber es geschah wiederum nichts.

In der ersten Hälfte des 20. Jahrhunderts verschlechterte sich der Zustand der irischen Wasserwege erheblich. Im Norden wurden viele geschlossen oder aufgegeben. In der Republik wurden nur der Grand Canal, der Shannon und einige Abschnitte des Barrow weiter als Transportwege genutzt. Als Tom Rolt 1946 seine historische Reise unternahm, war der Royal Canal im Westen nahezu unpassierbar. Etliche Bauwerke waren dringend sanierungsbedürftig.

Mit der Gründung der *Inland Waterways Association of Ireland* (IWAI) in den fünfziger Jahren wendete sich das Blatt. Durch ihre ersten Taten zum Erhalt passierbarer Brücken am Shannon und der Verhinderung der Zerstörung der Ringfahrt (Circular Line) des Grand Canal in Dublin bewies die IWAI, dass die Iren ihre Wasserwege für ein wertvolles Erbe hielten, das im Leben und der Wirtschaft des Landes weiter eine Rolle spielen sollte. Ihre Nutzung zum Freizeitvergnügen hat sich hier nicht so schnell und intensiv entwickelt wie in England, aber genau dies macht heute ihre Schönheit aus und ist das beste Verkaufsargument.

Weil auf diese natürlichen Vorzüge der irischen Kanäle und Flüsse immer größerer Wert gelegt wird, blicken sie einer glänzenden Zukunft entgegen. Ihre Weiterentwicklung hat zur Wiedereröffnung des Shannon– Erne Waterway geführt, und die Regierung hat die vollständige Restaurierung des Royal Canal zugesagt. Die positiven ökonomischen Effekte dieser beiden Projekte haben die Befürworter einer Restaurierung des Ulster Canal und anderer nordirischer Wasserwege gestärkt. Sie unterliegen jetzt der Zuständigkeit von *Waterways Ireland*. Zahllose Dörfer und Städte an den alten irischen Wasserwegen schauen optimistisch in die Zukunft unseres jungen Jahrhunderts.

Kanal- und Wasserweg-Vereine

In Irland gibt es nicht so viele verschiedene Wasserstraßen-Vereine wie in England, wo es zu jedem Kanal, besonders den aufgegebenen, eine eigene Gruppe von Unterstützern gibt. Die Hauptorganisation für die irischen Wasserwege ist die *Inland Waterways Association of Ireland*. Ihre vielen lokalen Gliederungen erfüllen die gleichen Aufgaben wie die verschiedenen britischen Vereine.

Vermutlich weil die IWAI Zweifel daran hatte, dass der Royal Canal je wieder schiffbar gemacht würde, entwickelte sich in den 1970er-Jahren die *Royal Canal Amenity Group*. In Nordirland, wo es nur wenige schiffbare Wasserwege gibt, setzt sich die *Ulster Waterways Group* angesichts des ökonomischen Potenzials der Kanäle sehr für Restaurierungen ein. Die *River Bann and Lough Neagh Association* hat viele Jahre für die Wiederbelebung dieser zwei Wasserwege gearbeitet und ging im Jahre 2000 in der IWAI auf. Die *Heritage Boats Association* wurde 2001 von Leuten gegründet, die sich für die alten Schiffe interessieren.

In ganz Irland gibt es viele lokale Vereinigungen, Clubs und Gesellschaften, die sich mit den Wasserwegen befassen. Dazu gehören zahlreiche Angel-, Ruder-, Segel- und Paddelclubs und lokale Vereine für Vogelbeobachtung, Wanderer und Fahrradfahrer.

Die Inland Waterways Association of Ireland

Das Ziel des Vereins sind die Nutzung, Entwicklung und der Erhalt der irischen Wasserwege für den kommerziellen und den Freizeitbetrieb. Die ersten Ansätze zur Gründung des Vereins gab es 1952. Tom Rolts grundlegendes Buch *Narrow Boat* war für die britische Vereinsgründung entscheidend. Sein 1949 erschienenes Buch *Green and Silver* lenkte die Aufmerksamkeit auf die Misere der irischen Wasserwege: Es war der Bericht über eine Reise, die Rolt 1946 mit seiner Frau und dem kleinen Motorkreuzer *Le Coq* von Athlone aus über den Shannon, den Grand Canal nach Dublin und von dort über den Royal Canal zurück zum Shannon unternahm. Er verlängerte seine Entdeckungsreise auf dem Shannon von Lough Allan im Norden bis Killaloe im Süden. Ein anderes Ereignis etwa zu dieser Zeit veranlasste eine weitsichtige Gruppe von Enthusiasten, etwas zu unternehmen. Die Straßenbaubehörde hatte entschieden, in Athlone eine Drehbrücke durch eine feste

In Clonmacnois gibt es bequeme Liegeplätze an einem Anleger.

Konstruktion zu ersetzen, was die durchgehende Schifffahrt verhindert hätte. Im Dezember 1953 beschloss ein erlesener Zirkel Gleichgesinnter, die irische Inland Waterways Association zu gründen, darunter Oberst Harry Rice, Vincent Delany, Dr. Alf Delany, L. M. Goodbody, Walter Levinge und Rory O'Hanlon. Die Gründung erfolgte dann im Januar 1954 mit 200 Mitgliedern. Die Versammlung beschloss einstimmig: „Diese Vereinigung ist entschieden gegen jeden Versuch, den Shannon Navigation Act zu ändern und die Zerstörung der Shannon-Schifffahrt zuzulassen, besonders durch den Bau einer festen Brücke in Athlone."

Im Juni 1955 sicherte die zuständige Behörde, das *Office of Public Works* (OPW), zu, dass am ganzen Shannon eine Durchfahrtshöhe von 5,40 m eingehalten würde. Die IWAI hatte ihre erste Schlacht gewonnen und zog den Protest gegen die Brücke in Athlone zurück.

In den 1950er-Jahren wurden etliche lokale Gruppen gegründet. Die IWAI nahm Einfluss auf Entscheidungen, die die Zukunft der Wasserwege bedrohen konnten. 1958 sollte ein Transportgesetz verabschiedet werden, das der irischen Transportgesellschaft *Córas Iompair Éireann* (CIE) die Befugnis verleihen sollte, Kanäle ohne jede Konsultation zu schließen. Dem Vorschlag wurde energisch widersprochen und das Gesetz schließlich dahingehend geändert, dass nur fünf Jahre außer Betrieb befindliche Kanäle geschlossen werden durften.

1960 ließen sich die ersten Charterboot-Unternehmen am Shannon nieder, eines in Roosky und eines in Shannon Harbour. Im folgenden Jahr fand die erste Shannon-Rallye statt, im Jahr darauf eine solche Sternfahrt am Barrow. Beide Ereignisse hoben die

Wasserwege ins Bewusstsein einer größeren Öffentlichkeit.

Die erste Gefährdung des Grand Canal entstand 1963, als die Dublin Corporation die Circular Line des Kanals als Abwasserkanal nutzen und eine Straße darüber betonieren wollte. Die Auseinandersetzung um die Rettung des Kanals dauerte fünf Jahre. Es gab eine von 4500 Menschen unterzeichnete Petition, eine Konferenz mit 87 Organisationen und die Blockade zahlreicher Versammlungen der Dublin Corporation, damals in Irland höchst unüblich. Schließlich war der Einsatz von Erfolg gekrönt: 1969 wurde entschieden, den Abwasserkanal in einem Tunnel parallel zum Grand Canal zu bauen.

In den 1960er-Jahren verfasste der damalige Präsident der IWAI, Dermot O'Cleary, eine Untersuchung der Zukunft des Shannon und benannte auch die notwendigen Investitionen. Bord Fáilte, die irische Tourismusbehörde, stellte die Mittel bereit. Mittlerweile sind fast alle Empfehlungen umgesetzt. Eine der ersten Maßnahmen war der Bau eines Anlegers bei Clonmacnois. Auch heute ist ein Stopp an dieser alten Klosteranlage für die Bootstouristen auf dem Shannon fast ein Muss.

Zu dieser Zeit erwachte auch wieder Interesse an der Erne-Schifffahrt und einer Restaurierung des Shannon–Erne Waterway. Peter Denham von der IWAI untersuchte zusammen mit Teddy Edwards von der englischen IWA das alte Kanalbett. Ihr Ergebnis war, dass der Kanal wiedereröffnet werden konnte und sollte, um beide Reviere miteinander zu verbinden. Es dauerte zwar lange, bis ihre Vision Wirklichkeit wurde, aber 1993 war es so weit.

In den 1960er- und 1970er-Jahren entstanden viele neue Gruppen in der IWAI. Bootssternfahrten wurden an vielen Orten zu regelmäßigen Ereignissen. Freiwillige unternahmen in nicht schiffbaren Bereichen Aufräumarbeiten und reparierten Schleusen als Vorbereitung zur endgültigen Restaurierung. Im April 1978 brachte eine Tombola dafür 1200 £ ein. Dies war zu damaligen Zeiten eine erhebliche Summe.

Den Kampf um die Restaurierung des Royal Canal führte die *Royal Canal Amenity Group* (RCAG), die Dr. Ian Bath 1974 gegründet hatte. Der Kanal war in einem Zustand des Zerfalls. Man hatte ihn 1961 offiziell geschlossen, und sein westlicher Abschnitt war trocken gefallen. In den 1960er-Jahren hatte die CIE sieben niedrige Brücken gebaut. 1972 wollte die Dublin Corporation ihn in Dublin mit einer Autobahn überbauen.

Obwohl der Chefingenieur der CIE feststellte, dass die Restaurierung keine unüberwindlichen Schwierigkeiten machen würde, scheint die allgemeine Meinung gewesen zu sein, dass dieses Unterfangen aussichtslos wäre. Ian Bath war anderer Auffassung und startete eine Kampagne. Obwohl die IWAI die Aussichten dieses Vorhabens nicht für besonders erfolgreich hielt, bildete man eine Unterkommission, die parallel zur RCAG arbeitete. Bei Beginn der Restaurierung waren viele ihrer Mitglieder dabei.

Im Mai 1978 wurde nach jahrelangem Druck eines IWAI-Mitgliedes aus Drumshanbo der Lough Allan Canal wiedereröffnet. Im gleichen Jahr entstand eine Gruppe für Lough Corrib, eine weitere begann sich um den Newry Canal zu kümmern. Die IWAI nahm nun regelmäßig an allen Diskussionen um die Wasserwege teil und beeinflusste auf lokaler und Regierungsebene die Entscheidungen.

Zur 25-Jahrfeier der IWAI startete man verschiedene Aktivitäten, um die Erfolge des ersten Vierteljahrhunderts vorzustellen. Man gründete ein Archiv und führte eine Kampagne zur Wasserreinhaltung durch. Und es gab überall Sternfahrten auf den Kanälen.

Eine weitere nützliche Leistung der IWAI für die Kanalfreunde war die Erstellung einiger sehr angesehener Führer zu verschiedenen Abschnitten des Kanalnetzes. Oberst Rice zum Beispiel erstellte als einer der Ersten Karten der Shannon Loughs. Hugh Malet benutzte sie ausführlich für seine Touren und das Buch *In the Wake of the Gods*. 1956 schrieb Vincent Delany einen Shannon-Führer, den die IWAI zusammen mit Bord Fáilte herausbrachte. 1964 gab es bei der IWAI eine Karte der Carnadoe Waters. 1975 erschien ein *Guide to the Grand Canal*, zwei Jahre später ein *Barrow Guide* und im Jubiläumsjahr ein neuer Shannon-Führer. Alle diese Publikationen wurden später von Dúchas übernommen und liegen jetzt in der Verantwortung von *Waterways Ireland*. Sie sind für jeden zu Wasser und an Land unverzichtbar.

In den 1980er-Jahren hatten Probleme der Wasserqualität und Umweltverschmutzung für die Association hohe Priorität. Andere wichtige Problemfelder waren die beabsichtigte Nutzung eines Speichersees des Royal Canal als Trinkwasserreservoir, die Entwicklung des Potenzials der natürlichen Vorzüge des Grand Canal und die Höhe von Hochspannungsleitungen über den Shannon. Außerdem betrieb man die Wiederherstellung der Shannon–Erne-Verbindung weiter, untersuchte Lough Corrib auf seine Schiffbarkeit und war an einer Machbarkeitsstudie der Regierung für den River Suck bis Ballinasloe beteiligt. Der Grand Canal im Abschnitt Naas wurde offiziell eröffnet und der Royal Canal zwischen Schleuse 13 und Maynooth wieder freigegeben.

1989 verkündeten die irische und die britische Regierung, dass mit dem grenzüberschreitenden Projekt des Ballinamore and Ballyconnell Canal nunmehr begonnen werden solle. Im gleichen Jahr wurde der Royal Canal zwischen Schleuse 12 und Mullingar geöffnet. Unter dem Namen Shannon–Erne Waterway wurde der alte Ballinamore and Ballyconnell Canal 1994 freigegeben. Er ist mit seiner Schleusenbedienung durch Smartcards, mit denen auch weitere Einrichtungen am Kanal bedient werden können, auf dem letzten Stand der Technik. Die Restaurierung dieses Kanals hatte erhebliche positive Auswirkungen auf die Gemeinden an seinen Ufern und trug zu einer spürbaren ökonomischen Entwicklung in dieser Gegend bei.

Die *Inland Waterways News*, die Zeitung der IWAI, wird viermal im Jahr herausgegeben. Neben Berichten über die wichtigen Ereignisse finden sich hier auch Artikel über wenig bekannte Wasserwege und die Entdeckungen der Mitglieder. Themen waren etwa die Kanäle von Dublin, die nordirischen Wasserwege und der Beginn von Ausbauarbeiten in Limerick. Die Leser werden mit allen Nachrichten auf dem Laufenden gehalten und erhalten vielfältige Hinweise rund um die Kanäle.

Die Interessen der IWAI schließen in Zukunft alle Gewässer auf der ganzen Insel ein, die Kanäle und schiffbar gemachten Flüsse, die natürlichen Flussverläufe und Seen, die Moore und sonstigen Wasserläufe. Dazu gehören alle Freizeitaktivitäten auf und an den Wasserwegen, für Motorbootfahrer und Segler, Kanufahrer, Angler, Wanderer und Tagesausflügler. Im weiten Sinne also alles, was mit den Wasserwegen zu tun hat, von der Restaurierung und Erhaltung über die Entwicklung neuer Möglichkeiten bis hin zum Naturschutz.

Das ist wirklich eine umfassende Aufgabe. Aber wenn die herrlichen Wasserwege Irlands bewahrt und genutzt werden sollen, ohne dadurch zerstört zu werden, muss die weitsichtige Vision der Gründerväter weitergetragen und den heutigen Umständen angepasst werden.

Weitere Einzelheiten kann man bei Gerry Burke im Mitgliederbüro der IWAI in Millbank, Roslevan, Ennis, Co. Clare, erfahren. e-mail: gbrk@ages.com.

Die Royal Canal Amenity Group

1974 berief Dr. Ian Bath eine Versammlung ein, um die Royal Canal Amenity Group (RCAG) zu gründen. Zunächst war es das Ziel der Gruppe, Menschen in Blanchardstown dafür zu gewinnen, den Kanalabschnitt im Ort gefälliger zu gestalten. Die RCAG war immer sehr praktisch ausgerichtet. Seit der Gründung sieht man immer wieder überall am Kanal Gruppen beim Arbeitseinsatz.

Einer Kommission beim Transportministerium wurde ein Restaurierungsprogramm für den Royal Canal übergeben. Im Frühjahr und Sommer des Gründungsjahres veranstaltete man entlang des Kanals etliche Events, um die Gemeinden vom Vorteil einer künftigen Nutzung zu überzeugen. Außerdem gab es von Maynooth zum Rye-Aquädukt ein Kanurennen, obwohl die Boote teilweise umgetragen werden mussten. Im Herbst und Winter richtete man den Treidelpfad am Deep Sinking wieder her.

Dr. Bath begann mit einem Rundbrief, um die Mitglieder zu informieren und ihr Engagement wach zu halten. Die Gemeinden am Kanal wurden angeregt, in ihrem Abschnitt etwas zu unternehmen, was andere schon geleistet hatten. Allmählich wurden auch örtliche Behörden in die Aktivitäten einbezogen. Die RCAG und die IWAI legten gemeinsam einen Alternativplan vor, als eine Autobahn den Dubliner Abschnitt zerstören sollte. Sie hatten Erfolg: Dublin legte um den Kanal einen lang gestreckten Park an. In den 1970er- und 1980er-Jahren gründeten sich viele Gruppen entlang des Kanals. Die Gruppe in Kilcock begann ab 1982, ihren Hafen und einen Abschnitt des Kanals zu restaurieren. Auch in Enfield, Killucan, Leixlip, Longwood und Maynooth fingen Gruppen mit der Arbeit an. In Dublin unterstützte die IWAI die RCAG beim Einbau neuer Tore in Schleuse 13.

Eines der unentwegtesten Mitglieder war Eddie Slane, der bald nach Gründung der RCAG dazugestoßen war. Er war sofort aktiv und warb neue Mitglieder, wo er ging und stand. Ende der 1970er-Jahre wurde er zunächst Geschäftsführer, dann Präsident der RCAG und als Mitteleinwerber unverzichtbar. Eddie Slane engagierte sich unablässig überall an seinem Kanal und trug erheblich zur Restaurierung bei. Seine Wiedereröffnung wird er nicht mehr erleben, denn er starb 1999.

1981 erhielt die RCAG von der Dublin Corporation Mittel, mit denen Holz gekauft werden konnte, um das Erneuerungsprogramm für die Schleusentore fortführen zu können. Die Werkstatt wurde in einem von der Guinness-Brauerei gemieteten Gebäude in der Watling Street eingerichtet. Die RCAG stellte die Materialien bereit, und Lehrlinge in einem Beschäftigungsprogramm bauten die Tore. Mitte der 1980er-Jahre entdeckte der Arbeitsminister die Restaurierung des Royal Canal als ein ausgezeichnetes Pilotprojekt für ein Programm zur Wiedereingliederung von Langzeitarbeitslosen. Die RCAG hatte bald verschiedene solcher Projekte zu organisieren, darunter auch in Mullingar. Die Kosten konnten gleichzeitig durch die ehrenamtliche Arbeit der Vereinsmitglieder niedrig gehalten werden.

1999 gab es im Royal Canal wieder von Dublin bis nach Abbeyshrule Wasser. Die Aussichten, dass er in etwa sechs Jahren vollständig restauriert sein wird, sind sehr gut. Ohne den Einsatz der Mitglieder der RCAG wäre dies nicht möglich gewesen.

Weitere Informationen bietet die Website www.royal-canal.org. Das Mitgliederbüro wird von Bridie Wheeler in 16 Woodlands, Mullingar, Co. Westmeath, geleitet.

Die Ulster Waterways Group

Die Vereinigung wurde 1993 unter dem Vorsitz von Dr. Brum Henderson gegründet. Sie verfolgt das Ziel, die Öffentlichkeit vom Potenzial, besonders dem ökonomischen, der Wasserwege zu überzeugen und die Regierung dazu zu bewegen, die Wasserwege vor weiterem Zerfall zu schützen.

Die Vereinigung vertritt die Auffassung, dass die Restaurierung dringend notwendige Arbeit und ökonomischen Wohlstand in die ländlichen Räume entlang der Kanäle bringen und kleine Städte und Dörfer wiederbeleben würde. Die Erfahrung mit dem Shannon–Erne Waterway hat die positiven Effekte einer solchen Maßnahme nachhaltig demonstriert. Bootstourismus und andere touristische Aktivitäten sind die ersten Geschäftsbereiche, die wiederum das lokale Handwerk, Dienstleistungen, Läden und Pubs beleben und eine verbesserte Infrastruktur ermöglichen.

Die Vereinigung befasst sich mit der Restaurierung des Ulster Canal, des River Blackwater, des Newry Canal und des Lagan Reviers. Langfristiges Ziel ist die Wiederherstellung des alten Netzes von Kanälen in Nordirland. Im Juli 1999 legte die Vereinigung zusammen mit einer Beratungsfirma für den ländlichen Raum einen Bericht über *Lough Neagh as the Hub of Ulster's Network of Inland Waterways* vor. Der Bericht gibt eine Bestandsaufnahme der vorhandenen Infrastruktur und gibt Empfehlungen zur weiteren Entwicklung der Sportschifffahrt auf Lough Neagh. Die in Angriff genommenen Arbeiten an Nordirlands Wasserwegen belegen, wie erfolgreich die Vereinigung bisher gewesen ist.

Die Heritage Boat Association

Die vermutlich jüngste Vereinigung ist die Heritage Boat Association. Diese faszinierende Organisation vereinigt Menschen, die den Fortbestand der alten Schiffe auf den Wasserwegen gewährleisten wollen. Viele Mitglieder besitzen selbst ein altes Arbeitsboot der „M"-, „B"- oder „E"-Klasse, die jetzt für Freizeitzwecke umgebaut sind. Dies ist aber keine Bedingung für die Mitgliedschaft in der HBA.

Die irischen Arbeitsschiffe trugen immer Nummern, keine Namen, und dann den Buchstaben für ihre Klasse. Einige umgebaute Schiffe haben jetzt Namen, aber man sieht auch noch oft die Boote mit Nummern. Die Arbeitsschiffe sind viel größer und stabiler als die modernen Kreuzer. Sie benötigen nicht nur mehr Platz an den Anlegestellen, ihre Manövrierfähigkeit ist auch ziemlich beschränkt. Einmal in Fahrt, ist so ein Schiff nicht schnell zu stoppen, und es braucht viel Raum zum Wenden. Man sollte ihnen den erforderlichen Platz lassen und immer zur Hand gehen, wenn sie eine Schleuse oder einen Kai anlaufen.

Diese Schiffe sind ein authentischer Teil der Geschichte und des heutigen Treibens auf den irischen Wasserwegen. Durch die Gründung der HBA gibt es immer mehr Sternfahrten und andere Ereignisse um sie herum.

Die Natur an den Gewässern

Kanäle und Wasserwege haben eine Vielzahl von Biotopen und bilden häufig faszinierende Korridore aus der Landschaft in besiedelte Gegenden hinein. Die Flüsse selbst sind je nach Wassertiefe und Fließgeschwindigkeit sehr unterschiedliche Biotope. Kanäle haben ihre eigenen Bedingungen. Die meisten fließen kaum merklich, sind flach und haben ein gleichförmiges Profil. Die Loughs, durch die Irlands Flüsse und Kanäle fließen, sind sehr vielgestaltig. Aufgegebene Kanalabschnitte, die trocken gefallen sind oder einen Restwasserstand haben, bilden wiederum ein anderes Ökosystem.

Da es an den irischen Wasserwegen nur wenig Industrie gibt, ist die Wasserqualität zumeist auch gut, ganz sicher jedenfalls im Vergleich zu englischen Gewässern. Man hat beispielsweise den Grand Canal zur Wasserversorgung der Guinness-Brauerei benutzt, weshalb er natürlich sehr sauberes Wasser führen musste. Es entstammt Quellen im Moor von Pollardstown, das als Naturreservat geschützt ist. Der Royal Canal wird aus Lough Owel gespeist, das auch das Trinkwasser für Mullingar liefert und sorgfältig vor Verschmutzung geschützt wird.

Wasserwege wie der Grand Canal, der Royal Canal und der Shannon–Erne Waterway verbinden Flüsse über eine Wasserscheide hinweg. So ist es für die Tierwelt möglich, sich entlang dieser künstlichen Wege auszubreiten, was ohne sie nicht möglich gewesen wäre. Andererseits beeinflussen menschliche Eingriffe in Flussverläufe, zum Beispiel durch Wehre, um eine schiffbare Tiefe zu erreichen, die Fauna entlang der Ufer. Wo an besonders guten Fischgewässern große Wehre gebaut wurden, sind

häufig Fischtreppen angelegt worden, damit die Fische zum Laichen flussaufwärts gelangen können. Das Ausbaggern verändert das Flussbett, beschädigt Wurzeln und Lebensräume.

Das Ausmaß des Verkehrs auf dem Wasserweg und auf den Treidelpfaden am Ufer ist entscheidend dafür, welche und wie viele Tiere man dort erleben kann. Für den stillen und zurückhaltenden Beobachter ist der Reichtum an Vögeln, Säugetieren, Insekten, Pflanzen und Fischen, die man entdecken kann, fast unbegrenzt. Es ist immer etwas Aufregendes, wenn ein Eisvogel über das Wasser streicht und nach einem Fisch taucht, oder wenn ein Otter vom Ufer ins Wasser gleitet und seine Schnuppernase zum Luftholen wieder auftaucht. Für die Kinder kann die Beobachtung der Tierwelt entlang des Wasserweges in ruhigen Momenten zu einer vergnüglichen Beschäftigung werden.

Die Natur an den Kanälen

Die Biotope eines Kanals reichen vom offenen, schiffbaren Wasser über die Schilfgürtel an beiden Seiten, das feuchte Sumpfland und den Treidelpfad und das grasbewachsene, trockene Ufer bis zu den nahe gelegenen Hecken, Bäumen und Büschen. Jede dieser Zonen zeichnet sich durch eine bestimmte Mischung von Tieren und Pflanze aus. Jede wird unterschiedlich durch das Klima, den Verkehr und das Maß der Pflege beeinflusst. Verschiedene, relativ festgelegte Faktoren wie die Geologie des Gebietes und die Art der Vegetation um den Kanal herum beeinflussen gleichfalls die Biotope.

Die Mitte eines viel befahrenen Kanals wird von den Booten frei von Vegetation gehalten. Außer Fischen oder größeren Tieren, die den Kanal durchqueren, gibt es hier nur Leben im Morast des Grundes. Gelegentlich erforderliche Baggerarbeiten beeinträchtigen dieses Biotop natürlich. Am Rande der Fahrrinne entwickeln sich Wasserpflanzen, die von Insekten, Schnecken, Wasserkäfern, Köcherfliegen und Fliegenlarven bevölkert sind, die den Fischen als Nahrung dienen. Man sieht Wasserläufer über die Oberfläche schießen, und im Sommer stoßen Mauersegler und Schwalben herab und fangen Eintagsfliegen und Mücken.

Die Biotope in der Flachwasserregion an den Ufern hängen von der Breite des Kanals und damit von der Intensität des Schwells durch den Bootsverkehr ab. Wenn der Kanal ausreichend breit ist, wachsen im Flachwasser Schilf und andere Pflanzen, die ihre Wurzeln unter Wasser haben und deren Stämme und Blüten über der Wasseroberfläche wachsen. Ein florierendes Flachwasser ist für Fische und andere Wassertiere ein guter Lebensraum, in dem sie sich von den Insekten an den Pflanzen ernähren. Wenn das

Wasser flacher wird, siedeln sich noch mehr Pflanzenarten wie Binsen, verschiedene Arten von Schilf, Ringelblumen und Pfeilkraut an. Hier nisten auch viele Vögel, je nachdem, wie die Gegend beschaffen ist. Enten finden sich in der Nähe von Siedlungen, Blässhühner bevorzugen die ruhigeren Landschaften. Manchmal kann man einen großen Reiher still wie eine Statue im Wasser stehen sehen, der plötzlich vorstößt und einen Fisch fängt.

Am Ufer finden sich häufig Iris, der Spierstrauch und sogar Orchideenarten. Es gibt verschiedene Arten von Gräsern und so gewöhnliche Pflanzen wie Gänseblümchen und Löwenzahn. Man kann Raupen entdecken, die sich im Laufe des Sommers in exotische Schmetterlinge verwandeln. Je nachdem wie breit das Gelände um den Treidelpfad ist, bietet es auch einen beträchtlichen Reichtum an Pflanzenarten und die entsprechenden Insekten und Vögel.

Die Hecken entlang der Treidelpfade setzen sich zumeist aus Weiß- und Schwarzdorn, Holunder, Heckenrose, Haselnuss und Spindel zusammen, dazwischen gelegentlich eine Esche oder Eiche als die üblichen Bäume. Am Boden der Hecken gibt es eine Vielzahl von Pflanzenarten, von denen etliche später im Jahr Beeren tragen. Eine mächtige, ausgereifte Hecke ist eine natürliche Speisekammer für viele Tiere. Zugleich bietet sie Schutz und Nistplätze sowie Höhlen für kleine Säuger.

Wenn ein Kanal ein Moor durchquert, und das ist in Irland häufig der Fall, sind die Dämme und der Treidelpfad meist sehr exponiert und bieten weniger Tieren einen Lebensraum. Man findet hier auch Pflanzen, die in diesen Gebieten von Natur aus nicht vorkommen. Die Moore bestehen aus sehr sauren Böden, aber zum Bau der Treidelpfade hat man üblicherweise Kalkstein verwendet, weshalb sich Pflanzen ansiedeln konnten, die den alkalischen Boden bevorzugen und sonst hier nicht gedeihen würden.

Die Natur an Flüssen und Seen

Flüsse und Seen nehmen eine große Fülle von Formen an und haben eine ebenso vielfältige Flora und Fauna. Einige Abschnitte eines Flusses zum Beispiel fließen sehr schnell über Untiefen, auf denen sich nur wenige Pflanzen halten können, und deshalb finden sich auch kaum Fische oder Insekten. In Buchten und Seitenarmen, in denen das Wasser träger fließt, schaffen Pflanzen ein Biotop für Insekten, die wiederum eine Nahrungsquelle für Fische und Wassersäuger darstellen.

Die Uferlinie von Seen mit ihrem flachen Wasser bietet Schilf, Binsen und anderen Pflanzen Platz, die an diese nassen Bedingungen angepasst sind. Die Flachwasserzonen sind mit den Jahreszeiten unterschiedlich, im Winter mit einem höheren Wasser-

Ein Rasenmäher der besonderen Art: Dieses Gefährt wurde zum Mähen von Wasserpflanzen entwickelt.

stand als im Sommer. Andere Abschnitte der Uferlinie sind felsig und werden bei Wind von den Wellen überspült. Hier können sich keine Pflanzen ansiedeln.

Einige Pflanzen und Algen treiben frei im Wasser, andere wie einige Teichgräser und die Schafgarbe halten sich vollständig unter der Wasseroberfläche. An den Seeufern findet man häufig Ringelblumen und blühende Binsen, weiter an Land lila oder gelben Felberich, Rubinien oder Storchenschnabel. In den ruhigen Buchten vieler Seen sieht man im Sommer die wunderbaren Wasserlilien mit ihren riesigen Blättern und leuchtenden Blüten auf dem Wasser treiben.

Eidechsen, Molche und Frösche gibt es in Flüssen und Seen. Löcher im Ufer deuten darauf hin, dass hier Spitzmäuse und Wühlmäuse hausen. In manchen Gegenden kann man Otter beobachten. In Irland gibt es auch mancherorts die roten Eichhörnchen. Eine Tierart gibt es allerdings in Irland überhaupt nicht: Schlangen. Ob dies so ist, weil St. Patrick, der Nationalheilige, sie von der Insel verbannt hat, wie die Legende will, oder ob sie Irland nie erreicht haben, weil zuvor die Irische See erschaffen wurde, ist schwer zu ergründen.

Das Wasser in Flüssen und Seen wimmelt von einer großen Vielfalt von wirbellosen Tieren. Es gibt kleine Garnelen und große Blutegel, Schnecken, Käfer und Muscheln. Insektenlarven hängen an schwimmenden Blättern. Im Shannon und von hier aus im Erne verbreitet sich die Miesmuschel so schnell, dass sie zur Belästigung wird. Diese fast überall anzutreffende zweischalige Muschel war ursprünglich in Irland und Großbritannien nicht zuhause, hat sich aber über die Wasserwege rapide verbreitet. Die

Muschel bildet an Felsen oder den Fundamenten von Anlegern und Markierungen große Kolonien. Für Boote können sie zum Problem werden, wenn sie die Wassereinlässe blockieren. Manchmal entsteht so ein Maschinenschaden, weil das Kühlsystem nicht mehr arbeitet. In einem gewissen Umfang haben die Boote zu ihrer Verbreitung beigetragen. Es gibt die Sorge, dass sie auch Lough Neagh besiedeln werden, wenn die Zugänge entsprechend frei sind.

Die Vogelwelt rund um die Flüsse und Seen ist sehr artenreich. Neben den einheimischen Vögeln kann man im Winter viele Zugvögel sehen, die sich ihre Nahrung in den überfluteten Wiesen an den Ufern suchen: Gänse, Schwäne, Watvögel und Enten. Die Regenpfeifer kommen aus Skandinavien, die Gänse und Schwäne aus Island oder Grönland, wenn es in ihren nördlichen Gefilden frostig wird.

Standvögel sind hier Schnepfen, Kiebitze, Rotschenkel, Stockente, Krickente und Pfeifente. In den Binsen kann man Teichrohrsänger, Weidenlaubsänger oder Ammern hören und sehen. Im Sommer streichen Mauersegler und Schwalben über die Wasserflächen, um Insekten zu fangen; an sandigen Uferböschungen findet man ihre Bruthöhlen.

Die Natur an Fjorden und Buchten

Die Fjorde an der irischen Küste reichen oftmals tief ins Land hinein. Meerwasser und Tide schaffen faszinierende Lebensräume, die sehr verschieden sind, je nachdem, ob sie permanent oder nur bei Flut überspült werden.

Strangford Lough in Nordirland ist ein sehr gutes Beispiel für einen von der Tide bestimmten Lebensraum und sehr gut erforscht. Der National Trust mit Sitz im Castle Ward House ist für den Naturschutz an diesem See mit Zugang zur Irischen See verantwortlich. Castle Ward bietet eine Fülle von Informationen über alle Bereiche der Naturgeschichte dieses Fjords und darüber, wie der Trust hier Naturschutz betreibt. Wie an anderen Fjorden auch überwintern hier viele Zugvögel. Die Wasservögel fliegen Tausende von Kilometern, um hierher zu gelangen und das reiche Nahrungsangebot dieses Lebensraums zu nutzen. Für Vogelfreunde sehr lohnend ist auch ein Besuch des Lough Neagh Discovery Center in Oxford Island an der Südostküste von Lough Neagh, wenn es sich hier auch um einen küstennahen Binnensee handelt.

Man kann an den Fjorden nicht nur eine Vielzahl von Vogelarten sehen, sondern mit ein wenig Glück auch Seehunde. Strangford Lough hat große Bedeutung für die Aufzucht der Robben. Sie liegen gerne auf den Felsen und wärmen sich in der Sonne. Ihre Bewegungen an Land sehen ziemlich unbeholfen aus, denn ihr Zuhause ist das Wasser, in dem sie sich elegant bewegen.

Die Gezeitengebiete an den Ufern der Fjorde liefern den Zugvögeln wichtige Nahrungsquellen. Aber abhängig vom Tidenhub und der vorherrschenden Windrichtung findet sich hier auch eine breite Palette von Tieren, viele Wurmarten und kleine Schalentiere. An sandigen Ufern gibt es Krabben und Lippfische. Die Felsbrocken werden bei Niedrigwasser von Seegras bedeckt, das sich im höheren Flutwasser senkrecht nach oben streckt. Die sandigen oder felsigen Strände von Irlands Fjorden sind die Heimat vieler Organismen. Hier kann man viele ruhige Stunden voller Entdeckungen verbringen.

Es ist sinnvoll, sich für seine Irlandreise einen guten Naturführer einzupacken, egal wie die Reise im Einzelnen geplant ist. In der Literaturliste finden sich einige Vorschläge, wenn es auch schwierig ist, einen Titel zu finden, der die ganze Bandbreite von Bäumen über Insekten zu Fischen befriedigend abdecken kann. Am besten geeignet scheint derzeit *Collins Complete British Wildlife Photoguide* mit erstklassigen Fotos und Beschreibungen von Blumen, Vögeln, Bäumen und Insekten.

Restaurierungen

Aufgegebene Kanäle werden allmählich zu einem eigenen Lebensraum. Es ist verblüffend zu sehen, wie schnell sich die Natur diese Wasserwege zurückholt, wenn sie nicht mehr genutzt und erhalten werden: Büsche und Gestrüpp breiten sich an den Ufern und auf den Treidelpfaden aus. Auch wenn das Wasser nicht abgelassen wurde, wird aus dem Wasserlauf ein verschlammter Sumpf. Wenn das Wasser nicht mehr fließt oder durch Boote bewegt wird, siedeln sich sofort andere Pflanzenarten an. Wenn der Wasserspiegel allmählich fällt, beginnen die Schleusentore zu verrotten und beschleunigen die Versumpfung.

Wenn ein Zufluss den Wasserspiegel eines aufgegebenen Kanals hoch hält, kann sich ein Feuchtbiotop bilden, das natürlicherweise an diesem Ort nicht existieren würde. In solchen Fällen gerät die Restaurierung des Kanals in Konflikt mit örtlichen Naturschutzinteressen. Deshalb gehört zu jeder Restaurierung eine Umweltverträglichkeitsprüfung.

Die Begeisterung für das Fahren von Booten und der Wunsch, möglichst alle alten Wasserwege zu restaurieren, muss durch die Einsicht gemäßigt werden, dass dies vielfach komplexe Einflüsse auf die Natur hätte. Unter bestimmten Umständen kann es sinnvoll sein, nur einzelne unproblematische Abschnitte zu restaurieren und ihre Befahrung zu begrenzen. Diese Umwelt-Strategie war bei einigen englischen Kanälen erfolgreich, z. B. dem Grand Western Canal in Somerset. Dieser Kanalabschnitt ist mit dem übrigen

Die Ufer fast aller irischen Wasserwege werden von Anglern und ihren Ausrüstungen gesäumt.

Kanalnetz nicht verbunden. Motorboote sind nicht erlaubt, nur Ruderboote und ein von einem Pferd getreideltes Narrowboat. Die Vielfalt der Natur ist hier größer als an den betriebsamen Kanälen. Der kurze Coombe Hill Canal in Gloucestershire wurde von der Naturschutzbehörde aufgekauft und ist jetzt ein Naturreservat, ebenso Teile des Montgomery-Kanals. Von diesen und anderen Projekten kann man lernen, wie man ein Gleichgewicht zwischen Naturschutzinteressen und den Wünschen der Bootsfahrer herstellen kann.

In den meisten Fällen ist eine solche Balance zu erreichen. Die Kanäle wurden für die Schifffahrt gebaut, sodass es schon schwerwiegende Gründe zum Erhalt eines dort nicht sehr alten, natürlichen Lebensraums geben muss, um die Schifffahrt gänzlich zu verbieten. Andererseits gibt es keinerlei wirtschaftliche Gründe für einen dieser Kanäle als Transportweg. Vielmehr sind es die Vorzüge ihrer Freizeitnutzung, die für die Entscheidung ausschlaggebend sind, einen Kanal zu restaurieren. Die Bootstypen, die auf den Kanälen fahren, haben sich im Laufe der Zeit sehr verändert. Als das Narrowboat und die Barge gebaut wurden, war an eingebaute

Verbrennungsmotoren nicht einmal zu denken. Ein dahintrottendes Pferd als Antriebssystem befand sich mit der Natur weit mehr in Harmonie als ein lauter, stinkender, öliger Dieselmotor.

Der Schwell der modernen Boote kann zu beträchtlicher Ufererosion führen. Dies ist besonders am Shannon–Erne Waterway der Fall, wo die großen Kreuzer von den breiten Seen viel zu schnell durch Abschnitte fahren, die für die traditionellen und viel langsameren Schiffe gebaut wurden. Der Schwell beschädigt nicht nur die Ufer, sondern auch Vogelnester oder die Lebensräume kleiner Säuger. Er zerstört die Fischgründe für die Angler und kann in extremen Situationen kleine Anglerboote oder gar Menschen auf den Treidelpfaden gefährden.

Obwohl es für Restaurierung alter Wasserwege breite Unterstützung gibt, müssen alle beteiligten Interessen das komplexe Netz von Ursachen und Wirkungen begreifen, das eine Restaurierung mit sich bringt. Die Abwägung widerstreitender Vorschläge muss mit begründeten Folgerungen zu einem tragbaren Ergebnis führen. Ein solcher Prozess ist zäh und langwierig, aber notwendig.

Angeln

In dem großen Netz der irischen Wasserwege können Angler jeder Erfahrung lohnende Fischgründe finden. Die Spannweite reicht von den stehenden Gewässern der Kanäle zu den Herausforderungen der großen Seen bis zu den Aufregungen an den schnell fließenden Gewässern. Die in Betrieb befindlichen Kanäle sind recht fischreich. Die Hauptarten sind Brasse, Karpfen, Gründling, Flussbarsch, Hecht, Plötze, Rotfeder und Schleie sowie einige Hybriden. Auch Aale gibt es in den meisten Kanälen reichlich. In den Flüssen und Seen kann man Lachs, Forellen und Häsling fangen.

Die Wasserqualität und -zufuhr ist für den Fischbestand sehr wichtig. Die Zuflüsse der Kanäle oder Flüsse werden in Irland streng auf Umweltverschmutzung kontrolliert. Für Schadstoffeinleitungen werden strenge Strafen verhängt. Die Kreuzer sind mittlerweile mit Abwassertanks ausgerüstet, die nur an bestimmten Pumpstationen entleert werden dürfen.

Das Mähen des Schilfes am Rande der Wasserwege beeinträchtigt natürlich die Fischgründe. Die Ausbreitung des Schilfes wird sorgfältig kontrolliert und chemisch oder mechanisch bekämpft, wenn für die Schifffahrt erforderlich. Neuere Entwicklungen machen es möglich, weitgehend auf Chemie zu verzichten. Beispielsweise kontrolliert man die Algenbildung in einigen Kanälen mithilfe von Ballen aus

Gerstenstroh, die jene Enzyme reduzieren, die für das Algenwachstum verantwortlich sind.

Auf den Kanälen wird zumeist vom Ufer aus geangelt, obwohl viele Kreuzer eine Angelleine im Schlepptau haben. Weil die Kanäle relativ flach sind und den Fischen wenig Deckung bieten, stören vorbeifahrende Boote die Fische und den Angelerfolg für eine Weile. Man sollte auf die Angler Rücksicht nehmen und sehr langsam im größtmöglichen Abstand an ihnen vorüberfahren.

Das Angeln ist auf den großen Seen völlig anders als an den Kanälen. Zwar kann man auch hier am Ufer seine Angel auswerfen, aber im Allgemeinen geht es vom Boot aus besser. Viele Vercharterer am Shannon bieten zusätzlich ein Dingi an, von dem aus man bequem fischen kann; mit ihm kommt man in die Schilfgürtel und flachen Nebenarme.

Zumeist braucht man auf irischen Wasserwegen keine Angellizenz. Für bestimmte Fischarten, besonders den Lachs, ist sie erforderlich. Der Angler muss sich selbst um die entsprechende Erlaubnis kümmern. Außerdem gibt es bei einigen Arten Beschränkungen der Menge, die man in den Gewässern fangen darf. Dies muss man wissen und sich daran halten, damit auch andere nicht nur Anglerlatein erzählen können.

Zuständige Behörden

Für einen Zeitraum von mehr als 40 Jahren nach dem Zweiten Weltkrieg wurden die Kanäle in der Republik Irland von *Córas Iompair Éireann*, der irischen Transportgesellschaft, verwaltet. 1986 erhielt das *Office of Public Works* mit *Dúchas*, dem *Waterways Service*, die Zuständigkeit, das bereits den Shannon betreute. In Nordirland sind nur der Lower Bann, Lough Neagh und Lough Erne schiffbar. Lower Bann und Lough Erne unterstanden dem Finanzministerium, bis sie kürzlich der Zuständigkeit der *Rivers Agency* im Agrarministerium unterstellt wurden.

Die Organisation *Waterways Ireland* wurde unter dem British Irish Agreement Act 1999, gemeinhin als das Good Friday Agreement bekannt, als grenzüberschreitende Institution gegründet. Die Organisation übernahm am 2. Dezember 1999 die Verantwortung für den Shannon–Erne Waterway. Ihre Zuständigkeit wurde im April 2000 auf die Erne, den Grand und den Royal Canal, den Barrow, den Lower Bann und den Shannon ausgedehnt.

Die folgenden Anschriften können sich gelegentlich durch Verlegung der Büros verändern.

Hauptbüro: 20, Darling Street, Enniskillen, Co. Fermanagh BT747EW, Tel.: 028 6632 3004, Fax: 028 6634 6237, e-mail: mail@waterways-ireland.org.

Regionalbüros:

Shannon Navigation und River Suck
Market Square, Scarriff, Co. Clare, Tel.: 061 922033, Fax: 061 922036.

Erne Navigation, Shannon–Erne Waterway und Lower Bann
Mainstreet, Carrick-on-Shannon, Co. Leitrim, Tel./Fax: 078 50898.

Grand Canal, Royal Canal und Barrow Navigation
17/19 Lower Hatch Street, Dublin 2, Tel.: 01 674 3000, Fax: 01 676 1714.

Lough Neagh, Lough Corrib
Für Lough Neagh gibt es kein zentrales Büro, Lough Corrib wird verwaltet vom *Lough Corrib Navigation Trustee*s, City Hall, College Road, Galway.

Der Ulster Canal und der Lagan sind derzeit nicht schiffbar. Wenn es soweit ist, wird entschieden, ob sie gleichfalls der Verantwortung von *Waterways Ireland* unterliegen.

Die Fjorde unterstehen keiner besonderen Verwaltung.

Restaurierungen und neue Projekte

Royal Canal

Das wichtigste und andauerndste Restaurierungsprojekt stellt der Royal Canal dar. Obwohl es begründete Hoffnungen gab, dass die Wiederherstellung dieses Wasserweges Anfang 2000 vollendet sein würde, machten fehlende Mittel und gestiegene Kosten dieses Ziel unerreichbar. Im nationalen Entwicklungsplan für Irland 2000–2006, der Anfang 2000 veröffentlicht wurde, hat die Restaurierung des Royal Canal Priorität. Von den 50,7 Mio. Euro, die der Plan für die Wasserwege vorsieht, sind für den Royal Canal 13,9 Mio. Euro vorgesehen.

Im Sommer 2000 konnte man die 110 Kilometer von Dublin nach Abbeyshrule befahren. Westlich davon liegt der Kanal trocken, und sieben zu niedrige Brücken würden die Durchfahrt versperren. Es gibt auch Vorschläge, mit der Restaurierung vom Shannon ostwärts bis nach Longford zu beginnen, um den vielen Booten auf dem Shannon zunächst diesen Abschnitt des Royal Canal zu öffnen.

In Dublin selbst schlug leider der ambitionierte Plan fehl, in der Umgebung des alten Spencer Dock Hotels, Wohnungen, Büros sowie ein Kongress- und Ausstellungszentrum zu entwickeln. Dieses Projekt sah auch die Wiederherstellung einer Verbindung zwischen dem River Liffey und dem Royal Canal vor – auch dieses Projekt scheint in weite Ferne gerückt zu sein. Der Zugang vom Fluss in den Royal Canal ist zwar möglich, jedoch nur in einem Zeitfenster von 2–2,5 Stunden vor und nach Hochwasser.

Ulster Canal

Seit *Waterways Ireland* die Verantwortung für die meisten Wasserwege auf der Grünen Insel übernahm, hat der Druck zur Fortführung der Wiederherstellung des Ulster Canal zugenommen. Der Kanal war gegen Ende der Kanalbauepoche gebaut worden und wirtschaftlich nie erfolgreich. Die Schleusen waren enger als an den übrigen irischen Wasserwegen, sodass die Schiffe nicht ungehindert zwischen Lough Erne und Lough Neagh und zum Lagan verkehren konnten.

Es gibt Machbarkeitsstudien zur Restaurierung des Kanals, die positive Auswirkung für die Gemeinden entlang des Kanals vorhersagen. Dabei wurde die Frage der künftigen Größe der Schleusen heftig debattiert. Es gibt die Auffassung, durch eine Restaurierung den Kanal so perfekt und authentisch wiederherzustellen, wie er ursprünglich war, also auch die originalen Ausmaße der Schleusen. Die Gegenposition weist auf die Erfolglosigkeit des alten Kanals hin. Man solle aus den Fehlern lernen und neue Schleusen bauen, die groß genug für die modernen Freizeitkreuzer seien. In dieser Angelegenheit möchte ich aus meinem Herzen keine Mördergrube machen: Die restaurierten Schleusen sollten in ihren Dimensionen den gegenwärtig auf dem Kanalnetz fahrenden Kreuzern angepasst werden. Denn diese Schiffe werden hoffentlich zukünftig auf dem Kanal fahren. Es scheint fast lächerlich, im Namen der Authentizität und mit großen Kosten die Fehler der Vergangenheit zu wiederholen.

Natürlich bin auch ich der Meinung, dass bei jeder Restaurierung das einzigartige Erbe bewahrt und, wenn möglich, wiederhergestellt werden sollte. Aber wenn eine Kanalverbindung so restauriert wird, dass die Passage moderner Schiffe verhindert wird, dürften auch die angenommenen wirtschaftlichen Auswirkungen kaum eintreten.

Lagan

Als weiteres Restaurierungsprojekt in Nordirland ist der Lagan im Gespräch. In Lisburn sind einige Arbeiten ausgeführt worden. Schleuse 12 ist wieder funktionsfähig, und es wurde ein neues Wehr gebaut. Die Wasserfront in Belfast ist in den letzten Jahren erheblich umgestaltet worden. Es gibt ein neues Wehr, und die Waterfront Hall ist an der Nordseite des Flusses gebaut worden. Das Wehr befindet sich vier Kilometer weiter stromab als die ursprüngliche Seeschleuse in Stranmillis. Dieser Abschnitt war früher Tidengewässer und folglich etliche Stunden des Tages nahezu wasserfrei. Jetzt ist er zu jeder Zeit ein hübsches Stück schiffbares Wasser.

Ein langer Abschnitt des Kanals wurde in den 1960er-Jahren für eine Autobahn benutzt. Hier zwischen Sprucefield und Spencer's Bridge müsste man den River Lagan schiffbar machen. Eine Machbarkeitsstudie hat verschiedene Optionen geprüft und scheint diesen Weg für möglich zu halten.

Newry Canal

Viele Jahre lang hat es etliche Versuche gegeben, eine Restaurierung des Newry Canal zustande zu bringen. Der Kanal verbindet den Upper Bann, der im Lough Neagh mündet, mit dem Newry Ship Canal, der im Carlingford Lough in die Irische See mündet. Weite Abschnitte sind geflutet, weil der Kanal zur Entwässerung genutzt wird. Die meisten Treidelpfade existieren noch. Die Zuständigkeiten liegen bei den jeweiligen lokalen Behörden.

Der Kanal genießt zwar derzeit keine besondere Priorität unter den Restaurierungsprojekten, würde aber eine weitere Verbindung des inländischen Kanalnetzes zum Meer schaffen. Die größten Hindernisse stellen die zu niedrigen Brücken dar, die zwischenzeitlich insbesondere in Newry gebaut worden sind, aber dies dürfte kein unüberwindliches Problem sein. Ein Großteil des Beckens in Newry ist erhalten. Der Hafen liegt mitten im Hauptgeschäftsviertel der Stadt und wäre für die Freizeitkapitäne eine Attraktion.

Der Newry Ship Canal wurde in den letzten Jahren restauriert, verfügt aber über keine Verbindung zum Binnenkanal. Der Treidelpfad des Binnenkanals wurde verbessert und die Moneypenny-Schleuse als interessantes Besucherzentrum restauriert.

Weitere Projekte

River Boyne Ein weiteres interessantes Vorhaben betrifft den River Boyne. Er war früher von Drogheda an der Irischen See bis hinauf nach Navan schiffbar und sollte eigentlich weiter nach Trim führen. Es gibt Vorschläge, den Boyne nicht nur wieder voll schiffbar zu machen, sondern ihn auch mit dem Royal Canal und dem Binnenwasserstraßennetz zu verbinden.

River Erne Seit langem wird gefordert, die Erne über Belturbet hinaus zum Lough Oughter zu öffnen und damit ein weiteres, beträchtliches Revier von Flüssen und Seen zu erschließen.

Strabane Die Behörden erwägen Vorschläge zur teilweisen Restaurierung des Strabane Canal. Allerdings soll er nicht schiffbar gemacht werden, sondern der Naherholung dienen.

Neue Wasserwege Es gibt zahlreiche weitere, darunter auch sehr ausgefallene Vorschläge für neue

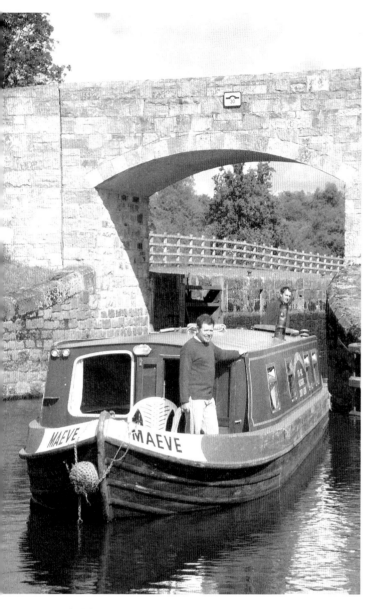

Schleuse Corraquill: Eine Riverdale-Barge verlässt gerade die Schleuse.

Wasserwege in Irland. Zumeist zielen sie auf die Ermöglichung von Rundreisen, wie sie bei Urlaubstrips in England derzeit en vogue sind. So soll beispielsweise eine Verbindung zwischen dem Royal und dem Grand Canal über den Zweigkanal von Kilbeggan und Lough Ennell geschaffen werden. Man könnte Lough Corrib über Galway wieder mit dem Atlantik verbinden, wenn die niedrigen Brücken im Eglinton Canal wieder passierbar gemacht würden. Über den Cong Canal könnte dann das Revier des Lough Mask erschlossen werden. Angesichts der Dichte von Flüssen und Seen in Irland sind der Fantasie auf dem Papier keine Grenzen gesetzt. Aber man darf sich daran erinnern, dass es auch in der Blütezeit des Kanalbaus sehr viel einfacher war, einen Kanal zu planen, als ihn zu bauen und funktionsfähig zu machen.

Bootschartern

Viele Reisebüros unterbreiten gern ein Angebot für einen Urlaub mit einem Charterboot auf den zahlreichen irischen Binnengewässern. In den Wassersportzeitschriften, z. B. *Boote* und *Yacht*, findet man Hinweise zu diesem Revier und Angebote von entsprechenden Bootsvermietungen. Bei einem Besuch auf den Wassersportausstellungen *Boot* in Düsseldorf, *Interboot* in Friedrichshafen oder *Hanseboot* in Hamburg wird man an den Ständen der Irland-Information oder von den spezialisierten Charterunternehmen beraten. Hinweise erhält man auch bei:

Irland-Information
Untermainanlage 7
60329 Frankfurt/Main
Tel.: 069/66 80 09 50
Fax: 069/92 31 85 88
e-mail: info.de@tourismireland.com
www.irland-ferien.de

Irland-Information
Rotenturmstr. 16–18 / V.
1010 Wien
Österreich
Tel.: 1/501 59 60 00
Fax: 1/911 37 65
e-mail: info.at@tourismireland.com
www.tourismireland.com

Irland-Information
Mettlenstr. 22
8142 Uitikon
Schweiz
Tel.: 01/210 41 53
Fax: 01/492 14 75
e-mail: info.ch@tourismireland.com
www.tourismireland.com

Arbeitskreis Charterboot (AKC)
Gunther-Plüschow-Str. 8
50829 Köln
Tel.: 0221/59 57 10
Fax: 0221/595 71 10
e-mail: info@bwvs.de
www. bwvs.de/akc

ADAC-Sportschifffahrt
Am Westpark 8
81373 München
Tel.: 089/76 76 26 13
Fax: 089/760 75 72
e-mail: sportschifffahrt@zentrale.adac.de
www.adac.de/sportschifffahrt

Auf dem Fluss Suck: ein gemütlicher Kabinenkreuzer der Shannon Castle Line

Deutscher Motoryachtverband
Vinckeufer 12–14
47119 Duisburg
Tel.: 0203/8 09 58-0
Fax: 0203/809 58 58
e-mail: info@dmyv.de
www.dmyv.de

Deutscher Segler-Verband
Gründgensstr. 18
22309 Hamburg
Tel.: 040/632 00 90
Fax: 040/63 20 09 28
e-mail: dwsv-gs@t-online.de
www.dsv.org

Nützliche Websites

Waterways Ireland: www.waterwaysireland.org
Inland Waterways Association of Ireland:
www.iwai.ie
Royal Canal Amenity Group: www.royalcanal.org
Shannon–Erne Waterway: www.shannon-erne.com
Bord Fáilte (Irish Tourist Board):
www.ireland.travel.ie
Northern Ireland Tourist Board:
www.discovernorthernireland.com
Afloat (Irish Sailing Association magazine):
www.afloat.ie
River Bann and Lough Neagh Association:
http://riverbannloughneagh.org
The National Trust: www.nationaltrust.org.uk
Sustrans: www.sustrans.org.uk

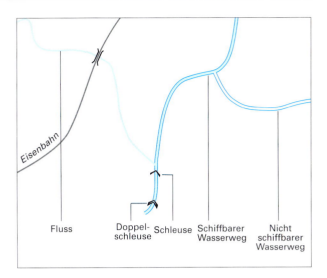

Symbole und Abkürzungen in den Plänen

Englischsprachige Begriffe und Abkürzungen sind nur dort, wo es der Verdeutlichung dient, in die deutsche Sprache übersetzt worden.

Bay = Bucht
Bridge (Br) = Brücke
Castle = Schloss
County (Co.) = Grafschaft/Verwaltungsbezirk
Cruising Club = Segelverein (Fahrtensegeln)
Feeder = Speisekanal/Zulauf
Harbour = Hafen
Head (Hd) = Huk/Landspitze
Junction (Jn) = Zweigpunkt
Line = Verbindungskanal
Lock/Locks (Lk) = Schleuse/Schleusen
Mount (Mt) = Berg
NT = im Eigentum des/verwaltet durch den National Trust
Point (Pt) = Spitze
Rock (Rk) = Felsen
Sluice = Schleuse
Station (Stn) = Bahnhof
YC/SC/BC = Yacht-/Segel-/Bootsclub

Revierbeschreibungen

Lower Bann

Der Lower Bann verbindet Lough Neagh mit dem Meer und ist der einzige Abfluss für die sechs Flüsse, die den See speisen. Von Toomebridge am Lough Neagh bis nach The Barmouth unterhalb von Coleraine, wo der Fluss nach Westen durch die Dünen am Strand von Portstewart ins Meer fließt, beträgt die Entfernung 60 km. Der Lower Bann wurde erst Mitte des 19. Jahrhunderts schiffbar und zugleich zur Entwässerung angelegt. Wie häufig bei solchen kombinierten Projekten funktionierte keine der beiden Nutzungen perfekt. Obwohl mehrfach an die Schließung der Schifffahrt gedacht wurde, ist er bis heute befahrbar.

Schon um 1700 stand das Problem der Überflutungen rund um Lough Neagh auf der Tagesordnung. In erster Linie verlangte der Bischof von Down und Connor von der Regierung Taten. Lough Neagh ist zwar der größte See auf den Britischen Inseln, aber er ist sehr flach. Weil er von vielen Flüssen gespeist wird, waren regelmäßig über 10 000 ha Land überflutet. Um 1750 gab es Pläne, eine Felsbarre im Lower Bann vor Portna zu entfernen, um den Wasserfluss zu beschleunigen. Nachdem der Bischof das Zeitliche gesegnet hatte, ging es auch nicht weiter voran.

In den frühen 1820er-Jahren schlug Alexander Nimmo ein außerordentlich ambitioniertes Projekt vor: Man solle im Newry Canal die Schleusen beseitigen und das Bett vertiefen, damit das Wasser in die Irische See abfließen könne. Weil das Gefälle bis Newry 13,7 m betrage, könne man hier Wasserkraft gewinnen. Die Idee war ihrer Zeit zu weit voraus, aber es ist schon interessant darüber zu spekulieren, wohin sie geführt hätte, wenn die Regierung sie aufgenommen hätte.

Etliche Landbesitzer richteten unter Führung von Lord Lurgan eine Petition ans Parlament und baten um Maßnahmen gegen die ständigen Überflutungen. Sie standen für den allergrößten Teil der betroffenen Ländereien, die, wie sie darlegten, jedes Jahr fast sechs Monate unter Wasser standen.

1847 begannen die Planungen durch den Ingenieur John McMahon, die er dem Board of Works vorlegte. Das natürliche Hindernis im Lower Bann sollte beseitigt und der Fluss bis zum Meer schiffbar gemacht werden. Das Ziel war, den sommerlichen Wasserstand in Lough Neagh das ganze Jahr zu halten, was eine Absenkung um 1,8 m bedeutete.

Die erste Aufgabe bestand darin, die Schleusen an den Kanälen Tyrone, Lagan und Ulster wiederherzustellen. Es mussten größere Schleusenkammern mit niedrigeren Drempeln gebaut und entsprechende Vertiefungen der Kanäle vorgenommen werden. Wie üblich überschritten die Kosten die Planungen bei weitem. Ursprünglich hatte man 184 000 £ für das ganze Projekt geplant, wovon etwa 110 000 £ für die Entwässerungsmaßnahmen von den betroffenen Landbesitzern aufgebracht werden sollten und der Rest für die Schifffahrt vorgesehen war. Lord Lurgan erreichte eine Zuwendung über die Hälfte der Entwässerungskosten.

Alles zusammen kostete am Ende 250 000 £, was damals eine bedeutende Summe war. Nach einigem Hin und Her übernahm die Regierung die Zusatzkosten. Ein Grund für die Kostenüberschreitung waren die Löhne. Man hatte mit billiger Arbeitskraft kalkuliert, aber nach der großen Hungersnot waren Tausende ausgewandert, und der Eisenbahnbau zog viele Arbeiter an. Die Kräfte des Marktes führten also zu höheren Löhnen.

Die Arbeiten dauerten mehr als zehn Jahre. Die Zuständigkeit wurde nicht wie ursprünglich geplant einer Behörde zugewiesen, sondern dreien: dem Upper Bann Navigation Trust, dem Lower Bann Navigation Trust und dem Lough Neagh Drainage Trust. So wurden die Counties Antrim und Londonderry für den Lower Bann und den Nordteil von Lough Neagh zuständig. In der Bauphase wurde das Netz der Eisenbahn in Nordirland stark erweitert. Als der Wasser-

Lower Bann						
Maximale Bootsgrößen						
von bis	*Entfernung*	*Länge*	*Breite*	*Tiefgang*	*Durchfahrtshöhe*	*Schleusen*
Toombridge bis The Barmouth	60,0 km	30,4 m	5,4 m	1,2 m	3,9 m bei NW	5

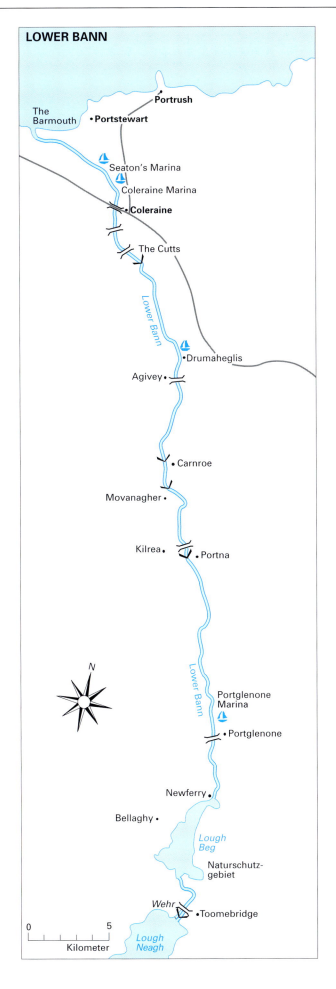

LOWER BANN

The Barmouth

Portrush
Portstewart

Seaton's Marina

Coleraine Marina

Coleraine

The Cutts

Lower Bann

Drumaheglis

Agivey

Carnroe

Movanagher

Kilrea
Portna

N

Lower Bann

Portglenone Marina

Portglenone

Newferry

Bellaghy

Lough Beg

Naturschutz-gebiet

Wehr
Toomebridge

Lough Neagh

0   5
Kilometer

weg für die Schifffahrt fertig war, ging ein großer Teil des Güterverkehrs bereits über die Schiene.

Alle Versuche, auf dem Lower Bann Passagierschifffahrt aufzunehmen, waren erfolglos, weil die Strömung flussabwärts häufig stärker war als die Schiffe. Als man es mit einem stärkeren Dampfer versuchte, hatte er einen zu großen Tiefgang für den üblichen Wasserstand. In den 1880er-Jahren baute man den Mündungsabschnitt bis Coleraine und hier den Hafen aus. Dadurch wurde Coleraine etliche Jahre zum Haupthafen für den Export von Gütern aus dem Gebiet um Lough Neagh nach Glasgow. Aber durch die besseren Bahnverbindungen nach Belfast hatte der Hafen letztlich das Nachsehen.

Trotz vieler Empfehlungen von etlichen Kommissionen, den Wasserweg für die Schifffahrt zu schließen, ist der Lower Bann bis heute schiffbar und funktionsfähig geblieben. Seit Mitte des vorigen Jahrhunderts hat die Freizeitschifffahrt beträchtlich zugenommen. Heute gibt es in Coleraine zwei Marinas und zwei weitere am kanalisierten Teil des Flusses.

Wenn man Lough Neagh auf dem Boot verlässt, führt ein kurzer Kanal mit einer Schleuse nach Toomebridge und dann auf dem Fluss in den Lough Beg. Der See ist etwa 1,5 km breit und 5 km lang. An seiner Südseite gibt es ein paar kleine Inseln. Das Fahrwasser ist markiert, besonders wenn man sich Toome nähert. Man sollte es nicht verlassen, weil der See sehr flach ist. In diesem Gebiet gibt es besonders im Herbst viele Watvögel. Bei Newferry verlässt der Fluss den See wieder und führt in nördlicher Richtung durch eine gefällige Farmlandschaft.

Sehenswürdigkeiten

Coleraine – Das Riverside-Theater am Campus der University of Ulster hat immer ein interessantes Programm und liegt nicht weit von beiden Marinas. Ein wenig südlich von Coleraine am Ostufer des Flusses befindet sich ein 60 m hoher Grabhügel (Mount Sandel), etwa 9000 v. Chr. Später haben Kelten und Normannen hier Burgen gebaut.

Bushmills – Die berühmte und wohl älteste legale Whiskey-Destillerie liegt 12 km östlich von Coleraine. Es gibt Führungen. Der Best Coleraine der Old Bushmills Distillery galt lange als Spitzendrink für die bessere Gesellschaft und wird noch in geringen Mengen abgefüllt. Whiskey hat als eines der wenigen gälischen Worte seinen Weg in die englische Sprache gefunden.

Die Küste – The Barmouth und die Grangemore-Dünen stehen unter Naturschutz. Hier kann man aus einem Unterstand Vögel beobachten.

Etwas abseits am nordwestlichen Ufer von Lough Beg steht Ballyscullion House zwischen großen Bäumen. Dieses schöne Haus im georgianischen Stil wurde vom Bischof von Derry, dem vierten Earl von Bristol, gebaut und von Lanyon entworfen. Der Bischof war allerdings ein großer Reisender und starb im Ausland, ohne je hier gelebt zu haben. Einer seiner Wünsche war, den Ruinen einer mittelalterlichen Kirche auf einer Insel des Sees einen Kirchturm aufzusetzen, um die Ansicht zu verschönern. Die Lough Beg Coach Houses auf dem Gelände bieten eine erstklassige Unterkunft für Selbstversorger, die gern von Vogelbeobachtern und Anglern genutzt wird.

Ganz in der Nähe befindet sich Bellaghy, ein hervorragendes Beispiel für die Ansiedelungszeit, wo die Vintners Company 1622 die Burg Bellaghy Bawn baute. Sie wurde kürzlich restauriert und enthält eine Ausstellung zur Geschichte der Gegend, die 7000 Jahre zurückreicht. Ein Ausstellungsteil ist allerdings einem Zeitgenossen gewidmet, dem Literaturnobelpreisträger Seamus Heaney, der nicht weit von hier geboren wurde. Man kann ein sehr interessantes Video anschauen, in dem Heaney die Einflüsse der Region auf seine Arbeit erläutert. An den Wänden hängen Drucke vieler seiner Gedichte.

Um Portglenone herum sind die fischreichsten Angelgewässer des Bann. Hier kann man im Wald und am Fluss schöne Wanderungen machen. Bei Portglenone hat auch eine neue Marina eröffnet. Von hier ist es nicht weit zum nächsten Laden oder Pub. Für größere Einkäufe liegt das Städtchen Kilrea etwa 1,5 km von der Doppelschleuse in Portna entfernt. Bei Portna gibt es viele Aalreusen im Fluss, die der Fischergenossenschaft von Toome gehören. Mit ein bisschen Glück kann man die Fischer bei der Arbeit beobachten.

Restaurants

Bushmills – Wenn man die Destillerie besucht, ist das Barony, dem Bushmills Inn angeschlossen, eine exzellente Wahl.

Coleraine – Guten Lunch gibt es beim Salmon Leap in der Castleroe Road. An der Steinbrücke auf der Ostseite liegt das Water's Edge, ein Chinese mit guter Atmosphäre und auch europäischen Gerichten. Der Yacht Club betreibt in der Coleraine Marina eine Bar, in der jeder willkommen ist.

Kilrea – Nahe der Brücke kann man an der Portneal Angling Lodge festmachen. Hier serviert man gute Gerichte, und es gibt eine schöne Bar. In McLaughlin's Corner Bar 1 km östlich der Brücke gibt es den ganzen Tag gute Snacks.

Weiter flussabwärts gelangt man zum Movanagher-Kanal, der bei Anglern sehr beliebt ist. Neben der Schleuse betreibt das Landwirtschaftsministerium eine Lachsfarm. Der beste Platz für das Lachsangeln befindet sich 3,2 km weiter flussabwärts von der Carnroe-Schleuse.

Hinter Carnroe und der Brücke von Agivey liegt am östlichen Ufer die Drumaheglis Marina. Außerdem gibt es dort einen Wohnwagenplatz, einen kleinen Laden und Möglichkeiten für Wanderungen.

Wenn man sich der Seeschleuse bei The Cutts nähert, sollte man auf die Strömung achten. Wenn die Schleusentore mehr als einen halben Meter geöffnet sind, kann der Wasserspiegel oberhalb der Schleuse über eine Länge von 1,5 km bis zu 10 cm absinken. Unterhalb der Schleuse fährt man an Mount Sandel am Ostufer vorbei, einer Wallanlage, die einst zur Verteidigung gedient hat.

Bei der Annäherung an Coleraine passiert man eine Straßenbrücke. Die Stadt liegt an beiden Ufern. Es gibt hier eine neue Straßenbrücke, die alte Steinbrücke, eine neue Brücke für Fußgänger und Fahrradfahrer sowie eine Eisenbahnbrücke. Die Marina am Ostufer liegt nahe zum Campus der Universität, die Seaton's Marina ist 2 km weiter flussabwärts. Die letzten 5,5 km des Flusses führen durch eine Sanddünenlandschaft zur Mündung bei The Barmouth. Der Abschnitt ist gut betonnt.

Behörden und Häfen Waterways Ireland, Main Street, Carrick-on-Shannon, Co. Leitrim Tel./Fax 00 353 (0)78 50898.
Hafenmeister Coleraine Tel. 028 7034 201 (UKW-Kanal 12); Coleraine Marina Tel. 028 7083 2086; Seaton's Marina Tel. 028 7083 2086; Drumaheglis Marina Tel. 028 2706 6466; Portglenone Marina Tel. 028 2566 0300.

Treidelpfad Nur an den kanalisierten Abschnitten.

Brücken Von Lough Neagh aus sind die Eisenbahn- und Straßenbrücke in Toome, die Straßenbrücken in Portglenone, Kilrea und Agivey alle Drehbrücken. Die maximale Durchfahrtshöhe der festen Steinbrücke in Coleraine beträgt bei Niedrigwasser 4,2 m. Die neue Fußgängerbrücke hat eine größere Höhe. Die Eisenbahnbrücke hat ein Hubteil für Yachten mit Masten. Zur Durchfahrt braucht man die Genehmigung des Hafenmeisters, und daher muss die folgende Telefonnummer angerufen werden: 028 7034 2403. Ansonsten ist die maximale Höhe wegen der Stromleitung 6,1 m.

Geschwindigkeitsbeschränkung Es gibt keine Beschränkung, aber man sollte sehr umsichtig fahren, um den Schwell gering zu halten. Wasserski und andere Sportarten sind auf bestimmten Abschnitten erlaubt. Man sollte die Geschwindigkeit immer reduzieren, wenn man kleine oder am Ufer liegende Boote bzw. Angler passiert.

Slips Seaton's Marina, Coleraine Marina, Ski Supreme Waterski School, Drumaheglis Marina, Movanagher Lock, Portglenone Marina, Newferry East, Toome.

Scheitelhaltung Lough Neagh, 12,5 m.

Zufahrten Lough Neagh.

Fahrhinweise In Coleraine ist Hochwasser jeweils 4 h 28 min vor Dover. Alle Schleusen sind bemannt, aber es ist sinnvoll, vorher Waterways Ireland, Tel. 028 7034 2357, anzurufen. Auf dem Fluss gelten die internationalen Kollisionsverhütungsregeln, die alle Skipper kennen müssen. In der Coleraine Marina gibt es Diesel und einen Bootskran.

Landkarten Ordnance Survey of Northern Ireland, *Discoverer Series* Nos. 4, 8 und 14.

Seekarten Admiralty 2499, 2798, 2723; Imray C 64.

Führer Irish Cruising Club: *Sailing Directions for the East and North Coast of Ireland*. Die River Bann und Lough Neagh Association gibt für ihre beiden Wasserwege einen Führer heraus. Die Rivers Agency, früher die für den Lower Bann zuständige Behörde, hat ein nützliches Heft herausgegeben: *Lower River Bann Navigation Notes and User's Code*. Es ist bei den Büros von Waterways Ireland erhältlich.

Entfernungstabelle	km
Toome Schleuse	0,5
Lough Beg (Mündung)	3,2
Newferry	9,0
Portglenone Brücke	15,8
Doppelschleuse Portna	26,4
Movanagher Schleuse	31,2
Carnroe Schleuse	33,0
Agivey Brücke	39,0
Loughan Island	47,8
The Cutts Schleuse	49,0
Coleraine Straßenbrücke	50,3
Coleraine Straßenbrücke	51,3
Eisenbahnbrücke Coleraine	52,1
Coleraine Marina	52,6
Seaton's Marina	54,3
The Barmouth	59,7

River Barrow

Der Barrow ist nach dem majestätischen Shannon Irlands zweitgrößter Fluss. Er entspringt in den Slieve Bloom Mountains im County Laois und legt bis zur Mündung des River Suir und dem Waterford Harbour eine Strecke von 192 km zurück. Schiffbar ist ein Drittel von Athy im County Kildare bis zur Seeschleuse in St. Mullins. Ein Großteil seines Weges

ON 13 JULY, 1891 CARLOW TOWN BECAME THE FIRST INLAND TOWN IN IRELAND OR GREAT BRITAIN TO BE LIGHTED THROUGHOUT BY HYDRO-ELECTRICITY GENERATED FROM HERE RE-COMMISSIONED TO FEED INTO THE NATIONAL GRID 1990. ERECTED BY THE OLD CARLOW SOCIETY JULY 1991.

Carlow war die erste irische Stadt mit elektrischer Straßenbeleuchtung – darauf ist man bis heute stolz.

bildet er die östliche Grenze der Counties Laois und Kilkenny. Bei Athy trifft die Barrow Line, ein Verbindungskanal zum Grand Canal, auf den Fluss, sodass er mit dem irischen Kanalnetz verbunden ist.

Der River Barrow ist einer der schönsten Flüsse Irlands. Im Oberlauf hat er sein Bett durch roten Sandstein gegraben und stürzt über kleine Wasserfälle, bevor er sich gelassen durch die offene Landschaft zwischen Athy und Carlow windet. Dann wird es nördlich von Graiguenamanagh bis nach St. Mullins mit seinem steilen, fast schluchtartigen Charakter wieder dramatisch. Unterhalb der Seeschleuse von St. Mullins ist der Fluss tideabhängig und wird bis zur Einmündung des River Nore breiter. Bald hinter der bunten Häuserfront von New Ross erreicht man die weite Mündung des River Suir, auf dem man über Waterford bis nach Carrick-on-Suir fahren kann. Die Fahrrinne ist hier gut betonnt. Weiter unterhalb öffnet sich nun die Bucht Waterford Harbour. Man nähert sich dem offenen Meer und sollte nur weiterfahren, wenn man selbst ausreichende Erfahrung oder einen Lotsen an Bord hat.

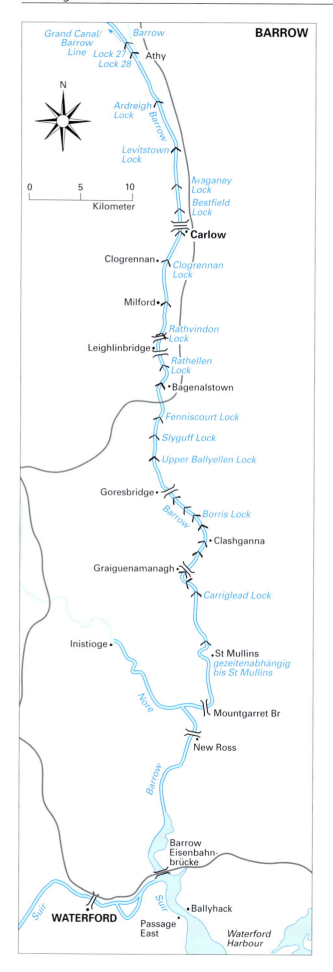

BARROW

Grand Canal/ Barrow Line
Lock 27
Lock 28
Barrow
Athy
N
Ardreigh Lock
Barrow
Levitstown Lock
0 5 10
Kilometer
Maganey Lock
Bestfield Lock
Carlow
Clogrennan
Clogrennan Lock
Milford
Rathvindon Lock
Leighlinbridge
Rathellen Lock
Bagenalstown
Fenniscourt Lock
Slyguff Lock
Upper Ballyellen Lock
Goresbridge
Barrow
Borris Lock
Clashganna
Graiguenamanagh
Carriglead Lock
Inistioge
St Mullins
gezeitenabhängig bis St Mullins
Nore
Mountgarret Br
New Ross
Barrow
Barrow Eisenbahnbrücke
Suir
WATERFORD
Suir
Ballyhack
Passage East
Waterford Harbour

Vermutlich ist der Barrow das flachste schiffbare Gewässer Irlands, weil er im Sommer nur eine Tiefe von 0,76 m erreicht. Als Kontrast dazu kann die Strömung nach schweren Regenfällen sehr heftig sein. Dann muss man an den Schleusen und den ungeschützten Wehren sehr aufpassen. Entwässerungsgräben im oberen Bereich des Flusses verstärken den Effekt und lassen den Wasserspiegel sehr schnell steigen. Sie verstärken auch das Problem der Versandung in den

Sehenswürdigkeiten

Athy – Die Stadt hat sich an einer Furt entwickelt, die immer umkämpft war. An Burgen und Schlachtfeldern ist hier kein Mangel. Sir John Talbot, irischer Vizekönig, baute im 15. Jahrhundert White's Castle an der Grenze des englisch beherrschten Teils der Insel. Etwa 1 km vom Stadtkern finden sich die Ruinen des Woodstock Castle aus dem 13. Jahrhundert. In der Town Hall gibt es ein Museum, u. a. mit einer Ausstellung über Sir Ernest Shackleton, der aus Kilkea 7 km südlich stammt.
Ein Abstecher nach Timolin (13 km) lohnt wegen des Irish Pewter Mill and Craft Centre. In der Nähe auf dem Gelände des Moone Abbey House steht ein sehr schönes Hochkreuz mit über 50 Bibelszenen. In Ballitore, ein Stück die N9 weiter, gibt es ein Quäkermuseum.

Carlow – Man sollte sich die Browneshill Dolmen 3,2 km ostwärts der R726 ansehen. Diese Grabstätte eines Königs und wohl größte neolithische Steinformation in Europa soll 4500 Jahre alt sein. Sie wiegt mehr als 100 Tonnen. Wie haben sie das nur gemacht?

Graiguenamanagh – Hier kann man einigen Kunsthandwerkern in ihren Läden bei der Arbeit zuschauen. Bernard Kavanagh ist Töpfer, die Cushendale Woollen Mills stellen Textilien her, und Duiske Glass lohnt gleichfalls einen Blick. Es gibt wunderschöne Wanderwege in der Gegend, man kann auch Fahrräder mieten.

New Ross – Südlich der Stadt liegt der John F. Kennedy-Park mit Arboretum nahe bei Dunganstown, woher die Kennedys stammen. Eine reichhaltige Sammlung verschiedener Baumarten, jeweils nach ihrer Herkunft zusammengefasst, ist sehr beeindruckend. In New Ross wurde die Bark *Dunbrody* nachgebaut, ein Auswandererschiff aus der Zeit der großen Hungersnot. Nach seiner Rückkehr aus Boston soll es Besuchern zeigen, unter welchen Bedingungen die irischen Auswanderer im 19. Jahrhundert den Atlantik überquerten.

kanalisierten Abschnitten. Üppiges Krautwachstum kann im Sommer gleichfalls die Boote behindern.

Die drei Flüsse Barrow, Nore und Suir, auch „die drei Schwestern" genannt, sind seit frühester Zeit als Transportwege benutzt worden. 1537 erließ das Parlament ein Gesetz, das die Schiffbarkeit durch die Wehre am Barrow sicherstellen sollte, die für Fischgewässer und Mühlenteiche gebaut worden waren. Die örtlichen Sheriffs durften Wehre durchbrechen, wenn sie die Durchfahrt versperrten. Den heftigsten Widerstand gab es von den Äbten, deren Klöster uralte Uferrechte beanspruchten. Diese klösterlichen Würdenträger hatten besonders am Nore ein starkes Interesse an Fischteichen, wozu sie die Flüsse aufstauen mussten und das Passieren von Booten unmöglich machten. Das Gesetz verlangte auch, das Ufer für Treidelpfade freizuhalten.

Im frühen 18. Jahrhundert diskutierte das Parlament ausführlich, wie man den Barrow schiffbar machen könnte. Konkrete Maßnahmen gab es erst nach 1751, als die Commissioners of Inland Navigation ins Leben gerufen wurden. 1759 fing man an, aber erst nach der Gründung der Barrow Navigation Company 1790 gab es wirkliche Fortschritte. Um 1800 lief der Bootsverkehr zwischen St. Mullins und Athy problemlos. Der Wasserstand blieb allerdings ein Problem. Die Arbeiten hielten bei verschiedenen Abschnitten bis in die 1850er-Jahre an.

Der Warentransport, besonders Getreide, wuchs flussauf und flussab beständig, aber Passagierverkehr war nie erfolgreich. Die Kanalhotels in Carlow und Graiguenamanagh hatten Schwierigkeiten. Das letzte Personenboot zwischen Carlow und Athy stellte 1809 den Betrieb ein. 1894 kaufte die Grand Canal Company die Barrow-Gesellschaft und betrieb den Barrow als Teil des Grand Canal-Netzes. Trotz einiger Empfehlungen für weitere Verbesserungen zu Beginn des 20. Jahrhunderts kam es zu keinen Maßnahmen. Die Versandung blieb ein Problem und wurde Mitte der 1930er-Jahre durch ein Entwässerungssystem am Oberlauf verschärft. Nach Regen erhöhte sich die Fließgeschwindigkeit und transportierte mehr Sand in den Unterlauf.

Im Juni 1950 übernahm die CIE wie für alle anderen Wasserwege auch die Verantwortung für den River Barrow. Die zunehmende Freizeitnutzung des Flus-

ses in den 1960er- und 1970er-Jahren ermutigte die CIE, den Barrow über die ganze Länge zu restaurieren. Aber der niedrige Wasserstand im Sommer, die Versandung und das Kraut machten den Benutzern weiter Schwierigkeiten. In den 1980er-Jahren wechselte die Verantwortung über das Office of Public Works zu Dúchas, dem Waterways Service. Seit April 2000 ist Waterways Ireland für die meisten schiffbaren Gewässer zuständig, darunter auch für den River Barrow.

Im Rückblick scheint es überraschend, dass man mit Verbesserungen am Fluss eine ausreichende Schiffbarkeit erreichen wollte und nicht parallel einen Kanal baute. Insgesamt sind weniger als 18 km kanalisiert, ansonsten ist der schiffbare Weg der Fluss. Besonders der niedrige Wasserstand war immer ein Problem, das auch heute nicht endgültig gelöst ist. Gleichwohl ist eine geruhsame Fahrt den Barrow entlang eine überaus erfreuliche Erfahrung.

Entdeckungsfahrt auf dem River Barrow

Von Athy nach Carlow

Wenn man vom Grand Canal zum Barrow fährt, ist Athy der nördlichste Punkt, auch wenn man sich hier noch nicht auf dem Barrow befindet. Am besten macht man kurz vor der Schleuse 28 am Ufer fest. Im Wesentlichen ist Athy eine georgianische Marktstadt. Wenn man die Horse Bridge passiert hat, sieht man aber zur Linken eine moderne Dominikanerkirche und zur Rechten an der Brücke aus dem späten 18. Jahrhundert das 1506 erbaute White's Castle. Die Meinungen über die moderne Kirche gehen sehr auseinander. Jeder möge sich selbst ein Urteil bilden.

Wenn man schließlich auf dem Barrow weiterfährt, kommt man an einer Vielzahl aufgegebener Mühlen vorbei; einige sind von beträchtlicher Größe. Die erste in Ardreigh war am längsten bis in die 1920er-Jahre in Betrieb. Die meisten dieser Mühlen verfielen bereits um 1850, weil sie mit dem billigen Importmehl aus den USA nicht mithalten konnten.

Die Fahrrinne verläuft hier dicht am östlichen Ufer. Der Stichkanal bis zur Levitstown-Schleuse ist mit 3,2 km der längste kanalisierte Abschnitt des Flusses.

River Barrow

Maximale Bootsgrößen						
von bis	*Entfernung*	*Länge*	*Breite*	*Tiefgang*	*Durchfahrtshöhe*	*Schleusen*
Athy bis St. Mullins	66,4 km	18,5 m	3,9 m	0,76 m	2,58 m	23
St. Mullins bis Dunmore East	52,0 km	unbeschränkt		tidenabhängig		

An dessen Südende erscheint die wohl beeindruckendste Mühle am Barrow. Levitstown Mill sieht mit seinen Zinnen aus der Entfernung eher wie ein Castle aus. Wenn man die Schleuse passiert hat, hält sich die Fahrrinne bis Carlow an der Ostseite.

Dieser obere Abschnitt des Barrow von der Einmündung des Grand Canal bis nach Carlow war wirtschaftlich der bedeutendste Teil dieses sehr abwechslungsreichen Wasserweges. Der Bericht einer königlichen Kommission aus dem Jahre 1906 empfahl, die Schifffahrt auf dem unteren Teil wegen des Wassermangels im Sommer einzustellen. Die Wassertiefe war so gering, dass größere Kähne den Fluss nicht hinaufkamen.

Carlow ist ein typisches Marktstädtchen, das sich an einem Flussübergang entwickelte. Hier gab es auch eine anglonormannische Festung, deren Überreste zu sehen sind, wenn sie auch nicht mehr viel von dem ursprünglichen Bauwerk verraten. Ein gewisser Dr. Middleton hatte die Burg gemietet und nutzte sie als Irrenhaus. Er wollte unter Verwendung von Schießpulver einige bauliche Veränderungen vornehmen. Das gelang, wenn auch nicht wie vorgesehen. In der Town Hall gibt es ein interessantes heimatgeschichtliches Museum.

In der Stadt sind zwei Gebäude besonders sehenswert: Das Gerichtsgebäude mit seinem dem Parthenon nachempfundenen großzügigen Portikus und die Kathedrale, die als eine der ersten nach der Katholikenemanzipation 1829 errichtet wurde. Einen gewissen historischen Ruhm hat Carlow auch durch die Tatsache erlangt, dass es 1891 die erste irische Stadt mit elektrischer Straßenbeleuchtung war. Der Strom wurde in einer kleinen Mühle am Fluss erzeugt, in der zuvor Getreide gemahlen worden war. Eine Gedenktafel erinnert dort an diesen historischen Fortschritt.

Von Carlow nach Goresbridge

Südlich von Carlow verläuft die Fahrrinne am Westufer des Flusses. Nach dem Passieren der Schleuse von Clogrennan, dem Milford-Stichkanal und einer weiteren Mühle und der Schleuse von Rathvindon kommt man zur ältesten Brücke über den Barrow in Leighlinbridge.

Hier muss man mit einer starken Strömung rechnen. Die Brücke stammt aus dem Jahre 1320. Am Ostufer befinden sich die Ruinen des Black Castle, das eine wechselvolle Geschichte aus Zerstörung und Wiederaufbau hat. Das Lord Bagenal Inn hat an seinem Anleger allerlei Versorgungsmöglichkeiten für die Boote und bietet eine solide Küche. Hinter der Brücke wechselt das Fahrwasser auf die Ostseite des Flusses.

Als nächsten Ort erreicht man Bagenalstown oder auch Muine Bheag. Beide Namen sind auf Karten zu finden. Walter Bagenal ließ sich mit großen Plänen hier im 18. Jahrhundert nieder. Ihm schwebte eine Art irisches Versailles vor, woraus aber nicht allzu viel wurde. Immerhin trug die Stadt seinen Namen, bevor sie wieder zu ihrem alten irischen Namen Muine Bheag zurückkehrte.

Von der Rathellen-Schleuse durch Bagenalstown bis zur Slyguff-Schleuse führt das Fahrwasser am Ostufer entlang und dann inmitten des Flusses weiter, weil die Uferregionen im Sommer verkrautet sein können, bis man den Kanal zur Upper Ballyellen-Schleuse erreicht. In der Nähe der Schleuse befinden sich alte Kalkwerke, deren Produktion früher über den Fluss verschifft wurde.

Südlich dieser Schleuse geht es am Ostufer weiter bis zur Goresbridge, die man durch den zweiten Bogen – vom Ostufer gerechnet – passieren muss. Um zum Anleger der Stadt zu gelangen, muss man flussab durch die Stadt fahren und dann um ein Inselchen einbiegen und mit dem Bug flussauf anlegen. Goresbridge ist heute eine kleine Landgemeinde. Vor zweihundert Jahren hatte der hiesige Flussübergang zwischen den Counties Carlow und Kilkenny eine größere Bedeutung. Die Brücke wurde 1756 gebaut.

Von Goresbridge nach Graiguenamanagh

Nun wird die Landschaft um den Barrow hügeliger und bietet etliche beeindruckende Aussichten. Im Osten liegen die Blackstairs Mountains mit dem

---

Restaurants

Athy – Tonlegee House am Stadtrand hat eine gute Küche mit lokalen Produkten (Tel. 0507 31473).

Carlow – Beams Restaurant existiert als Rasthaus seit 350 Jahren.

Leighlinbridge – Das Lord Bagenal Inn hat sich sein Ansehen verdient und einen eigenen Anleger.

Graiguenamanagh – Das Waterside Restaurant befindet sich in einem restaurierten Lagerhaus neben der Brücke am Kai (Tel. 0503 24246). Die Speise- und Weinkarte ist reichhaltig. Außerdem vermietet man Zimmer. Auch das Three Sisters am Kai in Tinnahinch ist eine gute Wahl (Tel. 0503 24069).

New Ross – Wer vom Wasser keine Pause braucht, ist bestens auf einem der Galley Cruising-Restaurants aufgehoben, die jeweils eine der drei schönen Schwestern Nore, Suir oder Barrow befahren, während man speist.

Mount Leinster (796 m) als höchstem Gipfel. Weit im Westen sieht man Brandon Hill. Das Fahrwasser verläuft weiter unter dem Ostufer, und rechts vom Boot tauchen einige ungeschützte Wehre auf. Nach Goresbridge folgen die Schleusen Lower Ballyellen, Ballytiglea, Borris und Ballingrane. Gegenüber der letztgenannten Schleuse sollte man am Westufer den St. Fiacre's-Brunnen in Ullard aufsuchen. Die Legende besagt nämlich, dass alle, die aus St. Fiacre's-Brunnen getrunken haben, von Schiffsuntergängen verschont bleiben. Es lohnt auch, an der malerischen Schleuse von Clashganna festzumachen und den Berg hinaufzuwandern, um die Aussicht auf das Tal des Barrow zu genießen.

Gleich nach Clashganna läuft man in den Stichkanal zur Ballykenna-Schleuse, der einzigen Doppelschleuse des River Barrow. Sie ist zugleich die engste Schleuse und hat eine Klappbrücke über der unteren Kammer. Jetzt werden die Ufer steiler und sind mit vielerlei Gehölzen und Bäumen bewachsen, die im Herbst ein farbenprächtiges Bild abgeben.

Der Fluss nähert sich nun der Stadt Graiguenamanagh, die historisch einen der wichtigsten Häfen des Barrow besaß. Einige der alten Lagerhäuser sind geschmackvoll restauriert und zu Wohnungen und Restaurants umgewandelt worden. Leider erinnert am Ostufer nichts mehr an das alte Kanalhotel. Graig, wie man die Stadt im Allgemeinen nennt, hat für Touristen viel zu bieten – von 13 munteren Pubs bis zur Duiske-Abtei aus dem 13. Jahrhundert gleich oberhalb der Stadt am Westufer. Hier wird auch viel örtliches Kunsthandwerk angeboten, und Angler wissen den River Barrow und den nahe gelegenen Brandon Lake zu schätzen. Die besten Anlegeplätze befinden sich am Ostufer unterhalb der Steinbrücke.

Von Graiguenamanagh nach New Ross

Nicht weit unterhalb der Kais nähert man sich dem Stichkanal zur Upper Tinnahinch-Schleuse, der sehr bald die Lower Tinnahinch- und dann die Carriglead-Schleuse folgt. Dies ist nunmehr der letzte Abschnitt des kanalisierten Flusses, dem sich nur noch weitere drei Kilometer zur Seeschleuse in St. Mullins anschließen. Hier sind die Ufer steil und bewaldet. Nur vom Boot aus kann man diese einsame und wilde Natur genießen. Charterboote dürfen die Seeschleuse nicht passieren. Privatboote können bei entsprechender Flut weiter nach St. Mullins oder Waterford fahren.

Nahe beim Dorf St. Mullins finden sich die Ruinen des Klosters St. Moling, wenn es auch nur noch aus ein paar Steinen und Teilen alter Mauern besteht. Auch der St. Moling-Brunnen ist nicht weit, dem wundersame Heilkräfte nachgesagt werden. Im Tal unterhalb der Seeschleuse sind die Ufer steil, wild

und bewaldet. Eine Weiterfahrt muss genau geplant werden. Das erste Hindernis an der Schleusenausfahrt ist die Felsbarre, dann folgt vor dem Dorf eine Untiefe. Beide Hindernisse sind etwa ab zweieinhalb Stunden vor und bis ebenso lange nach dem Hochwasser passierbar. Fährt man flussaufwärts, kann man südlich von St. Mullins am Kai des Steamer Hole auf die Flut warten.

Die nächsten 11 km windet sich der Barrow bis zur Brücke von Ferrymountgarrett, die bei Flut nur eine Durchfahrtshöhe von 2 m und deshalb ein Hubteil hat. Hinter der Brücke liegt am Ostufer ein Wrack, das mit einer Tonne gekennzeichnet ist. Oberhalb von Mountgarret wendet sich der Fluss nach Westen und dann dort wieder nach Süden, wo der River Nore einmündet. Die alte Eisenbahnbrücke hat normalerweise eine ausreichende Höhe. Nach 5 km liegt New Ross am Ostufer.

Im Hafen von New Ross herrscht geschäftiges Treiben. Man sollte unbedingt den Hafenmeister kontaktieren, der den besten Platz zum Festmachen anweist und auf größere Schiffsbewegungen hinweist. Vor der Hafenmeisterei ist ein Ponton zum Anlegen. Die Stadt hat viele Geschäfte und Banken und ist ein guter Zwischenstopp auf einer längeren Kreuzfahrt. Der Mittelbogen der Brücke ist außer bei Tidenhochwasser ausreichend für normale Boote.

Von New Ross nach Dunmore East

Unterhalb von New Ross ist der Fluss gut betonnt. Das Tal öffnet sich und wird flacher. An den Ufern zieht sich eine typische Farmlandschaft hin. Als Freizeitskipper muss man wissen, dass die Berufsschifffahrt sich an die schmale Fahrrinne halten muss und man selbst auszuweichen hat. Einige Kurven sind recht eng, sodass Frachtschiffe sehr schnell vor einem auftauchen können. Besonders sollte man am Pink Rock aufpassen, der am Westufer in den Fluss ragt und ihn hier verengt.

Unmittelbar vor dem Zusammenfluss mit dem River Suir überquert eine Eisenbahnbrücke den Fluss. Der Brückenwärter öffnet die Durchfahrt, wenn nötig.

Die allermeisten Kreuzer können aber auch so passieren, denn bei Flut beträgt die Durchfahrtshöhe etwa 6 m, bei Ebbe 10 m.

Nun wird die Bucht sehr breit, und steile Wellen können sehr schnell entstehen. Nachdem man Cheek Point umfahren hat, gelangt man nach Passage East am westlichen Ufer, von wo eine Fähre nach Ballyhack am Ostufer geht. Die kleinen Häfen in Cheek Point, Passage East und Arthurstown fallen bei Ebbe trocken. Noch weiter zum offenen Meer hin sind Duncannon am Ost- und Dunmore East am Westufer belebte Fischereihäfen.

Behörden und Häfen Waterways Ireland, 17–19 Lower Hatch Street Dublin 2, Tel. 00 353 (0)1 647 3000, Fax 676 1714.
Hafenmeister New Ross, Tel. 00 353 51 421 303;
Hafenmeister Waterford, Tel. 00 353 51 874 907.

Treidelpfad Der Pfad ist als Barrow Way angelegt und nicht so gut ausgeschildert wie am Grand oder Royal Canal. Weil das Fahrwasser zumeist dem Fluss folgt, ist der Weg im Sommer häufig recht zugewachsen. Die Kanalführer enthalten Hinweise auch für Wanderer. Von Athy nach Carlow läuft der Pfad am Ostufer, von der Schleuse bis Leighlinbridge am Westufer und dann bis zur Seeschleuse wieder auf der Ostseite.

Brücken Die niedrigste Brücke mit einer Durchfahrtshöhe von 2–4 m ist in Carlow.

Geschwindigkeitsbeschränkung In den Kanalabschnitten 6 km/h, im Fluss 11 km/h.

Slips Carlow, Goresbridge, New Ross, Graiguenamanagh, in St. Mullins unterhalb der Seeschleuse.

Scheitelhaltung Beständiger Anstieg vom Meer bis auf 58 m in Athy.

Zufahrten River Nore, River Suir sowie Barrow Line zum Grand Canal.

Fahrhinweise Unterhalb der Seeschleuse von St. Mullins wird der Barrow immer breiter und ist tidenabhängig. Der Tidenhub schwankt zwischen 2 m und 4–5 m, die Strömung kann 4 Knoten erreichen. Beide Faktoren werden von den Wetterbedingungen geprägt, besonders von Windstärke und -richtung. Skipper ohne Erfahrung auf See sollten einen Lotsen bemühen. Unterhalb von New Ross herrscht kommerzieller Schiffsverkehr.

Landkarten Ordnance Survey of Ireland, *Discovery Series* Nos. 55, 61, 68 und 76.

Seekarten Admiralty 2046; Imray C 57.

Führer Dúchas The Heritage Service (Hrsg.): *Guide to the Barrow Navigation*; neue Auflagen gibt Waterways Ireland heraus; Irish Cruising Club (Hrsg.): *Sailing Directions to the South and West Coasts of Ireland.*

Entfernungstabelle	km
Verbindung mit der Barrow Line zum Grand Canal bis:	
Hubbrücke	1,2
Ardreigh Lock No 1	1,4
Tankardstown Brücke	6,5
Levitstown Hubbrücke	6,8
Levitstown Lock No 2	6,9
Maganey Brücke	10,2
Maganey Lock No 3	11,6
Bestfield Lock No 4	15,8
Carlow Kai und Geschäfte	18,2
Carlow Lock No 5	18,7
Clogrennan Lock No 6	21,7
Milford Brücke	25,1
Milford Lock No 7	25,8
Aughnabinna Island	26,6
Rathvindon Lock No 8 und Cardinal Moran Brücke	29,8
Leighlinbridge	30,9
Rathellen Lock No 9	33,6
Bagenalstown Kai und Geschäfte	35,2
Bagenalstown Hubbrücke und Lock No 10	35,6
Royal Oak Brücke	36,7
Fenniscourt Lock No 11	39,2
Slyguff Lock No 12	41,4
Upper Ballyellen Lock No 13	44,0
Goresbridge Kai und Geschäfte	45,4
Lower Ballyellen Lock No 14	46,4
Ballytiglea Lock No 15	49,0
Ballytiglea Brücke	50,4
Borris Lock No 16	51,6
Ballingrane Lock No 17	55,6
Clashganna Lock No 18	56,2
Ballykeenan Lock No 19 (Doppelschleuse)	57,4
Graiguenamanagh Kai und Geschäfte	59,8
Upper Tinnahinch Lock No 20	60,2
Lower Tinnahinch Lock No 21	61,8
Carriglead Lock No 22	63,2
St. Mullins Seeschleuse No 23	66,4

Barrow-Mündung (Tidengewässer)

Mountgarret Brücke	78,4
Ringwood, Verbindung zum River Nore	80,4
New Ross Brücke	84,8
Dollar Point	96,8
Snow Hill Point, Verbindung zum River Suir	101,2
Duncannon	110,4
Dunmore	115,2
Offene See vor Hook Point	118,4

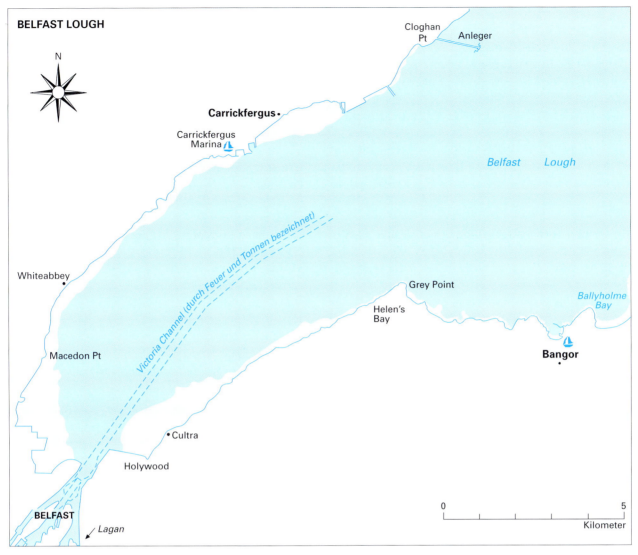

BELFAST LOUGH

N

Cloghan Pt

Anleger

Carrickfergus •

Carrickfergus Marina

Belfast   Lough

Whiteabbey

Victoria Channel (durch Feuer und Tonnen bezeichnet)

Grey Point

Helen's Bay

Ballyholme Bay

Macedon Pt

Bangor

• Cultra

Holywood

BELFAST

Lagan

0   5
Kilometer

Belfast Lough

Heute kennt man diesen Meeresarm als Belfast Lough. Früher hieß er Loch Laoig, Lough of the Calf und dann Knockfergus oder auch Carrickfergus Bay. Bis zum 12. Jahrhundert war Belfast nur ein Übergang über den River Lagan, und man baute eine Burg zu dessen Schutz. Bis zur Ansiedlungszeit unter Jakob I. passierte wenig. Dann kam Sir Arthur Chichester aus Devon, und eine kleine Siedlung entstand. Ihm wurden 1604 als Lord Deputy of Ireland Stadt, Burg und Rittergut übereignet.

Gegen Ende des 17. Jahrhunderts tauchten im Norden Irlands Hugenotten auf, die vor der religiösen Verfolgung in Frankreich geflohen waren und etwas vom Spinnen und Weben verstanden. Seit der Jahrhundertwende entwickelte sich Belfast daher als Zentrum der Leinwandindustrie. Die Bevölkerung wuchs rasant, als weitere Industrien wie z. B. der Schiffbau sich entwickelten. Der Hafen verdrängte bald den bisher wichtigsten in Carrickfergus von seinem Spitzenplatz in Ulster. In der Viktorianischen Zeit wurde

Belfast Lough

von bis	*Entfernung*
Belfast bis Mew Island	30,6 km

Belfast das vibrierende Herz Nordirlands, und viele Viertel der Stadt sind von dieser Epoche geprägt. Die Queen's University, die Victoria Street und der Queen's Square wurden nach Königin Victoria benannt, die Albert Street und der Prince Albert Memorial Clock Tower nach ihrem geliebten Gemahl. Die Donegall Road, der Donegall Quay und der Donegall Square erinnern an eine bedeutende Familie, die eng mit der Entwicklung Belfasts verbunden war. Grundlagen des Wohlstandes blieben die Textilindustrie und der Schiffbau. Die Werft Harland & Wolff am Südende des Hafens hatte die zweifelhafte Ehre, das vermutlich berühmteste aller Schiffe, die *Titanic*, zu bauen. Für eine Region des Schiffbaus mag es etwas seltsam anmuten, dass im Belfast Lough etwa 120 Wracks liegen, die zum Teil für die Beliebtheit des Gewässers bei Sporttauchern verantwortlich sind.

Von der Mündung des Lagan bis zur offenen Irischen See sind es etwa 30 km. Die Bucht ist zwischen Black Head im Norden und Orlock Point im Süden knapp 12 km breit. Mew und Copeland Island liegen unmittelbar östlich von Orlock Point. Der Ankerplatz in der Chapel Bay unter dem Südwestufer von Copeland Island ist geschützt; an Land gibt es einen Brunnen. Lighthouse Island gehört dem National Trust. Hier hat eine Vogelwarte ihren Sitz. Man kann sie besuchen, wenn man sich bei Neville McKee anmeldet (Tel. 028 9443 3086). Der Donaghadee Sound zwischen Copeland Island und dem Festland ist die viel befahrene Route ins Belfast Lough für kleine Schiffe, die von Süden die Küste heraufkommen. Im Südosten ist der Sund flach und felsig. Zwischen Deputy Reefs an der Ostseite und Governor Rocks sowie Foreland Spit an der Westseite liegen Tonnen.

Wenn man in die Bucht hineinfährt, begreift man sofort, dass dieser wunderbare Naturhafen Sammelpunkt für die britischen Konvois während des Zweiten Weltkrieges war. Teile der Flotte für die Landung der Alliierten in der Normandie 1944 starteten hier. Seit Viktorianischen Zeiten ist der Belfast Lough bei Seglern sehr beliebt. Heute gibt es moderne Marinas in Bangor an der Südküste und in Carrickfergus im Norden. In Bangor haben der Royal Ulster und der Ballyholme Yacht Club ihre Heimat. Der Hafen in Carrickfergus öffnet sich unmittelbar westlich von der Burg, einer sehr gut erhaltenen normannischen Festung.

Die Südküste der Bucht ist ziemlich felsig und buchtenreich. Sie bietet von See aus den schöneren Anblick. Die Nordküste ist relativ gerade und für kleine Boote weniger interessant. Nicht weit südwestlich von Black Head gibt es zwischen Cloghan und dem Kilroot-Kraftwerk drei weit ins Meer reichende Anlegebrücken. Tidenstieg und Tidenfall sind mit einem Maximum von weniger als vier Metern relativ mäßig.

Sehenswürdigkeiten

Belfast – Ein Gang entlang des ausgebesserten River Lagan-Treidelpfades vermittelt einen Eindruck davon, was der Wasserweg einmal gewesen war. In dem neuen Laganside-Entwicklungsgebiet wurde 1997 die beeindruckende Waterfront Hall eröffnet. Über die Geschichte von Wehr und Hafen kann man sich im Besucherzentrum Lagan Lookout informieren. Eine Tour durch Belfast beginnt am besten am Donegall Square gegenüber der City Hall. Die Linenhall Library an der Nordwestecke des Square ist ein interessantes Bauwerk.

Ein bisschen südlich des Stadtzentrums befinden sich die Queen's University, die Royal Botanic Gardens und das Ulster Museum, alle drei sehenswert. Das Palmenhaus im botanischen Garten hat Sir Charles Lanyon entworfen, der auch für etliche andere Gebäude, Brücken und Viadukte im Zentrum verantwortlich war. Das Ulster Museum widmet sich der Kunst in Irland seit der Bronzezeit, der geologischen, soziologischen und industriellen Geschichte der Provinz.

Eine Rundfahrt im „CityBus" zeigt alles Wesentliche der Stadt. Die Erläuterungen geben auch einen Einblick in die Hintergründe der so genannten „Irish Troubles". Eine dieser Busrundfahrten ist der geeignetste Weg zu den Vierteln von Falls Road und Shankill Road und den überall bemalten Mauern. Den allermeisten Teilnehmern vermitteln diese Touren wichtige Einsichten.

Carrickfergus – Das Castle hat über dem Hafen an der Nordküste einen beeindruckenden Standort. Es wurde am Ende des 12. Jahrhunderts errichtet und ist wohl die besterhaltene Burg der Normannen in Irland. Der Grund liegt darin, dass hier bis in die 1950er-Jahre immer eine Garnison lag. Berühmt waren z. B. im 18. Jahrhundert die Dragoner, das 62. Regiment zu Fuß. Das Castle ist zu besichtigen und voller lebensechter Modelle.

Auch das Gasmuseum ist interessant, das von Juni bis August am Sonntagnachmittag geöffnet hat. Enthusiasten haben dieses mit Kohle betriebene Gaswerk aus der Viktorianischen Zeit liebevoll restauriert, das die Energie für die Stadtbeleuchtung geliefert hat. Am Ostende der Stadt kann man in Boneybefore das Andrew Jackson Centre besichtigen, das die historischen Verbindungen zum siebten Präsidenten der Vereinigten Staaten dokumentiert. Dessen Eltern sind 1765 aus Carrickfergus ausgewandert. Etwas enger sind die Verbindungen der Stadt zu dem Dichter Louis MacNeice, dessen Vater an der St. Nicholas-Kirche wirkte.

Cultra – Hier ist der Royal North of Ireland Yacht Club zu Hause. Das Ulster Folk and Transport Museum, u. a. mit seiner irischen Eisenbahnsammlung, ist einen Besuch wert. Eine makabre Touristenattraktion ist die *Titanic*-Ausstellung.

Bangor – Mehr als ein Jahrhundert ist Bangor ein Ferienort. Im 6. und 7. Jahrhundert war Bangor ein Zentrum mönchischer Gelehrsamkeit. Von hier aus brachen viele Mönche in gebrechlichen, mit Tierhaut bezogenen Booten zur Christianisierung Europas auf. Der Kirchturm ist als einziges vom Kloster St. Comgall übrig geblieben. Im viktorianischen Castle, heute die Town Hall, gibt es eine Ausstellung zur Stadtgeschichte.

Obwohl alle Bootssportarten das populärste Freizeitvergnügen am Belfast Lough sind, gibt es noch viele weitere Möglichkeiten: Wandern, Angeln und Vogelbeobachtung sind an beiden Ufern beliebt. Bei Ebbe sind viele Vogelarten zu sehen, z. B. Austernfischer, Brachvögel und Rotschenkel. Die RSPB betreut im Hafengebiet von Belfast eine Süßwasserlagune mit Vogelbeobachtungsständen. Man kann sich über die besten Standorte beraten und darüber informieren lassen, welche Arten zu sehen sind (Tel. 028 9049 1547). Angeltouren kann man in etlichen der Häfen arrangieren. Überall auf Felsen, an den Stränden und Piers sieht man Angler auf den Fang ihres Lebens warten. Für Wanderer gibt es an der Südküste den North Down Coastal Path von Holywood nach Portavo und den Ulster Way entlang der Nordküste. Man kann auch 16 km am River Lagan vom Belfast Boat Club in Stranmillis bis zum Lagan Valley Regional Park entlangwandern. Auch einige Fahrradwege bieten zu Fuß oder auf Rädern schöne Touren – überall hat man einen schönen Blich auf die Bucht und die hügelige Landschaft.

Es gibt zahlreiche Golf-Clubs, einige dicht an der Küste mit faszinierenden Ausblicken. Bei Carrickfer-

gus sind es vier, mehrere um Newtownabbey herum, und an der Südküste im County Down hat man gleichfalls eine große Auswahl anspruchsvoller Kurse.

Das Segeln steht natürlich am höchsten im Kurs. Es gibt zahlreiche Yacht-Clubs, die sich über Besucher freuen. Die Ulster Cruising School in der Marina von Carrickfergus und das Lagan Watersports Centre halten Kurse für alle Kategorien und Bootstypen ab. In der Bucht finden viele Regatten und Motorbootrennen statt, die alle gut zu verfolgen sind. Wie in Irland üblich, ist das Drumherum bei solchen Ereignissen mit viel Spaß verbunden.

Man braucht hier kein eigenes Boot, um aufs Wasser zu gelangen. Die *Joyce* fährt vom Donegall Quay oberhalb des Wehres nach Stranmillis und zurück. Von den Häfen aus, besonders von Bangor, bieten mehrere Schiffe Küstenfahrten an. Im Sommer kann man im Pickie Family Fun Park in der Nähe der Marina von Bangor Ruderboote mieten.

Behörden und Häfen Der Belfast Lough ist überall schiffbar. Es gibt keine Schleusen oder Brücken, keine Geschwindigkeitsbeschränkungen und maximalen Größen für Boote.

Hafenmeister Belfast Tel. 028 9055 3011 (UKW-Kanal 12, 16); Bangor Marina Tel. 028 9145 3297 (UKW-Kanal 80, 24 h); Hafenmeister Bangor Tel. 028 9145 3297 (UKW-Kanal 11, 24 h); Carrickfergus Marina Tel. 028 9336 6666 (UKW-Kanal 80).

Slips Groomsport Bay, Cockle Island Boat Club, Bangor Marina, Royal North of Ireland YC in Cultra, Maysfield Boating Inlet, Carrickfergus, Ballyholme Bay.

Zufahrten River Lagan. Gegenwärtig geschlossen, aber man kann das Wehr bis nach Stranmillis passieren. Die Tiefe beträgt hier 1,5 m. Informationen beim Flusswart John Burn, Tel. 028 9031 5304.

Fahrhinweise Die Bucht ist in der Regel 11 m tief. Man kann überall segeln und fahren, wenn man aufs Wetter achtet. Die Tidenströmung ist sanft. Die Fahrrinne für die großen Schiffe nach Belfast ist ausgetonnt und zu meiden. Zurzeit gibt es in Belfast keinen geeigneten Platz für Freizeitkapitäne. Will man die Stadt besuchen, muss man in Bangor oder Carrickfergus festmachen. Will man doch in den Hafen von Belfast, muss man die Hafenbehörde um Erlaubnis fragen, Tel. 028 9055/3011/3012/3013 oder 3015 (UKW-Kanal 12 und 16).

Landkarten Ordnance Survey of Northern Ireland, *Discoverer Series* No. 15.

Seekarten Admiralty 1753; Imray C 62.

Führer Irish Cruising Club (Hrsg.): *Sailing Directions East and North Coasts of Ireland*; Macmillan Reeds *Nautical Almanac*.

Restaurants

Belfast – In dieser lebendigen Stadt gibt es Restaurants für jeden Geschmack. In den letzten Jahren hat sich das Angebot qualitativ sehr verbessert. Der berühmteste Pub ist der Crown Liquor Saloon in der Victoria Street. Er gehört dem National Trust, wurde aber nicht zu einem Museum gemacht. Für einen Drink und ein paar Austern fast ein Muss!

In Nick's Warehouse in der Hill Street gibt es oben ein nettes Restaurant und unten eine Weinbar. Wer es französisch liebt, geht ins La Belle Epoque in der Dublin Road. Der ferne Osten lockt im Sun Kee im Donegall Pass. Hier bekommt man original chinesische Kost, aber keine alkoholischen Getränke. Deshalb darf man sich seinen Wein mitbringen, Reservierung empfohlen (Tel. 028 9031 2016).

Bangor – Die Villa Toscana ist ein guter Italiener im Toscana Park an der West Circular Road. Gute Gerichte werden im Back Street Café in der Queens Parade serviert. Wenn man es feiner will, sollte man die leckeren Angebote von Shanks Restaurant im Blackwood Golf Club probieren.

Carrickfergus – Im Dobbins Inn in der High Street gibt es Snacks und Gerichte à la carte, beides mit Niveau. Bar und Restaurant Windrose in der Marina sind auch eine solide Wahl.

Entfernungstabelle

Queen Elizabeth Brücke, Belfast bis:	km
Newtownabbey (Nordküste)	7,9
Holywood (Südküste)	8,5
Cultra (Südküste)	9,8
Helen's Bay (Südküste)	14,0
Carrickfergus (Nordküste)	14,6
Grey Point (Südküste)	15,4
Bangor (Südküste)	20,0
Ballyholme Bay (Südküste)	21,7
Cloghan Point (Nordküste)	22,3
Whitehead (Nordküste)	23,6
Groomsport (Südküste)	24,2
Black Head (Nordküste)	25,0
Orlock Point (Südküste)	25,8
Copeland Island	28,3
Mew Island	30,6

Carlingford Lough

Carlingford Lough ist eine spektakuläre Bucht an der Ostküste Irlands. Die Grenze zwischen Nordirland und der Republik verläuft in seiner Mitte. Die wunderbar hügelige Landschaft der Counties Down und Louth wird von den bewaldeten Hängen der Mourne Mountains und den schroffen Felsen des Carlingford Mountain gekrönt. Die breite Mündung dieses Mee-

resarms zwischen Ballagan Point im Süden und Cranfield Point im Norden weist nach Südosten. Von den äußeren Tonnen bis nach Warrenpoint am Eingang zum Newry Ship Canal ist die Bucht 16 km lang.

In der Mitte der Mündung steht der Leuchtturm Haulbowline, ein 34 m hoher grauer Steinturm. Zwischen Ballagan Point und dem Leuchtturm gibt es zahlreiche Untiefen und Felsen. Der Weg in den Fjord führt durch eine mit Leuchttonnen markierte und gebaggerte Fahrrinne von der Kardinaltonne S Hellyhunter unter der Nordküste zwischen Cranfield Point und Leuchtturm. Wenn man dann den Leuchtturm passiert hat, läuft die Fahrrinne auf die Südküste zu und umgeht Green Island und seine Untiefen. Die Tonnen führen einen dicht vor die Spitze der Landzunge Greenore Point. Der weitere Weg zum Hafen von Warrenpoint verläuft etwa in der Mitte des Fjordes. Die Mill Bay nördlich von Green Island fällt bei Ebbe über viele Kilometer trocken. Der Fluss White Water, der in den Südosten dieser Bucht mündet, entspringt am Slieve Muck nicht weit von der Quelle des River Bann, der nach Norden abfließt. Die Nordküste

Carlingford Lough

von bis	*Entfernung*
Cranfield Point bis Warrenpoint	16 km

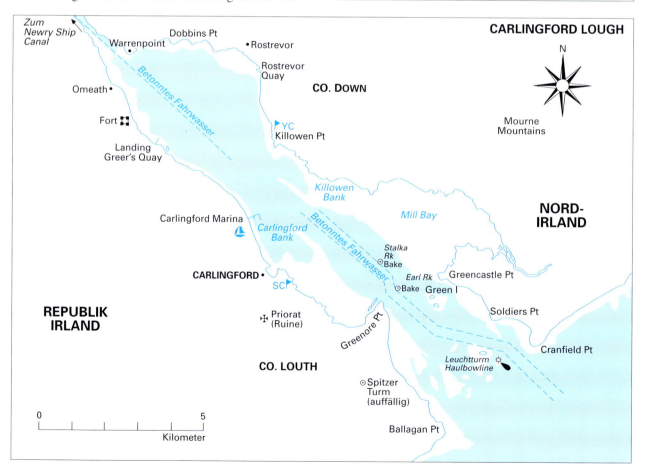

des Carlingford Lough hat eine lange Tradition als Erholungsgebiet. Die Stadt Rostrevor mit ihrer attraktiven Wasserseite erfreut sich im Schutz der Berge im Norden und Osten eines milden Klimas. Hier gibt es schöne Gärten mit vielen exotischen Pflanzen.

Warrenpoint liegt am Ende des Carlingford Lough am Nordufer. Hier verengt sich das Fahrwasser und geht in den Newry Ship Canal über. Warrenpoint ist größer als Rostrevor und hat eine lange Promenade. Urlauber kommen seit 200 Jahren hierher. Im Hafen gibt es zwar Pontons und Serviceeinrichtungen für Gastlieger, aber es empfiehlt sich nur für einen kurzen Stopp zur Erkundung der Stadt, denn Warrenpoint ist eigentlich ein Handelshafen.

Es gibt in der Bucht nur wenige geschützte Ankerplätze. Wenn man die wunderbare Landschaft entdecken will, sollte man die Carlingford Marina an-

---

Sehenswürdigkeiten

Carlingford – Die Stadt darf man nicht auslassen. Mit ihren malerischen engen Gassen und zahlreichen burgartigen Häusern herrscht hier die gelassene Atmosphäre einer vergangenen Zeit. Der Nationalheilige Patrick soll hier im 5. Jahrhundert gelandet sein. Die Siedlung haben die Wikinger gegründet. Die Ruinen des King John's Castle weisen auf die strategische Bedeutung der Stadt hin. Zusammen mit dem Gegenstück bei Greencastle Point, wovon kaum etwas erhalten ist, sicherten die Burgen den Zugang zur Bucht. Die alten Teile der Stadt stammen aus dem Mittelalter. Beachtlich ist das Mint, ein befestigtes Stadthaus an dem eleganten Square. Es gibt auch einen Torbogen aus dem 6. Jahrhundert.

Omeath – Omeath liegt in Sichtweite gegenüber von Warrenpoint und Rostrevor an der Südküste. Zwischen dem Ort und Warrenpoint verkehrt eine Fähre. Zwischen Omeath und Carlingford gibt es schöne Waldwanderwege am Fuße des Berges Carlingford. Wer spektakuläre Ausblicke liebt, kann auf den Slieve Foye steigen, der sich 589 über Carlingford erhebt.

Mourne Mountains – Im Norden, im County Down, reichen die legendären Mourne Mountains bis an den Fjord heran und ermöglichen herrliche Wanderungen für jeden Geschmack. Hier gibt es kaum Straßen und also auch keinen Verkehrslärm.

Rostrevor – Das Fiddler's Green Festival mit Folk-Music ist im Juli oder August eine Attraktion.

Warrenpoint – In der Bridge Road ist das Burren Heritage Centre mit einer interessanten Sammlung zur hiesigen Geschichte – nur im Sommer geöffnet.

An der Einfahrt zum Newry Ship Canal steht das Narrow Water Castle als Wachposten. Hugh de Lacy baute hier die erste Befestigung im frühen 13. Jahrhundert. Sie wurde im Aufstand 1641 zerstört, der heutige Bau im Laufe des Jahrhunderts wiedererrichtet.

Restaurants

Carlingford – In der Newry Street liegt Jordan's Town House, ein freundliches Bistro mit Tellergerichten aus hiesigen Produkten. Bei P. J. O'Hare im Stadtzentrum gibt es meistens Austern aus der Bucht, immer aber alles Neue aus der Gegend.

---

laufen. Sie liegt am Südufer im Schutz der lang gezogenen Carlingford Bank. Die Marina befindet sich ein wenig nördlich des Hafens von Carlingford und ist von einer Mole und dem Rumpf eines auf Grund gelaufenen Schiffes geschützt. Um die Untiefen der Sandbank zu umfahren, beginnt man auf Höhe der roten Tonne Nr. 18 mit Kurs 192° auf die Marina zuzuhalten. Das Büro der Marina ist unter UKW-Kanal 16 und 37 oder Tel. 00 353 (0)429 373 492 zu erreichen. In der Marina gibt es ein Restaurant und eine Bar. Die Stadt ist zehn Minuten Fußweg entfernt. Hier gibt es alles, was man braucht: gute Pubs und Restaurants, einen Supermarkt, ein Museum zur Geschichte der Gegend und einen freundlichen Fahrradverleih. Der Golfplatz im nahe gelegenen Greenore bietet schöne Ausblicke auf die Bucht und die Irische See.

Die verschiedenen weiten Buchten am Nordufer sind sehr flach. Man muss weit vor der Küste ankern, wenn das Boot bei Ebbe nicht trocken fallen soll. Wenn man hier ankert, sollte man immer ein Auge auf das Wetter haben, weil die Nähe der Berge Windrichtung und -stärke beeinflusst. Besonders muss man auf Windwirbel achten, die bei starkem südöstlichen Wind plötzlich auftreten können. Besonders an der relativ engen Stelle südlich von Killowen Point können sie kleinere Segelboote zum Kentern bringen.

Behörden und Häfen Freie Schifffahrt. Carlingford ist eine Bucht mit keinerlei Größen- oder Geschwindigkeitsbeschränkungen, Schleusen oder Brücken.

Hafenmeister Warrenpoint, Tel. 028 4175 2878; Carlingford Marina, Tel. 00 353 (0)429 373 492.

Slips Carlingford Marina, Carlingford Lough YC in Killowen Point, Rostrevor.

Zufahrten Newry Ship Canal.

Fahrhinweise Am Eingang zur Bucht zwischen Cranfield Point und Greencastle Point im Norden sowie Greenore Point im Süden können starke Strömungen mit bis zu 5 Knoten je nach Tide setzen. Man sollte die Einfahrt bei auflandigem Wind bei Ebbe meiden, weil dabei eine stehende Welle entsteht. Die ausgebaggerte Fahrrinne ist nur 80 m breit. Der Berufsschifffahrt muss ausgewichen werden.

Landkarten Ordnance Survey of Northern Ireland *Discoverer Series* No. 29, Ordnance Survey of Ireland *Discovery Series* No. 36.

Seekarten Admiralty 2800; Imray C 62.

Führer Irish Cruising Club (Hrsg): *Sailing Directions East and North Coasts of Ireland*; Macmillan Reeds *Nautical Almanac*.

Entfernungstabelle	km
Cranfield Point bis:	
Soldiers Point	1,3
Green Island	3,0
Greenore Point	4,7
Carlingford Harbour	8,6
Carlingford Marina	9,4
Killowen Point	10,3
Rostrevor Quay	13,0
Omeath Pier	15,0
Warrenpoint Harbour	15,7

Lough Erne

Das spektakuläre Seengebiet des Erne bietet allen, die hier eine Kreuzfahrt wagen, eine Vielfalt großartiger Möglichkeiten. Zwar ist der Lough Erne auch von Land aus faszinierend, aber nur wenige Besucher werden den Reizen einer Erkundung vom Wasser aus, sei es im Ruderboot, Kanu oder bei einer Ausflugsfahrt, widerstehen wollen.

Von der Quelle im County Cavan windet sich der Fluss durch das wasserreiche Gebiet von Lough Oughter, das aber kaum als See zu bezeichnen ist, sondern eher als eine Ansammlung unzähliger Flecken Land, die von Wasser umspült werden. Unterhalb Belturbet wird die Erne schiffbar, aber der Eindruck von Land, das in Wasser übergeht und umgekehrt, bleibt zunächst. Das Gebiet ist für seine Qualitäten als Fischgewässer berühmt. Es kann schwierig sein, hier mit dem Boot anzulanden, weil buchstäblich jeder Strand oder Anleger mit Anglern und ihren Siebensachen belegt ist.

Wie gesagt, Anfang oder Ende der Schifffahrt im Süden ist Belturbet im County Cavan, also der Republik

Enniskillen: das Watergate aus dem 16. Jahrhundert

Irland. Es gibt Überlegungen, auch Lough Oughter für die Bootstouristen zu erschließen. In Belturbet gibt es gute Anlegemöglichkeiten und auch eine große Basis des Vercharterers Emerald Star. Der Ort ist von der alten Bogenbrücke einen kurzen Fußweg hügelauf entfernt. Hier kann man Vorräte einkaufen und bekommt alles, was für die Wunder der Angelkunst erforderlich ist. Wer sich auf andere Art bewegen will, findet hier einen guten Neun-Loch-Golfplatz.

Unterhalb Belturbet und kurz vor der Foalies Bridge hat man die Wahl zwischen zwei Kursen. Man kann den Wasserweg der Erne Richtung Nordwesten wählen oder dem Fluss zur Rechten zwischen Derryvony und Derryseaton folgen. Und hier könnte man eines Tages südwärts in die Quivy Waters einbiegen, die zur Einmündung des Ulster-Kanals führen, über den man zum Lough Neagh und schließlich nach Belfast oder zum River Bann fahren könnte. Nimmt man den Hauptwasserweg unter der Brücke hindurch, gelangt man zur Einfahrt in den Woodford River bzw. Shannon–Erne Waterway, der wieder andere Möglichkeiten erschließt. Bleibt man auf der Erne, gelangt man auf beiden Wegen zum Crom Castle.

Diese schöne Anlage wird vom National Trust als Naturschutzgebiet gepflegt, in dem es einige seltene Arten gibt. Es gibt einen guten Anleger. Die Ruine des alten Castle kann besichtigt werden, das Herren-

Sehenswürdigkeiten

Belleek – Man muss die berühmten Keramikwerke besucht haben. Alles begann im 19. Jahrhundert mit Ton aus der Nähe von Castle Caldwell, der einen hohen Anteil Feldspat enthält und der Keramik ihren besonderen Glanz verleiht. Es gibt ein Museum und Führungen durch die Fabrik, die unvermeidlich in einem Laden enden, der jeden in Versuchung führt. Es gibt auch ein Restaurant, in dem man natürlich von Belleek-Geschirr speist.

Am Rande von Belleek nahe der Erne Gateway Marina befindet sich ExplorErne, eine von März bis September täglich geöffnete faszinierende Ausstellung zur geologischen und sonstigen Geschichte von Lough Erne, einschließlich seiner Rolle im Zweiten Weltkrieg.

Enniskillen – Hier gibt es viel zu sehen und zu unternehmen. Am besten beginnt man mit den 108 Stufen zu Cole's Monument, von wo man einen herrlichen Blick über die Stadt und den Fluss hat. Die Hauptstraße hat abschnittsweise verschiedene Namen. Um den Buttermarket herum gibt es Ateliers einiger Kunsthandwerker und ein schönes Café. An der nordwestlichen Brücke in Maguire's Keep befindet sich das Castle mit dem Landesmuseum, daneben das Watergate aus dem 16. Jahrhundert. Die Maguires waren der örtlich herrschende Clan. Im Museum gibt es viel Archäologisches und alles zur Geschichte von Enniskillens berühmten Dragoner- und Füsilierregimentern.

In der Stadt gibt es gute Einkaufsmöglichkeiten und ein Freizeitzentrum, falls es regnet. Das Ardhowen-Theater oberhalb einer Biegung der Erne spielt das ganze Jahr. Unterhalb gibt es einen Anleger, sodass man jederzeit mit dem Schiff zum Theater fahren kann.

Außerhalb von Enniskillen gibt es interessante Nationaldenkmäler. Florence Court liegt 12,5 km an der Straße nach Sligo, Castle Coole 2,5 km an der Straße nach Belfast.

Upper Lough Erne – Crom Castle, im Eigentum des National Trust, ist ein Muss!

Hier gibt es eine Stärkung für den müden Angler.

haus aus dem 19. Jahrhundert ist dagegen weiter in Privathand. Es gibt Naturpfade, Führungen und eine kleine Ausstellung. Der National Trust betreibt hier auch einige Ferienhäuser, und man kann auch ein Boot mieten. Für einen ruhigen Urlaub an Land ist dies ein wunderbarer Ort.

Am Upper Lough Erne ist man fast verloren, wenn man sich einen gemütlichen, einsamen Anlegeplatz aussuchen will. Wie man einem Blick auf die Karte entnehmen kann, ist dieses spektakuläre Fahrtgebiet weniger ein See, sondern ein Labyrinth von Inseln und Inselchen. Man muss immer die Karte im Auge behalten und genau wissen, welche Stange man gerade passiert hat, weil viele Inseln sich sehr ähnlich sehen. Man muss im markierten Fahrwasser bleiben, weil zwischen vielen Inseln nur sehr flaches Wasser ist und in mancher Bucht viele Felsen liegen.

Die Trial Bay südwestlich gegenüber von Crom Castle ist eine lang gezogene Bucht mit einem schönen Anleger. Der Wasserweg führt nach Norden an

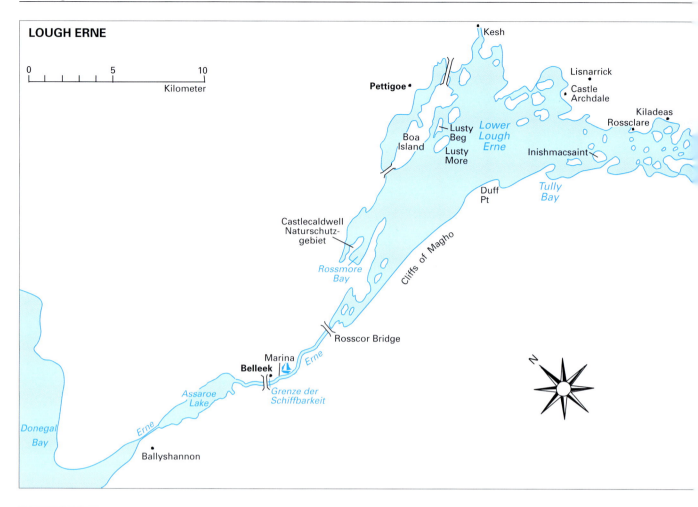

LOUGH ERNE

Kesh
Lisnarrick
Pettigoe
Castle
Archdale
Kiladeas
Rossclare
*Lower
Lough
Erne*
Boa
Island
Lusty
Beg
Lusty
More
Inishmacsaint
*Tully
Bay*
Duff
Pt
Cliffs of Magho
Castlecaldwell
Naturschutz-
gebiet
*Rossmore
Bay*
Rosscor Bridge
Marina   *Erne*
Belleek
*Assaroe
Lake*
*Grenze der
Schiffbarkeit*
*Donegal
Bay*   *Erne*
Ballyshannon

N

Lough Erne

Maximale Bootsgrößen						
von bis	*Entfernung*	*Länge*	*Breite*	*Tiefgang*	*Durchfahrtshöhe*	*Schleusen*
Belturbet bis Belleeck	84,0 km	34 m	6,1 m	1,5 m	2,1 m	1

den Inseln Inisherk und Bleanish Island vorbei, bevor man Dernish Island östlich umrundet oder den Hauptweg an Gaeglum auf dem westlichen Ufer vorbei nimmt. Auf der kleinen Insel Inish Rath steht ein Haus. Dann passiert man die Lady Graigavon Bridge, die das östliche Ufer mit Trasna Island verbindet. Bei Trannish Island kann man rechts oder links vorbeifahren und muss im weiteren Verlauf im tiefen Fahrwasser sechs kleine Inseln außen passieren, weil es zwischen ihnen zu flach ist.

Hat man den östlichen Kurs genommen, findet man auf Inishcorkish ein von John und Sheila Reihill betriebenes Restaurant nebst privatem Anleger. Die meisten Inseln im Lough Erne waren früher im Besitz von Familien, die Landwirtschaft trieben. Heutzutage ist es nahezu unmöglich, mit einer Farm und Fischerei hier sein Leben zu fristen. Inishcorkish ist wohl die letzte bewohnte und bewirtschaftete Insel, und dies sicher nur, weil das Restaurant eine Anpas-

sung an die modernen Gegebenheiten ermöglichte. Die Küche ist ausgezeichnet und traditionell, es gibt Musik und fröhliche Geselligkeit.

Der See wird jetzt nach Westen breiter, und man muss zwischen etlichen zerstreuten Inseln seinen Kurs finden. Über den Blick auf die Karte sollte der Genuss der schönen, vorüberziehenden Landschaft nicht leiden. Die Landschaft auf beiden Seiten hat etwas Magisches, und der große, sich beständig verändernde Himmel darüber setzt oft seine dramatischen Akzente.

Nachdem man die größeren Inseln Naan und Inishleague und etliche kleinere passiert hat, teilt sich die Erne in zwei recht schmale Fahrwasser rund um Inishmore. Der nördliche Arm führt nach Carrybridge mit einem Anleger und einem Hotel bei der Carrybridge Boat Company. Der westliche Arm führt an etlichen weiteren kleinen Inseln vorüber und unter einem Viadukt hindurch. Die Erne leitet einen nun an

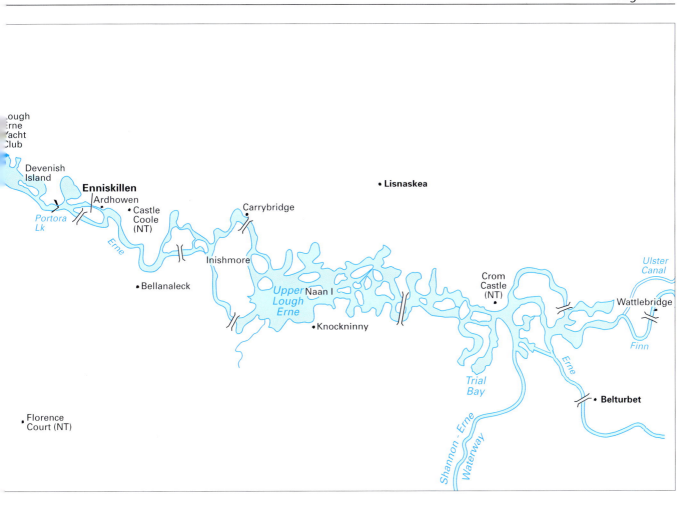

der West- und an der Ostseite von Knock und Cleenish Island herum, bevor man nach Bellanaleck am Südufer des hier nicht sehr breiten Flusses gelangt. Hier bekommt man alles, was ein Bootsurlauber braucht. Der Vercharterer Erne Marina hat hier seine Basis.

Bei der Anfahrt nach Enniskillen liegt in einer Biegung im Nordwesten das Ardhowen Arts Centre. Dies muss einer der beneidenswertesten Orte für ein Theater auf den Britischen Inseln sein. Die alte strategische Festung von Enniskillen ist auf dem Hügel einer Insel erbaut und bewacht die beiden Durchfahrten zwischen dem Upper und Lower Lough Erne. Der Anleger in Broadmeadow ist sehr praktisch nahe am Touristen-Informationszentrum und nicht weit von einer Fußgängerbrücke zu einem Einkaufskomplex gelegen. Kurz vor der Brücke gibt es neue Anleger.

Man kann aber auch die Erne ein Stück weiter fahren und dabei das Castle aus dem 16. Jahrhundert mit seiner imponierenden Wasserfront rechts liegen lassen. Dann passiert man die Straßenbrücke und eine befestigte Polizeistation und läuft in den ruhigen Arm nördlich der Stadt ein, wobei man wegen der Untiefen aber sehr vorsichtig sein muss. Man kann an der Riverview Jetty unmittelbar vor der belebten Brücke anlegen. Zum Stadtzentrum sind es etwa 10 Minuten zu Fuß.

Nördlich von Enniskillen ist die Erne sehr schmal. Es folgt eine Schleuse mit einem Wehr, das wie eine Brücke aussieht, aber eben keine ist. Die Schleuse steht meistens offen, weil die Wasserstände des Upper und des Lower Erne ausgeglichen sind. Hin und wieder wird sie aber zur Regulierung geschlossen. Der Eindruck vom Lower Lough Erne ist ähnlich wie zuvor: Viele kleine Inseln erheben sich aus einem relativ schmalen Gewässer.

Die erste, allerdings größere Insel ist Devenish. Sie ist wegen ihrer Klostersiedlung aus dem 6. Jahrhundert und besonders dem zugehörigen Rundturm von 24,5 m Höhe berühmt. Er ist einer der besterhaltenen in Irland. Der Eingang liegt etwa 5 m über dem Erdboden und wurde über eine Leiter erreicht – so konnten sich die Mönche gegen die Wikinger schützen. Die Ruinen der Anlage mit dem beherrschenden Turm haben vor dem Hintergrund des Sees im Sommerdunst etwas Archaisches.

Nach etlichen weiteren Inseln öffnet sich an der Ostseite die Gublusk Bay. An ihrem Nordufer hat der Lough Erne Yacht Club seinen Stammsitz. Der Club ist einer von vieren in Irland, der beansprucht, der älteste Yacht-Club der Welt zu sein. Jedenfalls werden

Castle Coole in der Nähe von Enniskillen

hier häufig Regatten abgehalten, und man sollte die entsprechenden Bojen beachten und sich vor allem von den Seglern fern halten, wenn sie gerade eine Regatta austragen. In dem Hafen des Clubs ist seit Mai 2001 ein Rettungsboot vom Typ „Atlantik 21" stationiert, das für den Upper und Lower Erne zuständig ist. Auf dem weiteren Nordwestkurs wird der Abstand zwischen den Inseln allmählich größer, bis der See etwa auf der Höhe zwischen Rossclare und der Insel Inishmacsaint sich fast dramatisch zu dem öffnet, was man umgangssprachlich „The Broad Lough" nennt. Besonders auf kleinen Booten sollte man sich hier immer bewusst sein, dass das Wetter schnell umschlagen und erstaunliche Wellen produzieren kann. Folgt man einem Kurs von Tully Castle am Südufer entlang und geradewegs auf den Ausgang der Erne aus dem See und weiter nach Belleek zu, so findet sich hier wenig Schutz am Ufer, das von den imposanten, 300 Meter hohen Cliffs of Magho überragt wird. Die beiden Anleger Shean und Magho eignen sich für einen kurzen Aufenthalt, letzterer z. B. für einen Fußmarsch auf die Klippen. Aber man sollte und darf nicht über Nacht liegen.

Der Wind kann hier sehr ungemütlich werden. Er weht zumeist aus westlichen Richtungen und kann im Zusammenwirken mit der beständigen Strömung kurze steile Wellen erzeugen. Das Abhören des Wetterberichtes und ein aufmerksamer Blick zum Himmel sind besonders für nicht so erfahrene Seeleute dringend empfohlen, bevor man auf den offenen Teil des Lough hinausfährt.

Wenn man die Nordküste entlangfährt, passiert man die Inseln Inishmakill, Crevenishaughy Island, Davy's und White Island in der großen Dunross Bay. Hier liegt die Castle Archdale Marina mit einem Landschaftspark auf dem Festland, der zu vielerlei Aktivitäten einlädt. Es gibt seltene Haustierrassen zu besichtigen, man kann Ponyreiten oder Fahrradtouren machen oder die Ausstellung über den ersten Wasserflughafen aus der Zeit des Zweiten Weltkrieges besuchen. Im geschützten Nordwesten der Bucht hat die Aghinver Boat Company ihre Basis.

Auf vielen Inseln im Lough Erne gibt es interessante Ruinen oder Statuen, deren Entstehung teilweise in vorchristliche Zeiten zurückreicht. White Island beispielsweise lohnt einen Besuch, weil hier in die Mauern der alten Kirche sieben Steinfiguren eingelassen sind. Sie haben mit der Kirche nichts zu tun, sondern wurden an verschiedenen Stellen des Sees gefunden, als Entwässerungsmaßnahmen den Wasserspiegel absenkten.

Wenn man Gubbaroe Point und verschiedene Gefahrenpunkte unmittelbar vor der Küste umfahren hat, kann man ein Stück den Kesh River bis zur einem Schwimmsteg am Rande des Ortes hinauffahren. Dichter am Ortszentrum gibt es einen neuen Kai, aber die Zufahrt ist sehr eng. Außerdem liegt am Anfang eine Sandbank. Kesh ist ein Fischerdorf, in dem immer noch Boote für den Aalfang gebaut werden. Es gibt alle Versorgungsmöglichkeiten für Kreuzer.

Vor der Nordküste liegt die lang gestreckte Insel Boa, die über zwei Brücken mit dem Festland verbunden ist. Der Arm zwischen der Insel und dem Festland ist zu flach für die Schifffahrt. Am besten legt man in Lusty Beg an und setzt mit der Kettenfähre nach Boa Island über. Am westlichen Ende gibt es in Caldragh eine über tausend Jahre alte Begräbnisstätte. Hier stehen zwei mysteriöse Janusfiguren mit Gesichtern auf beiden Seiten. Auch sie sind sehr alt und sollen etwas mit rituellen Opferungen zu tun gehabt haben.

Am Westende des Nordufers öffnet sich eine lange Bucht, die zu Castle Caldwell führt. Die Ruine ist nicht sonderlich beachtlich, dafür aber das hier befindliche Naturschutzgebiet, in dem man viele Vogelarten beobachten kann. Hier überwintern Wildgänse, und es gibt eine starke Kolonie von brütenden Trauerenten.

Weiter nach Belleek muss man zurück Richtung Osten bis zur Spiere 61 A laufen, um alle Untiefen sicher zu umgehen, und dann einen südwestlichen Kurs bis zu einem weißen Steinhaufen nehmen, den man nördlich liegen lässt, um mit Westkurs das letzte Stück der Erne zu erreichen. Das Fahrwasser verläuft entlang der Südküste, während an der Nordseite zahlreiche weitere kleine Inseln liegen und sich noch einmal eine Bucht öffnet. Der Anleger von Rosscor liegt

---

Restaurants

Etliche der Hotels und Restaurants rund um Lough Erne haben einen Transportservice für ihre Kundschaft von und zu den Anlegern. Örtliche Touristenbüros verteilen Restauranttipps, und die Telefonnummern einiger Etablissements sind sogar auf der *Erne Waterway Chart* verzeichnet.

Enniskillen – Hier gibt es eine große Auswahl an Restaurants und Pubs. Empfehlenswert sind Restaurant und Bar des Ardhowen-Theaters auch ohne Kunstgenuss, zumal sich unterhalb ein Anleger befindet. Oscars ist ein erstklassiger Franzose in der Belmore Street. Das Railway Hotel in der Forthill Street lässt das Herz von Fans der Eisenbahn und von saftigen Steaks höher schlagen. Pat's Bar im Diamond bietet Snacks und einen passenden Lunch.

Upper Lough Erne – Beim Besuch von Crom Castle bietet sich das schöne Café an. In Bellanaleck geht man zum Lunch oder Dinner ins Sheelin (Tel. 028 66 348232) oder ein wenig weiter ins Moorings Restaurant (Tel. 028 66 348328). Das Restauarnt auf Innishcorkish heißt Teach a Céili, hat einen eigenen Anleger und die Telefonnummer 028 677 21360.

Lower Lough Erne – In der Hauptstraßen von Kesh, nicht weit vom Anleger, liegen das May Fly Inn und das Riverside Restaurant. Auch das Lough Erne Hotel ist empfehlenswert. Das Manor House Hotel liegt einen kurzen Fußweg entfernt vom gleichnamigen Anleger eines Bootsvermieters, den man aber zu einem Hotelbesuch nutzen darf. In Belleek ist man wohl am besten mit den Snacks von Rooney's in der Main Street oder im Carlton Inn bedient.

---

am Nordufer der nunmehr wieder zum Fluss gewordenen Erne. Danach folgt eine Brücke, an der häufig viele Aalreusen im Wasser liegen. Bei der Annäherung an Belleek muss mit einer starken Strömung gerechnet werden. Beim Einbiegen zur Marina am Nordufer ist Aufmerksamkeit geboten.

Hier ist die Grenze der Schiffbarkeit erreicht, während die Erne noch ein Stück weiter zum Atlantik bei Ballyshannon fließt. Natürlich gab es Überlegungen, einen schiffbaren Seezugang zu schaffen, aber sie fielen auf keinerlei fruchtbaren Boden. Hinter Belleek bildet der Fluss noch den kleinen Assaroe Lake, an dem zwei Kraftwerke liegen.

Behörden Waterways Ireland, Main Street, Carrick-on-Shannon, Co. Leitrim, Tel./Fax 00 353 (0)78 50898.

Treidelpfad Gibt es nicht. Aber es existiert ein schöner Weg vom Enniskillen Castle über die Brücke bei Broadmeadow nach Ardhowen und weiter zum Castle Coole.

Brücken Westbrücke Enniskillen 6,1 m, Inishmore-Viadukt 4–5 m, Carrybridge 6,1 m, East Channel Bellisle Estate 2,1 m.

Geschwindigkeitsbeschränkung 9 km/h in markierten Bereichen und beim Passieren von Anlegern.

Slips Belturbet, Derryad, Corradillar, Carrybridge, Bellanaleck-Kai, Killyhevlin, Enniskillen, Rossigh.

Scheitelhaltung Belturbet, 40 m.

Zufahrten Shannon–Erne Waterway, (Ulster Canal, nicht restauriert).

Fahrhinweise Die Stangen sind die gleichen wie im Ostteil des Shannon–Erne Waterway, mit U-förmigen rot-weiß bemalten Tafeln. Immer an der weißen Seite passieren. Untiefen werden durch rote Rauten bezeichnet und sind weiträumig zu umfahren. U-förmige rote Tafeln verbieten die Weiterfahrt. Auf den meisten Stangen sind gut lesbare Zahlen/Buchstaben angebracht, die die Ortsbestimmung erleichtern. Trotzdem sollte man die Karte immer im Auge behalten, weil man rein optisch zwischen den vielen Inseln schnell die Orientierung verlieren kann.

Der Lower Lough Erne wird auch der breite See genannt und hat eine offene Wasserfläche von etwa 12 km Länge mit einer Breite bis zu 9 km. Hier können schnell steile und hohe Wellen entstehen, die besonders für kleinere Boote sehr beachtlich sind.

Landkarten Ordnance Survey of Northern Ireland *Discoverer Series* Nos. 17, 27. Für Wanderer ist das Blatt 3 der $^1/_2$-Inch Series hilfreich.

Seekarten Erne Charterboat Association (Hrsg.): Erne Waterway Chart.

Führer Dick Warner: *Shannon–Erne Waterway Users Guide*, hrsg. von der Shannon–Erne Waterway

Promotions Ltd.; *Shannon–Erne Guide – The Cruising Enthusiasts Companion*, Filesta Publications.

Entfernungstabelle	km
Belturbet bis:	
Bunamunery (Verbindung zum River Finn, von dort Anschluss zum Ulster Canal, nicht restauriert)	5,6
Crom Castle (Einfahrt in den Upper Lough Erne)	10,2
Ross Ferry Brücke	14,9
Carranadillar Fähre	17,4
Abfluss des Upper Lough Erne (es gibt drei Abflüsse)	29,3
Belleisle (Verbindung mit dem östlichen Abfluss)	31,2
Carrybridge	32,6
Tully (Verbindung mit dem westlichen Abfluss)	40,8
Lisgoole	44,8
Enniskillen	48,5
Portora Castle (die Erne mündet in den Lower Lough Erne, Schleuse)	51,2
Devenish Island	52,8
Inishmacsaint Island	64,0
Heron Point (der See ist hier 9,6 km breit)	67,7
Rosscor (die Erne verlässt den Lough Erne)	78,4
Belleek	83,2
Belleek Sluices	84,0

Grand Canal

Die Commissioners of Inland Navigation wollten einst als eines der ersten Projekte einen Wasserweg zwischen Dublin und dem Shannon einrichten. Diese Absicht wurde im Gesetz von 1715 festgelegt, aber erst 1756 lagen zwei alternative Routenvorschläge vor. Die eine Variante sah vor, den Kanal südlich des Liffey in Dublin über die Flüsse Barrow und Brosna zum Shannon zu führen. Der Alternativvorschlag begann im Nordwesten Dublins und führte über die Flüsse Rye, Blackwater, Boyne, Deel, Yellow, Lough Derravaragh und River Inny zum Nordende vom Lough Ree.

Heute wissen wir, dass letztlich beide Varianten in modifizierter Form realisiert wurden, aber Mitte des 18. Jahrhunderts gab es darüber heftige Debatten. Die südliche Route, also der Grand Canal, musste das große Moorgebiet des Bog of Allen durchqueren oder umgehen, in dem die Gegner dieses Projektes ein schwieriges Hindernis sahen. Als solches erwies es sich in der Tat. Die Befürworter argumentierten,

dass man auf diesem Weg weit weniger Schleusen brauchen würde als bei der Nordroute, heute der Royal Canal, und dass die Strecke kürzer sei. Außerdem könne man die Südroute mit dem Barrow verbinden und so den Warenverkehr aus der fruchtbaren Gegend um Waterford erleichtern.

Der zuständige Ingenieur Thomas Omer erstellte Mitte der 1750er-Jahre die Bauunterlagen. Schon 1759 existierten 13 Kanalkilometer. Omer teilte der Kommission mit, dass die Überquerung des Liffey zwar schwierig, aber möglich sei. Auch über die Arbeiten im Bog of Allen äußerte er sich sehr zuversichtlich.

Der Ankauf von Land in der Nähe von Dublin erwies sich als problematisch. Deshalb begannen die Arbeiten weiter westlich. In der Mitte der 1760er-Jahre begriff die Stadtverwaltung die wahrscheinlichen Vorteile des Kanals und stellte Geld zur Verfügung, um Land näher an der Stadt zu kaufen und den Kanal bis dahin zu führen. Man glaubte, dass der Kanal das Trinkwasserproblem Dublins lösen könnte und sah interessanterweise auch einen Erholungswert in ihm, weshalb man am Ufer 400 Bäume pflanzen ließ. Der James Street Harbour wurde der Hafen und war nicht direkt mit dem Liffey und der Irischen See verbunden. In den 1770er-Jahren wurde das Geld der Regierung und der Stadt knapp. Eine Gruppe von Aristokraten und Geschäftsleuten gründete eine Gesellschaft, die den Kanal übernahm. Die Grand Canal Company wurde durch ein Gesetz im Juni 1772 als Aktiengesellschaft eingetragen.

John Trail war der neue Ingenieur. Die anstehende Herausforderung war die Querung des Liffey westlich von Dublin. Nach den Plänen seines Vorgängers sollte eine Schleuse in den Liffey hinab und eine weitere wieder auf Kanalniveau führen. Dies hätte mit jeder Schleusung zu einem erheblichen Wasserverlust geführt. Trail schlug ein Aquädukt vor. Man konsultierte John Smeaton, einen der erfahrensten englischen Kanalbauer dieser Zeit. Sein Gutachten behandelte viele Aspekte des Kanals und enthielt etliche Vorschläge, die der Kanalgesellschaft viel Geld sparten. Aber zur Frage der Liffey-Querung scheint er keine Vorschläge gemacht zu haben. Schließlich wurde ein Aquädukt gebaut, allerdings weiter flussauf als Trail vorgeschlagen hatte.

Der Kanalbau ging voran, aber die Beziehung zwischen der Gesellschaft und ihrem Ingenieur verschlechterte sich. John Trail trat 1777 zurück und wurde durch Kapitän Charles Tarrant ersetzt. 1779 wurde der Kanal von Dublin nach Sallins eröffnet. Im August des folgenden Jahres nahm ein Passagierdienst nach Sallins den Betrieb auf, vier Jahre später bis nach Robertstown. Das alte Kanalhotel, ein beeindruckendes Bauwerk am Südufer, ist noch vorhanden.

Der Hafen und das Lagerhaus in Kilbeggan wurden liebevoll restauriert.

In der Gesellschaft setzte sich die Auffassung durch, dass eine Verbindung zum Barrow die nächste Ausbaustufe sein sollte. Die Barrow Line des Grand Canal erreichte 1776 Monasterevan und den Barrow in Athy 1791, nachdem man erkannt hatte, dass der Barrow selbst zwischen Monasterevan und Athy kaum schiffbar zu machen war. Hier sammelte man die ersten Erfahrungen mit dem Kanalbau im Moor, der sich als so schwierig erwies, wie man befürchtet hatte. Später baute man im Abschnitt des Moores von Ballyteague parallel einen zweiten Kanal.

Der James Street Harbour in Dublin war mit dem Liffey nicht verbunden, weil eine sehr tiefe Schleuse erforderlich gewesen wäre und die Schiffe dann mit den niedrigen Brücken über diesen Fluss Probleme gehabt hätten. William Chapman schlug einen ringförmigen Umgehungskanal zur Südseite der Stadt vor, die Circular Line. Die Arbeiten begannen 1790. Der Kanal und die Ringsend-Docks wurden 1796 mit einer großen Feier eröffnet.

Auf der Hauptstrecke musste der Kanal immer noch das Moor Bog of Allen durchqueren. Das erwies sich als eine frustrierende, teure und zeitaufwändige Arbeit. Als der Kanal angelegt wurde, drang Wasser von außen ein. Der Boden sank an beiden Seiten ab, die Uferböschung wurde instabil, und es gab Brüche. Mittlerweile war John Killaly vor Ort verantwortlich und William Jessop Berater, ein Assistent von John Smeaton, obwohl die Engländer wenig Erfahrung mit Mooren hatte.

Jessop schlug vor, in einiger Entfernung vom Kanalbett einen Lehmwall zu errichten, der den Deich verstärken sollte. Aber das Gewicht dieser Aufschüttung auf dem Moorboden vergrößerte die Probleme und

führte zu noch mehr Dammbrüchen. Kurz nach der Eröffnung der Strecke bis nach Daingean gab es wiederum einen Dammbruch, doch er wurde repariert, und 1798 erreichte der Kanal Tullamore. Dies war zunächst das westliche Ende, während die Trasse für den letzten Abschnitt zum Shannon festgelegt werden musste.

Man entschied sich für einen Weg im Tal des River Brosna als eigenen Kanal, der den Fluss nicht direkt berührte. Auch hier gab es noch ein Moor zu durchqueren. John Killaly ließ an der Kanalstrecke Entwässerungsgräben ziehen und wartete etliche Jahre, bis mit dem eigentlichen Kanalbau begonnen wurde. Mittlerweile hatte sich der Boden gesetzt und gefestigt. Shannon Harbour, das westliche Ende des Kanals, erreichte man 1803. Etliche Probleme führten dazu, dass der Kanal erst im Frühjahr des folgenden Jahres eröffnet werden konnte und Reparaturarbeiten noch eine Weile weitergingen. Voll betriebsfähig von Dublin bis zum Shannon war der Grand Canal 1805. Die Gesamtkosten einschließlich der Circular Line und der Ringsend Docks in Dublin beliefen sich auf etwa 865 000 £. Die Mehrkosten waren gewaltig und belasteten das Projekt erheblich schon vor der Eröffnung und bevor man Kanalgebühren einnehmen konnte.

Der Schiffsverkehr wuchs mit jedem neuen Abschnitt und jeder neu erreichten Stadt beträchtlich an. In den ersten fünf Jahren der vollen Schiffbarkeit wurden 200 000 Tonnen befördert. Das Maximum des Gütertransportes lag in den 1870er-Jahren bei insgesamt 380 000 Tonnen. 1956 waren es noch 90 000 Tonnen. Nach Dublin wurden Torf, landwirtschaftliche Produkte und auch Baumaterial transportiert, aus

Das Cottage des Schleusenwärters in Rahan, unmittelbar westlich von Tullamore

Dublin Dünger, Guinness und allgemeine Handelsartikel. Der Grand Canal war eine geschäftige Wasserstraße und wäre vermutlich für die Kanalgesellschaft profitabel gewesen, wenn die hohe Zinsbelastung nicht auf das Ergebnis gedrückt hätte. Zwischen 1784 und 1949 wurde mit Ausnahme von sechs Jahren eine jährliche Dividende im Durchschnitt von 2,5–3% ausgeschüttet. Nur von 1801 bis 1809 lag sie bei 5–6%.

Es gibt einige Zweigkanäle zu Städten, die nicht unmittelbar an der Hauptlinie liegen. Eine eigene Gesellschaft, die County of Kildare Canal Company, baute 1789 einen solchen Kanal von Sallins nach Naas. Die Gesellschaft ging pleite, die Grand Canal Company übernahm die Hinterlassenschaft und führte den Zweigkanal weiter bis nach Corbally. 1802 wurde ein kurzer Zufahrtskanal nach Edenderry gebaut. Erst zwanzig Jahre später fuhr man mit diesen Ergänzungen fort.

Als der Kanal bis zum Shannon befahrbar war, plante man eine westliche Verlängerung bis nach Ballinasloe. Die Gesellschaft beantragte bei der Regierung einen Fond, weil in dieser Gegend die Beschaffung von Arbeit besonders dringend war. Nach Aufnahme der Arbeiten 1824 ging es trotz langsamer Fortschritte wegen des schwierigen Geländes gut voran. Der Kanal wurde 1829 eröffnet. Aber durch Dammbrüche, die nicht alle natürliche Ursachen hatten, gab es weiter Probleme.

In den Jahren um 1820 und 1830 hatte die Kanalbegeisterung in Irland wohl ihren Höhepunkt erreicht. Es gab Pläne für einen Zweigkanal von Monasterevan nach Mountmellick und dann weiter nach Portlaoise und Castlecomer. Der Zweigkanal nach Mountmellick wurde 1831 fertig, aber nicht weiter verlängert. Der letzte realisierte Zweigkanal führte nach Kilbeggan. In der Diskussion stand dieser Abschnitt seit 1796. Die Arbeiten begannen 1830, 1835 wurde der Kanal eröffnet.

Der Passagierverkehr auf dem Grand Canal nahm schnell zu. 1784 verkehrte ein einziges Passagierschiff, 1790 waren es schon sechs. Aber das Straßensystem verbesserte sich, und die Konkurrenz der Kutschen wurde größer. Am Kanal gab es in Sallins, Portobello, Robertstown, Tullamore und Shannon Harbour fünf Hotels, die mit der Postkutschenzeit unwirtschaftlich wurden. Mitte der 1830er-Jahre hatten sie ihre beste Zeit hinter sich, obwohl die Hotelbesitzer Kutschenzubringer zum Kanal eingerichtet hatten. Auch heute noch ist die Ruine des Kanalhotels in Shannon Harbour ein imposanter Anblick.

Die Grand Canal Company beschäftigte auf Schiffen und am Kanal viele Menschen. Der Posten eines Schleusenwärters wurde und wird teilweise immer noch vom Vater auf den Sohn vererbt. Der Lohn war zwar nicht üppig, aber das Wohnhaus kostenlos. Zusammen mit einem Gemüsegarten war das schon ein erstrebenswerter Job. Viele Passagierschiffskapitäne hielten sich nicht an die Regeln der Gesellschaft und wurden wegen Spielens mit den Passagieren, Trunkenheit, Verspätungen und anderer Missetaten entlassen oder bestraft. Hatte sich ein Kapitän einer Verfehlung schuldig gemacht, wurde diese so lange in seiner Kabine ausgehängt, bis die Gesellschaft die Abnahme des Schildes erlaubte.

Zumeist bereitete die Frau des Kapitäns die Mahlzeiten für die Passagiere; ein oder zwei Mädchen servierten. Der Überschuss aus diesem Service war ein Bestandteil des Lohnes für den Kapitän. Etliche Beschreibungen dieser Mahlzeiten durch Passagiere haben sich aus der ersten Hälfte des 19. Jahrhunderts bis zur Einstellung dieser Dienste 1852 erhalten. Das Menü änderte sich in der ganzen Zeit kaum: Schinken, gekochte Hammelkeule, Pute, Huhn und Rindfleisch. Das Fleisch wurde in großen Töpfen mit Karotten, Pastinaken, Rüben und Kartoffeln gekocht. Dazu gab es Wein oder Bier. Der Kaffee danach wurde auch schon mal durch Whiskey ersetzt. In der billigen Klasse gab es stattdessen Porter oder Cider. Die Preise veränderten sich über die Jahre kaum. Das Dinner kostete 2 Shilling 11 $\frac{1}{2}$ Pence, mit Wein weitere 2 Shilling 12 $\frac{1}{2}$ Pence, Frühstück oder Supper etwa 1 Shilling 7 $\frac{1}{2}$ Pence.

Mit dem Erfolg stiegen anfänglich die Preise für eine Fahrt mit dem Passagierschiff, aber mit der Konkurrenz der Kutschen mussten sie schmerzhaft zurückgenommen werden. Ihren Höhepunkt hatten sie 1809–10, als sie teurer als sonst irgendwo in Europa waren. Schon 1816 waren sie wieder so günstig wie 1790. Um mit den Kutschen mithalten zu können, investierte die Kanalgesellschaft ab 1834 in schnellere „Fly Boats". Sie sollten tagsüber auf dem Kanal verkehren, während die Nacht den traditionellen Passagierbooten vorbehalten blieb. Die „Fly Boats" waren kleiner und konnten etwa 50 Passagiere transportieren, die traditionellen Boote 80. Aber sie bewältigten die 90 km von Dublin nach Tullamore in neun Stunden. Später wurde die Durchschnittsgeschwindigkeit einschließlich der Schleusungen auf 12,5 Stundenkilometer erhöht.

Die Vertragsunternehmer, die die Zugpferde stellten, brauchten bei den höheren Geschwindigkeiten mehr Pferde, sodass ihr Geschäft weniger profitabel wurde. Bei Verspätungen mussten sie schwere Strafen zahlen. Die Raserei hatte auch Auswirkungen auf den Kanal selbst. Die galoppierenden Pferde beschädigten die Treidelpfade und das Ufer, der Schwell überspülte gelegentlich den Damm und senkte den Wasserstand. Die geschäftstüchtigen Kutschenunternehmer begannen Passagiere an die diversen Haltestellen zu bringen und bekamen von der Kanalgesellschaft ein Kopfgeld, manchmal auch zusätzlich ein jährliches Fixum. Die Passagierschifffahrt endete

schließlich 1852, als das Eisenbahnnetz gut ausgebaut und die bequemere Alternative war.

In den 1830er- und 1840er-Jahren wirkten sich die Emigration und die desolate Lage der Landbevölkerung in mehrfacher Hinsicht auf die Kanalgesellschaft aus. Die Emigranten reisten auf dem Kanal nach Dublin, von wo sie das Land verließen, und es gab häufig Probleme mit den Menschenmengen, die sich zur Verabschiedung versammelten. Die Polizei oder sogar die Armee musste einschreiten, um zu verhindern, dass Leute ohne Bezahlung die Schiffe benutzten. Die große Hungersnot führte auch dazu, dass Lebensmitteltransporte überfallen und ausgeraubt wurden, was Schutz für Mannschaft und Ladung erforderlich machte.

Es gibt etliche Berichte über vorsätzlich herbeigeführte Dammbrüche am Kanal und seinen Seitenarmen. Während der Napoleonischen Kriege meinte man, dass die örtliche Bevölkerung damit den Abtransport von Lebensmitteln verhindern wollte, weil sie selbst in größtem Elend lebte. In den 1820er- und 1830er-Jahren wurden die Dämme zerstört, weil man hoffte, bei der Reparatur Arbeit zu finden. Dies betraf besonders den Zweigkanal nach Ballinasloe. Im Herbst 1832 ereignete sich hier ein so schwerer Dammbruch, dass man nicht wusste, ob er mit oder ohne Nachhilfe passiert war. Zwei Jahre später gab es einen Schaden, der eindeutig vorsätzlich herbeigeführt worden war. Die Kanalgesellschaft engagierte eine Wachmannschaft, die nicht aus der Gegend rekrutiert wurde.

Obwohl der Kampf um den Passagiertransport 1852 gegen die Eisenbahn verloren war, behielt der Kanal seine Funktion für den Güterverkehr. 1848 wurden die Bestimmungen aufgehoben, die der Kanalgesellschaft den Betrieb von Frachtreedereien verbot. Sie kaufte einige kleinere Transporteure auf und wurde selber Reeder. In den schlimmsten Zeiten der Hun-

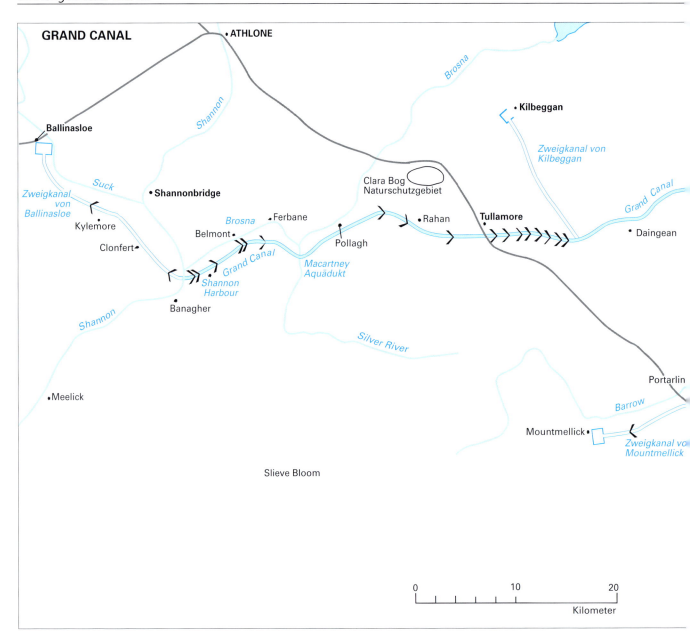

Grand Canal und Zweigkanäle

Maximale Bootsgrößen						
von bis	*Entfernung*	*Länge*	*Breite*	*Tiefgang*	*Durchfahrtshöhe*	*Schleusen*
Ringsend Basin, Dublin bis Shannon Harbour am Shannon	131,0 km	18,5 m	3,9 m	1,2 m	2,7 m	36
Lowtown bis Athy	45,6 km	18,5 m	3,9 m	1,2 m	2,7 m	9

gersnot fuhren die Boote in Konvois unter militärischer Bewachung. Die Tonnage wuchs und betrug in den 1860er- und 1870er-Jahren um die 300 000 Tonnen.

Die Midland Great Western Railway (MGWR) hatte den Royal Canal 1845 gekauft und machte 1853 ein Angebot für den Grand Canal. Die Kanalgesellschaft akzeptierte, aber die Great South Western Railway (GSWR), die mit der Kanalgesellschaft ein Tarifabkommen hatte, konnte das erforderliche Gesetz blockieren. Während auf die parlamentarische Entscheidung gewartet wurde, pachtete die MGWR den Kanal für sieben Jahre, machte in dieser Zeit aber keinerlei Profit. Nach Ablauf der Pacht zog sie das ur-

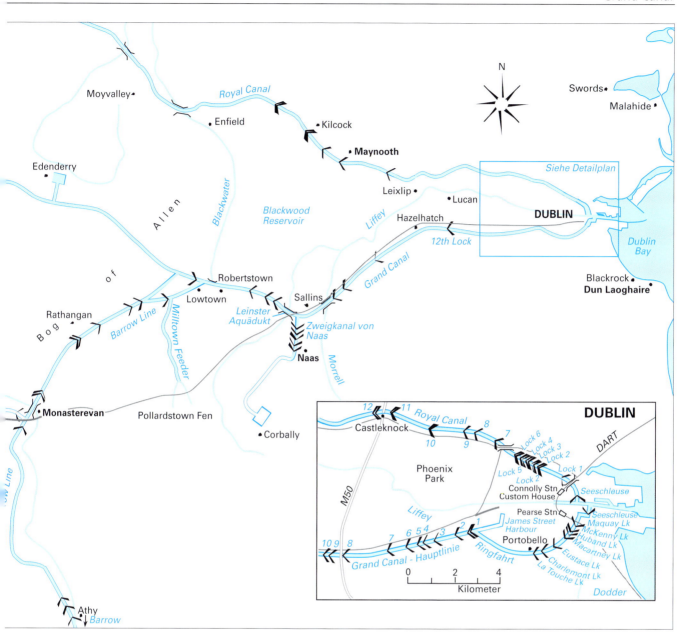

sprüngliche Kaufangebot zurück. Zwischen der Kanalgesellschaft und der GSWR gingen die Auseinandersetzungen über die Fahrpreise trotz einiger Gesetze weiter, welche die Angelegenheit regeln sollten. Obwohl die beförderte Tonnage wuchs, galt dies nicht für die Einnahmen, weil man in der Konkurrenz mit der Bahn die Preise reduzieren musste. Ende der 1880er-Jahre stand die Kanalgesellschaft nicht mehr gut da. 1891 wurde James McCann ihr Vorsitzender und schaffte die Wende. Tonnage und Einnahmen verbesserten sich. Zur Jahrhundertwende wurde wieder eine Dividende ausgeschüttet. Diese Phase relativer Prosperität hielt bis kurz vor dem Ersten Weltkrieg an, obwohl McCann 1904 gestorben war.

Ab 1912 ging die Transportleistung zurück. Der Kanal erlebte während der Kriegsjahre und des Ausnahmezustandes eine turbulente Zeit. Vom Ende des Krieges bis 1920 bot die Regierung der Kanalgesell-

schaft finanzielle Hilfe an und erlaubte später eine Erhöhung der Gebühren, um die höheren Kosten der Wartungsmaßnahmen auffangen zu können. Jahrelang hatten sich etliche Reeder über fehlende Reparaturen beschwert. Die an vielen Stellen fehlende Tiefe verhinderte, dass die Schiffe voll beladen fahren konnten.

Als sich das irische Parlament konstituiert hatte, erlaubten neue Gesetze den Reedern auch das Betreiben von Speditionen auf den Straßen. 1932 begann die Kanalgesellschaft Lastwagen zu kaufen, die Güter zum Kanal schafften. Während des Zweiten Weltkriegs wurde der Kanal wieder etwas intensiver benutzt, weil Straßentransporte stark eingeschränkt wurden. Nach dem Krieg sah die Zukunft düster aus. 1948 empfahl eine Kommission, die Wasserwege in eine neue nationale Transportbehörde zu überführen, Córas Iompair Éireann (CIE), was im Juni 1950 ge-

Das Standbild der berühmten Molly Malone steht unweit der Grafton Street in Dublin.

schah. Obwohl das Transportaufkommen in den frühen 1950er-Jahren konstant blieb, wurde das Geschäft für die unabhängigen Reeder immer schwieriger. 1957 hatte der letzte aufgegeben.

Seit Mitte des 19. Jahrhunderts war die Guinness-Brauerei einer der größten Kunden des Grand Canal. Malz und Getreide konnte mitten nach Dublin transportiert werden. Die Fässer des Nationalgetränks wurden dann mit Karren und später Lastwagen zum James Street Harbour gebracht, in die Lastkähne geladen und über das Kanalsystem bis nach Limerick vertrieben. Hier soll es das beste Guinness überhaupt gegeben haben, weil die kostbare Fracht auf der viertägigen Reise zur Vollendung reifte. Guinness hat als

allerletzter kommerzieller Nutzer dem Kanal bis 1960 die Treue gehalten.

Das Transportgesetz von 1958 verbot die Schließung von Wasserwegen, bevor sie nicht fünf Jahre völlig außer Betrieb waren. Diese Bestimmung war dem Druck der Inland Waterways Association of Ireland zu verdanken, die den endgültigen Verlust vieler Kanalabschnitte verhindern wollte. Zwar konnte so die Schließung der Hauptlinie und der Barrow Line ver-

---

Sehenswürdigkeiten

Dublin – In Dublin gibt es so viel zu sehen, dass ein Informationsbesuch im Dublin Tourist Office in der alten Kirche in der Suffolk Street lohnt. Und wer sich für Kanäle interessiert, muss natürlich das Waterways Visitor's Centre im Ringsend Basin besuchen. In der Nähe der Baggot Street Bridge steht am Fußweg neben dem Kanal eine Bronzestatue des Dichters Patrick Kavanagh, der in aller Ruhe seine Umwelt zu betrachten scheint. Das Café Barge in der Nähe bietet einen guten Lunch und ist bei den hier Arbeitenden sehr beliebt. Nicht weit von Portobello und Schleuse 7 steht in der Synge Street das Geburtshaus von George Bernard Shaw.

The Grand Canal Way – Dieser gut ausgeschilderte Fernwanderweg führt von Dublin entlang des Kanals bis nach Shannon Harbour. Es gibt etliche Bahnstationen in der Nähe, von denen aus man abends den Rückweg antreten kann.

An den meisten Kanalabschnitten kann man gut angeln, besonders an den 20 km zwischen Schleuse 19 und der Cartland Bridge. Seit längerem fördern alle Kanalbehörden die Angelei und den Fischbestand am Grand und am Royal Canal mit Rotfedern, Plötzen, Brassen und Schleien. Besonders beliebt ist der Hecht.

Robertstown – Im alten Kanalhotel gibt es viele Veranstaltungen. Auch ein kurzer Bootstrip auf dem Kanal kann gebucht werden.

Tullamore – Die hübsche Marktstadt ist vermutlich durch den Tullamore Dew Whiskey und das geheimnisvolle Getränk Irish Mist bekannt. Man kann das Irish Mist Exhibition Centre am Bury Quay, Charleville Road, besichtigen. 5 km von Rahan liegt Clara Bog, eines der herausragenden, von der Eiszeit geformten Moore in Europa. Man findet eine exotische Flora, Relikte aus der Bronzezeit und der Landwirtschaft vor der großen Hungersnot.

Am Westteil des Kanals gibt es etliche Castles. Auch Golfplätze und Reiterhöfe liegen im Einzugsbereich des Kanals.

Das imposante Custom House am Nordufer des Liffey in Dublin

hindert werden, aber die meisten anderen Zweig-kanäle wurden 1960–61 geschlossen und der James Street Harbour in den 1970er-Jahren zugeschüttet. 1963 plante man eine Autobahn entlang der Circular Line mit dem Kanalbett als Kanalisation. Auch das konnte die IWAI nach fünf Jahren erfolgreich verhin-dern.

Mit der Freizeitnutzung des Shannon ging es ab den frühen 1960er-Jahren beständig bergauf. Den Grand Canal erreichte diese Entwicklung nur sehr spärlich. In den 1980er-Jahren begann man, den Zweigkanal nach Naas zu restaurieren; im Mai 1987 wurde er eröffnet. Das Lagerhaus und der Hafen in Kilbeggan sind wiederhergestellt worden. Aber der schleusen-freie Zweigkanal durchquert ein Moor, und seine Restaurierung würde sehr aufwändig werden. Des-halb ist derzeit keine vollständige Wiederherstellung geplant.

1986 kam der Grand Canal zusammen mit dem Shan-non und dem Royal Canal in die Obhut des Office of Public Work (OPW). Die Verantwortung wechselte dann zu Dúchas, dem Waterways Service und im April 2000 zu Waterways Ireland. Das Gutachten „National Canals und Waterways Strategy" von Brady Shipman Martin betonte die Bedeutung eines miteinander verbundenen Kanalnetzes und empfahl die Restaurierung der Zweigkanäle nach Kilbeggan sowie nach Mountmellick bis Portarlington. 1993 wurde ein Besucherzentrum am Ringsend Basin eröffnet. Unter den vielen faszinierenden Ausstel-lungsstücken befindet sich ein hervorragend ge-machtes Display, das die historische Bedeutung der Wasserwege und ihre weitere Entwicklung im kultu-rellen und wirtschaftlichen Leben Irlands aufzeigt.

Dem heutigen Nutzer bietet der Grand Canal eine einzigartige Möglichkeit, Städte, Dörfer und die Landschaft inmitten der Grünen Insel gemächlich und gründlich kennen zu lernen. Leider beginnt der-zeit kaum jemand seine Fahrt im Ringsend-Becken in

---

Restaurants

Robertstown – Das Grand Canal Hotel ist ein Gemeindezentrum und Kanalmuseum. Man wird an der Bar aber auch mit entsprechenden Speisen bewirtet, ganz sicher nicht so wie bei der Eröff-nung 1801.

Naas – Jo Olives in der Main Street ist ein Muss. Der Fisch ist frisch, die Zutaten aus der Gegend – mit Ausnahme der Kängurusteaks.

Tullamore – Das Moorhill Country House liegt an der Clara Road Richtung Norden. Das Restau-rant befindet sich in den alten Ställen, Vorbestel-lung ist ratsam, Tel. 0506 21395. Das Tullamore Court Hotel (Tel. 0506 46666) in der Moore Street ist auf der Höhe der Zeit. Gute Speisen zum Mitnehmen gibt es bei J. C's Bistro in The Mall in der William Street, aber nur bis spätes-tens 19.00 Uhr.

Dublin, weil das umliegende Stadtviertel wegen des Vandalismus einen sehr schlechten Ruf hat. Man hat dieses Problem erkannt, und wenn mehr Urlauber hier ihre Tour beginnen, werden sich die Dinge sicher bessern. Im Moment jedenfalls sollte man Boote hier nicht unbewacht lassen.

Eine Fahrt auf dem Grand Canal

Von Ringsend nach Sallins
In Ringsend verbindet unterhalb der letzten niedrigen Brücke über den Fluss eine Seeschleuse den Kanal mit dem Liffey. Deshalb ist es für nicht zu große seegängige Schiffe möglich, in den Kanal einzufahren und das Land bis zum Atlantik in Limerick oder über den River Barrow bis nach Waterford oder über den Shannon–Erne Waterway bis zu den herrlichen Seen von Fermanagh zu durchqueren. Zwischen dem äußeren und inneren Hafen in Ringsend ist eine Hubbrücke. Nach einer engen Rechtskurve und unter der Maquay-Brücke hindurch folgt dann die erste Kanalschleuse. Auf der Circular Line folgen nun dicht hintereinander sieben Schleusen, bevor man nach Portobello gelangt, wo noch das alte Kanalhotel steht. Es wurde in der besten Zeit des Passagierverkehrs 1807 eröffnet und hat danach verschiedene Nutzungen gesehen; heute ist es ein Ausbildungszentrum. Hinter Portobello folgt eine 2,5 km lange Strecke bis zum Hauptkanal an der Stelle, wo er in den nun zugeschütteten James Street Harbour führte.

Die erste Schleuse ist eine Doppelschleuse, die aber in Irland als eine Schleuse gezählt wird. Auf dem Weg aus der Stadt steigt der Kanal beständig über neun Schleusen an. Obwohl Abschnitte der Circular Line durch attraktive Teile des georgianischen Dublin führen, gibt es hier Probleme mit Vandalismus. Man sollte morgens während der Schulzeit hier durchfahren, um das Risiko von Zwischenfällen zu reduzieren. Zwischen der achten Schleuse und der Brücke der M50 liegen die Filterbecken von Guinness. Von hier bezog die Brauerei ihr weiches Wasser, die Becken werden nicht mehr von Guinness benutzt. Nach der elften Schleuse am Stadtrand von Clondalkin gelangt man in die friedliche Landschaft.

Nach einem kurzen tiefliegenden Abschnitt verläuft der Kanal als Dammstrecke, von der man einen herrlichen Blick auf die Berge um Dublin hat. Die Eisenbahn läuft überwiegend parallel zum Kanal, aber mit größerem Abstand als am Royal Canal. Deshalb kann man hier Kanalabschnitte zu Fuß oder mit dem Fahrrad erkunden und mit der Bahn zum Ausgangspunkt zurückkehren. In Hazelhatch gibt es einige gute Pubs. Drei Kilometer weiter in Newcastle findet man einige Geschäfte. Nach Hazelhatch wird der Landsitz Lyon passiert. In der normannischen Zeit war hier die

westliche Grenze der britischen Gerichtsbarkeit. Es ist eines von vielen interessanten Castles in der Gegend.

Kurz vor Schleuse 14 wird dem Kanal auf der Südseite Wasser vom River Morrell zugeführt. Wenn man diesen künstlichen Zufluss passiert, sollte man auf die Querströmung achten. Nach Schleuse 15 überquert der Kanal den Morrell auf einem Aquädukt und führt dann durch ein bewaldetes Gebiet, bevor am Rande von Sallins die Haupteisenbahnlinie Dublin–Cork über den Kanal führt.

Nach Sallins mündet südlich der Zweigkanal nach Naas, bevor der Kanal den Liffey auf dem Leinster-Aquädukt quert, einem beeindruckenden Gemäuer mit sieben Bögen. Der Führer weist darauf hin, das unter dem Aquädukt ein Fußweg die Treidelpfade beider Ufer verbinden soll. Im Hochsommer ist er allerdings wegen des üppigen Bewuchses kaum zu finden. Im Sommer beobachtete ich einmal zwei Paddler, die aus Dublin kamen und ihr erstes Boot den steilen Abhang zum Liffey hinunterschleppten, um nach Dublin zurückzupaddeln. Als sie sich wieder hochgekämpft hatten, um das zweite Boot zu holen, sahen sie arg zerkratzt aus.

Der Zweigkanal von Naas
Der Abschnitt erstreckt sich von Soldier's Island im Hauptkanal über 4 km und fünf aufsteigende Schleusen nach Naas, wo es alle Versorgungseinrichtungen für die Boote gibt. Naas war einmal eine typische Kanalstadt. Heute wohnen hier immer mehr Menschen, die in Dublin arbeiten. Die Restaurierung dieses Zweigkanals war das erste Vorhaben des OPW. Von Naas führt der Kanal weitere 8 km südwestlich nach Corbally. Obwohl der Abschnitt Wasser führt, kann wegen der niedrigen Brücke gleich hinter Naas nur ein Ruderboot nach Corbally fahren. Der Hafen von Corbally ist allerdings ziemlich pittoresk, aber die Ruinen an den alten Kais sind wohl nie wieder aufzubauen.

Auf dem Grand Canal weiter nach Robertstown
Auf der Hauptlinie folgt hinter dem Leinster-Aquädukt eine scharfe Linksbiegung. Der ursprüngliche Plan von John Trail sah vor, hier geradeaus weiter zu bauen. Direkt vor der Digby Bridge und Schleuse 16 ist am Nordufer ein Überlauf aus vier kreisförmigen Becken, der die Erosion der Ufer verhindern soll. Zwischen den Schleusen 16 und 18 passiert man den Herrensitz Landenstown mit seinem spektakulären Buchenbestand und hat dann die Scheitelhaltung des Kanals erreicht. 3 km nördlich des Wasserwegs liegt das Dorf Prosperous – vermutlich hat es früher durch den Kanal prosperiert. Es ist heute ein ruhiges Dorf,

in dem man in einem der Pubs einen Drink genießen oder einkaufen und zur Post gehen kann.

Die Scheitelhaltung führt über 9 km um den Hill of Downing herum, wo man noch alte Lehmgruben sehen kann. Der Lehm hier war von besonderer Qualität und wurde für den Kanalbau verwandt. Der nicht mehr befahrbare Blackwood-Speisekanal mündet direkt hinter der Healy's Bridge in den Grand Canal. Dann gelangt man zu der alten Kanalstadt Robertstown und zur Abzweigung der Old Barrow Line, bevor mit Schleuse 19 der Abstieg zum Shannon und zunächst zur New Barrow Line beginnt. Robertstown rühmt sich seines schönen Kanalhotels, das aber nicht mehr als Hotel betrieben wird. Die Fassade sieht noch immer aus wie früher, als hier in den Sommermonaten ein reges Treiben geherrscht hat. Man kann es für Feste mieten oder im Restaurant einen Lunch einnehmen. Hier finden Kurse und sonstige Events statt, auch ein Bootstrip wird angeboten. Um Robertstown gibt es schöne Wege den Kanal entlang.

Von der Lowtown Marina zum Zweigkanal von Kilbeggan

An der Abzweigung der Barrow Line ist immer viel los. Die Lowtown Marina hat alles, was man für sein Boot braucht, und wird intensiv genutzt. Der nun folgende Kanalabschnitt wird Shannon Line genannt, damit auch jeder weiß, wohin es geht. Auch in dem nördlich, nahe am Kanal liegenden Dorf Allenwood bekommt man alles, was man an Bord braucht. Wenn man genug Zeit hat, kann man hier am Kanal und um den Ort interessante Wanderungen machen.

Die Scheitelhaltung ist 11 km lang und führt durch eine attraktive Landschaft, ganz besonders schön im frischen Grün des Frühjahrs. Überall am Kanal wird geangelt, aber dieser Abschnitt ist bei Hiesigen und Besuchern besonders beliebt. Hinter Schleuse 20 führt der Kanal über fast 30 km durch das Moor Bog of Allen. Hier hat es immer wieder etliche Probleme gegeben, und schon der Bau dauerte zehn Jahre. In den letzten Jahren sind in großem Umfang Restaurierungsarbeiten vorgenommen worden.

Nun befindet man sich im County Offaly. Der Kanal überquert die Straße zwischen Edenderry und Rathangan auf dem Blundell-Aquädukt. Dann zweigt der 1,5 km lange Zufahrtskanal nach Norden bis Edenderry ab. Der Kanaldamm überragt weit die umliegende Landschaft. Hier gab es viele Dammbrüche, den letzten 1989. Der gefällige Hafen der Stadt ist eine gute Gelegenheit, ihre vielfältigen Angebote wahrzunehmen. Es gibt auch eine Abpumpstation für die Fäkalientanks. Auch als Ausgangspunkt für Fahrradtouren in die flache Umgebung bietet sich der Ort an. In den irischen Mooren gibt es eine außergewöhnliche Flora und Fauna. Auf riesigen Flächen

Am Grand Canal: die Ruine des alten Kanalhotels am Shannon Harbour

Der Treidelpfad entlang des Grand Canal ist heute ein gut bezeichneter Fernwanderweg.

wird allerdings Torf für die Bord na Mona-Kraftwerke abgebaut. Hier sieht es dann aus wie in der Wüste.

Nach einem knapp 5 km langen, von Bäumen eingerahmten Abschnitt und einer scharfen Biegung erreicht man wieder das Moor. In nördlicher Richtung sieht man die Ruinen von Toberdaly Castle auf einer Anhöhe und einen Grabhügel in der Nähe. 1,5 km weiter kreuzt die Hubbrücke von Bord na Mona den Wasserweg. Wenn in der Gegend nicht gearbeitet wird, ist die Brücke immer geöffnet. Ansonsten bedient sie ein Wärter. Torf war früher eine wichtige Fracht auf dem Kanal. Wenn man heute die gestapelten Torfhaufen sieht, kann man sich vorstellen, was für eine schwere Arbeit es war, sie mit der Hand zu stechen, zum Trocknen zu stapeln und abzutransportieren.

Ein Stück führt der Kanal in südwestliche und dann vor Daingean in westliche Richtung. Am Südufer hinter der Molesworth Bridge gibt es einen angenehmen Kai. In der Stadt gibt es natürlich alles, was man so braucht. Dann wendet sich der Kanal mehr nach Süden, bevor man nach Ballycommon und zur Einmündung des Zweigkanals von Kilbeggan gelangt.

Der Zweigkanal liegt trocken und ist verschlossen. Bis nach Kilbeggan sind es 13 km. Hier gab es einen Hafen mit großen Speichern. Dieser Zweigkanal hatte keine Schleusen und führte mit den üblichen Problemen durch ein Moor. Eine Restaurierung dürfte sehr kostspielig werden. Nahe der Ortschaft und im Hafen hat man schon beträchtlich investiert. Dies wird ein attraktiver Anlaufpunkt, sollte der Zweigkanal eines Tages wieder schiffbar sein.

Vom Zweigkanal von Kilbeggan zum Shannon

Unterhalb der Einmündung des Zweigkanals liegt die erste von sechs Schleusen, welche die 17 Meter Höhenunterschied nach Tullamore ausgleichen. Die Stadt ist die Hauptstadt des County Offaly, früher auch King's County genannt, obwohl bis 1830 in Daingean, damals Philipstown, Gericht gehalten wurde. Tullamore ist eine blühende Stadt, die sich mit der Ankunft des Kanals schnell entwickelte und viele Jahre der westliche Endpunkt des Grand Canal war, als der Abschnitt zum Shannon noch geplant und gebaut wurde. Der Hafen ist sehr schön und von Bäumen eingefasst.

Auch bei der Zufahrt zum Hafen gibt es gute Anlegeplätze. In Tullamore wurde 1800 eines der imposantesten Kanalhotels errichtet, das aber nur 30 Jahre seiner eigentlichen Bestimmung diente. Mehr als ein Jahrhundert, von 1859 bis 1974, diente es den Presbyterianern, die es dann abrissen und durch ein neues Gebäude ersetzten. Die riesigen Speicher mussten schon in den 1940er-Jahren weichen.

Auf den folgenden 10 km fährt man an schönen alten Castles, Aquädukten, alten Kirchen und einem freundlichen Pub an einem Kai, The Thatch, vorüber. Shra Castle erhebt sich unterhalb der Schleuse 28 und der Eisenbahnbrücke am Nordufer. Wasser und Müllentsorgung gibt es an Schleuse 29. Ballycowan Castle befindet sich unweit des Huband-Aquädukt, der den Kanal über den Tullamore River führt. Mister Huband war Rechtsanwalt und Direktor der Kanalgesellschaft zwischen 1777 und 1835. Der Aquädukt über den Clodagh River ist nach Lord Charleville benannt, der hier seinen Sitz hatte.

Die alten Kirchen von Rahan stehen an der Nordseite des Kanals. Die älteste mit einem Steindach und einem höchst ungewöhnlichen runden Ostfenster ist aus dem frühen 12. Jahrhundert. In der Nähe steht eine kleine Kirche aus dem 15. Jahrhundert; sie hat ein romanisches Portal. Das Dorf ist einen kurzen Fußmarsch vom Kanal entfernt und hat einen Laden, eine Post, eine Tankstelle und einen Pub. Nördlich fließt der Tullamore River und vereinigt sich dann mit dem Clodagh River, der ein Nebenfluss der Brosna ist.

Die Schleusen 30 und 31 folgen dicht aufeinander. Das nächste Dorf ist Pollagh. Hier gibt es oberhalb der Brücke einen Kai, der ein guter Platz für einen Aufenthalt ist. Die Arbeiten von Bord na Mona im Moor sind die Lebensgrundlage der Gemeinde. Es gibt die übliche Grundversorgung und eine ziemlich merkwürdige Kirche, die man sich anschauen sollte. Pollagh liegt auch am River Brosna, der nun den Kanal durch das Tal zum Shannon begleitet und vom Boot aus an vielen Stellen zu sehen ist.

Die Landschaft ist wegen des Torfabbaus hier eher unansehnlich. Aber den schönen Macartney-Aquädukt über den Silver River kann man bei der Ansteuerung bewundern. Coole Castle liegt nördlich der Brosna ein Stück weit vom Kanal. Von der Armstrong Bridge sind es etwa 3 km nach Ferbane, wo man alles bekommen kann. Am Ende dieses 16 km langen Abschnitts kommt Schleuse 32 in Glyn, wonach das Tal enger wird und der Kanal von Hecken gesäumt ist.

Schleuse 33 bei dem Ort Belmont steht in dem Ruf, schwierig zu sein. Es ist eine Doppelschleuse, und die Brücke über die untere Kammer erfordert ein wenig Aufmerksamkeit. Die letzten sechs Kanalkilometer führen nach Shannon Harbour und zum Shannon. Von der L'Estrange Bridge kann man zum Clonony Castle gehen. Das alte Turmgebäude aus dem 16. Jahrhundert wurde im 19. Jahrhundert restauriert. In der Nähe liegt eine gut erhaltene, traditionelle irische Scheune.

Bei schönem Wetter strahlt Shannon Harbour eine gewisse Romantik aus. Aber bei Nebel oder in der Dämmerung hat man fast die Reisenden früherer Zeiten im Hotel vor Augen, die auf ihr Schiff nach Dublin warten. Die Hotelruine hat etwas Düsteres, erinnert aber auch eindringlich an die Hoffnungen, die einstmals mit dem Grand Canal verbunden waren.

Von Shannon Harbour nach Ballinasloe

Die Brosna mündet zusammen mit dem Kanal in den Shannon, sodass hier immer wieder Untiefen entstehen. Unmittelbar gegenüber sind Fanning's Schleuse und die Einfahrt in den alten Zweigkanal von Ballinasloe, der 1961 geschlossen wurde. Kürzlich wurde nach umfangreichen Bauarbeiten ein Wasserweg über den River Suck nach Ballinasloe eröffnet. Die ersten Pläne sahen genau diesen Weg vor. Aber weil es einst dabei Schwierigkeiten gab, einen für die Zugpferde geeigneten Treidelpfad anzulegen, entschloss sich die Kanalgesellschaft zu einem gesonderten Kanal. Kurz nach der Eröffnung machten die Dampfboote den Treidelpfad überflüssig.

Barrow Line

Von allen schiffbaren Abschnitten des Grand Canal ist die Barrow Line vermutlich am häufigsten befahren. Sie verbindet den Barrow bei Athy mit der Hauptlinie des Grand Canal bei Lowtown. Man verlässt die Hauptstrecke westlich unterhalb der Schleuse 19 in die 1804 gebaute New Barrow Line und passiert eine Fußgängerbrücke, auf der die Distanzen zu den Städten entlang des Barrow angegeben sind. Kurz vor Schleuse 20 steht Ballyteague Castle, ein Haus, das zwischen dem 14. und 16. Jahrhundert befestigt wurde. An dieser Stelle quert der Kanal das Ballyteague-Moor, das den Ingenieuren zahllose Probleme bereitet hat.

Etwa 13 km bis nach Rathangan läuft der Kanal parallel zum River Slate. Heute ein verschlafenes Dorf, war Rathangan einst eine blühende Kanalstadt. Die alten Lagerhäuser im Hafen sind abgebrannt. Ein Kai zwischen den beiden Brücken macht einen Landgang zu den Läden des Ortes sehr bequem. Vor der Spencer Bridge gibt es eine Doppelschleuse. Dann folgt ein 7,5 km langer Abschnitt bis zur Doppelschleuse 24 und der Macartney Bridge vor Monasterevan.

Dieser Ort mit dem imposanten Aquädukt über den Barrow hat seine eigene Faszination. Der Zweigkanal von Mountmellick biegt oberhalb der Schleuse 24 und einer Brücke nach Südwesten ab. Hier war einst mit Kanal, Fluss und Eisenbahnbrücke ein Verkehrsknotenpunkt. Heute gibt es einige Straßenbrücken. Bei der Anfahrt nach Monasterevan sieht man die Ruinen von Speichern, deren Größe verrät, wie viele Güter hier umgeschlagen wurden.

Die Barrow Line folgt dem Tal des Flusses und überquert zahlreiche Nebenflüsse auf Aquädukten. Vicarstown ist der nächste Ort zum Einkaufen oder einem Pubbesuch. Ein Stück verläuft der Kanal abwechselnd in den Counties Laois und Kildare, bis man Athy erreicht, eine Stadt mit einer langen und interessanten Geschichte. Um Athy zu besuchen, legt man am besten oberhalb der Schleuse 28 an.

Zweigkanäle des Grand Canal

Naas kann man anlaufen. Flache Boote können von der Old Barrow Line oberhalb von Schleuse 19 den Milltown Feeder hinauffahren. Die Pluckerstown Bridge etwa auf halbem Wege hat eine Höhe von 1,8 m. Dieser Wasserzufluss wird von 36 Quellen im Pollardstown Fen gespeist, das 10 km vom Kanal entfernt liegt. In diesem Moor gibt es eine einzigartige Vegetation, weil die Quellen den Wasserstand halten

An der Barrow Line: die Doppelschleuse MacCartney's mit der Brücke

und sich kein Hochmoor bilden kann. Viele Pflanzenarten sind sehr selten und dürfen natürlich nicht gepflückt werden. Außerdem ist es nicht ungefährlich, in dem Sumpfgebiet herumzulaufen.

Momentan gibt es keine Pläne, den Zweigkanal von Kilbeggan zu restaurieren. Aber man kann in einzelnen Abschnitten auf dem Treidelpfad wandern. Er ist allerdings bei weitem nicht so gut in Schuss wie am Hauptkanal oder am Barrow. Der Hafen selbst und die restaurierten Speicher sind in gutem Zustand.

Der Zweigkanal von Mountmellick ist ebenfalls geschlossen. In der Vergangenheit wurden etliche Abschnitte verkauft und zugeschüttet, sodass kaum Aussichten auf eine Wiedereröffnung bestehen. Ursprünglich sollte der Kanal zu den Kohlegruben von Castlecomer führen. Er kam aber nur bis Mountmellick, 18 km von Monasterevan entfernt. Zwischen Monasterevan und Portarlington findet man noch Teile des alten Kanals.

An Teilabschnitten des Zweigkanals von Ballinasloe kann man entlangwandern.

Behörden Waterways Ireland, 17–19 Lower Hatch Street, Dublin 2, Tel. 00353 (0)1 647 3000, Fax 1 676 1714.

Treidelpfad Der Treidelpfad entlang des Grand Canal ist als Fernwanderweg in gutem Zustand und ausgeschildert. Am Zweigkanal von Kilbeggan ist der Weg im Sommer überwuchert und im Winter nass.

Einen Besuch wert: das Waterways Visitor's Centre im Ringsend Basin am Grand Canal in Dublin

Man kann auch zwischen Naas und Corbally entlangwandern. Der Streckenabschnitt dient als Wasserspeicher für den Zweigkanal von Naas.

Brücken Es gibt 77 an der Main und Circular Line, 22 an der Barrow Line, 5 am Milltown Feeder, 6 am Zweigkanal von Naas, 10 am Zweigkanal von Kilbeggan. Auf dem Liffey kann die Straßenbrücke des östlichen Rings (Zollbrücke) unterhalb der Seeschleuse für große Schiffe und Yachten mit hohen Masten geöffnet werden. Die meisten Motorboote können sie im ungeöffneten Zustand passieren.

Geschwindigkeitsbeschränkung 6 km/h.

Slips Ringsend Basin, Clondalkin, Robertstown, Edenderry, Tullamore Harbour, Rathangan, Monasterevan, Athy.

Trockendocks Tullamore Harbour, Shannon Harbour und Athy oberhalb von Schleuse 27. In der Lowtown Marina gibt es einen Kran.

Scheitelhaltung 79 m. Ein Abschnitt von 6 km zwischen den Schleusen 18 (Landenstown House) und 19 (Robertstown) sowie der Abzweigung der Old Barrow Line und des Milltown Feeder.

Zweigkanäle Barrow Line bis zum River Barrow in Athy, Zweigkanal von Naas, Verbindungskanal von Ringsend zum Liffey und in die Bucht von Dublin, Zweigkanal von Kilbeggan geschlossen, Zweigkanal von Ballinasloe über Shannon Harbour, Clonfert und Kylemore geschlossen, aber eine Parallelroute über den kanalisierten River Suck wurde kürzlich eröffnet.

Zufahrten Vom Shannon in Shannon Harbour, vom River Barrow in Athy, vom Liffey in Dublin.

Landkarten Ordnance Survey of Ireland *Discovery Series* Nos. 47–50 und 53.

Führer Dúchas The Heritage Service (Hrsg.): *Guide to the Grand Canal of Ireland*, neue Auflagen durch Waterways Ireland.

Entfernungstabelle	km
Circular Line (Ringfahrt)	
Westmoreland-Seeschleuse, Ringsend bis:	
McMahon Brücke	0,6
Grand Canal Street Lock	1,2
Lower Mount Street Lock	1,4
Upper Mount Street Lock	1,6
Baggot Street Lock	2,0
Leeson Street Lock	2,6
Charlemont Lock und Brücke	3,2
Portobello Lock	3,6
Emmet Brücke	4,2
Parnell Brücke	4,6
Camac Brücke	5,0
Harberton Brücke	5,4
Main Line (Hauptstrecke)	
Lock No 1, Suir Straßenbrücke	6,0
Lock No 2	6,6
Inchicore Lock No 3	7,6
Lock No 4	8,0
Lock No 5	8,4
Lock No 6	8,8
Ballyfermot Lock No 7	9,6
Lock No 8	10,4
M50 Straßenbrücke	11,2
Clondalkin Lock No 9	12,2
Lock No 10	12,6
Lock No 11	13,0
Lucan Road, Lock No 12	16,0
Gollierstown Brücke	17,4
Hazlehatch Brücke	20,6
Aylmer's Brücke	22,4
Lyons Lock No 13	23,4
Henry Brücke	24,6
Ponsonby Brücke	27,0
Devonshire Brücke, Lock No 14	29,4
Lock No 15	30,0
Eisenbahnbrücke	32,0
Sallins Brücke	33,2
Verbindung zum Zweigkanal von Naas	34,0
Leinster-Aquädukt	35,0
Digby Brücke, Lock No 16	37,2
Landenstown Lock No 17	38,2
Lock No 18, Scheitelhaltung	39,6
Burgh Brücke	40,8
Healy's Brücke	42,6
Robertstown, Kai und Geschäfte	44,8
Lowtown Lock No 19, Lowtown Marina	46,2
Verbindung zur New Barrow Line	46,4
Bond Brücke	48,0
Scow Brücke	49,4
Eisenbahnhubbrücke	51,0
Hamilton Brücke	53,2

Entfernungstabelle	*km*
Bord na Mona Brücke	54,4
Hartley Brücke	56,6
Ticknevin, Lock No 20	57,4
Blundell-Aquädukt	62,0
Verbindung zum Zufahrtskanal nach Edenderry (1,6 km)	63,8
Colgan's Brücke	64,2
George's Brücke	65,2
Rathmore Brücke	66,8
Cartland Brücke	68,8
Trimblestown Brücke	73,2
Toberdaly Brücke	74,2
Eisenbahn-Hubbrücke	75,8
Killeen Brücke	78,8
Molesworth Brücke	81,4
Chenevix Brücke	86,8
Verbindung zum Zweigkanal von Kilbeggan	87,0
Ballycommon Lock No 21	87,2
Lock No 22	88,6
Lock No 23	89,2
Lock No 24	92,2
Digby Brücke, Lock No 25	92,8
Lock No 26	93,6
Bury Brücke	95,0
Tullamore Harbour	95,4
Tullamore, Lock No 27	95,8
Tullamore, Lock No 28	96,2
Neue Straßenbrücke	96,4
Eisenbahnbrücke	96,6
Shra Brücke	97,8
Ballycowan Lock No 29	99,6
Huband-Aquädukt	100,0
Charleville-Aquädukt	101,0
Corcoran's Brücke	103,6
Becan's Brücke	104,8
Henesy's Brücke	105,8
Ballincloughan Lock No 30	106,6
Cornalour Lock No 31	107,4
Plunkett Brücke	111,0
Swivel Eisenbahnbrücke	115,4
Derry Brücke	116,4
Macartney-Aquädukt	118,6
Armstrong Brücke	121,6
Noggus Brücke	122,2
Glyn Lock No 32	123,0
Judge's Brücke	124,2
Belmont Lock No 33	125,0
L'Estrange Brücke	127,6
Clonony Lock No 34	128,6
Shannon Harbour, Kais und Geschäfte	130,0
Lock No 35	130,6
Lock No 36, Verbindung zum River Shannon	131,0

Entfernungstabelle	*km*
Zweigkanäle	

Barrow Line

Hauptstrecke bei Lowtown bis:

	km
Lock No 20	3,4
Lock No 21	3,7
Glenaree Lock No 22	8,5
Rathangan Kai	12,5
Lock No 23 (Doppelschleuse)	13,3
Ballykelly Lock No 24 (Doppelschleuse)	20,8
Monasterevan Kai und Drehbrücke	23,0
Verbindung zum Zweigkanal von Mountmellick (stillgelegt)	23,2
Lock No 25	23,4
Lock No 26	44,5
Athy Kai, Lock No 27	45,3
Lock No 28, Verbindung zum Barrow	45,6

Zweigkanal von Naas

Hauptstrecke bei Soldier's Island bis:

	km
Lock No 1	0,7
M7 Straßenbrücke	0,8
Lock No 2, Odlum's Mill	1,2
Burgh's Lock No 3	2,0
Tandy's Brücke	2,4
Lock No 4	2,9
Lock No 5	3,2
Abbey Brücke	3,7
Naas Harbour, Ende der Schiffbarkeit	3,9
Ploopluck Brücke	4,4
Jigginstown Brücke	5,2
Limerick Brücke	5,9
Connaught Brücke	7,6
Hoare's Brücke	10,2
Mooney's Brücke	11,2
Corbally Harbour	12,2

Milltown Feeder (Speisekanal)

Old Barrow Line bis:

	km
Pim Brücke	2,3
Pluckerstown Brücke	3,9
Milltown Brücke	7,2
Milltown Cross Roads	7,7
Point of Gibraltar, Ende der Schiffbarkeit	9,1

Zweigkanal von Kilbeggan (nicht restauriert)

Hauptstrecke bei Ballycommon bis:

	km
Brooks Brücke	1,0
Odlum's Brücke	2,2
Tong's Brücke	3,5
Wood of O Brücke	4,0
Whelan's Brücke	6,1
Murphy's Brücke	6,9
Silver River-Aquädukt	7,6

Entfernungstabelle	*km*
Lowertown Brücke	8,2
Grange Brücke	10,1
Skeahanagh Brücke	12,5
Kilbeggan Harbour	13,1

Zweigkanal von Mountmellick (stillgelegt)

Verbindung zur Barrow Line bis:

Lock No 1	0,8
Portarlington Brücke, Lock No 2	8,2
Lock No 3, Tennakill	13,8
Triogue-Aquädukt	16,0
Mountmellick Wharf	19,2

Zweigkanal von Ballinasloe (nicht restauriert)

Shannon Harbour bis:

Fanning's Lock No 37, Verbindung zum Shannon	0,2
Clonfert Brücke	5,6
Kylemore Lock No 38	11,2
Lismany Brücke	14,4
Pollboy Brücke	19,8
Dunlo Brücke	21,6
Ballinasloe Harbour, Geschäfte	22,2

Lagan

Der River Lagan fließt aus den Bergen des County Down einen windungsreichen Weg in den Belfast Lough. Er beginnt in nordwestlicher Richtung, wendet sich dann durch Dromore nach Westen und schließlich nach Norden. Bei einem Blick auf die Karte meint man, er würde seinen Weg einfach zum Lough Neagh finden, aber östlich von Lurgan wendet er sich überraschend nach Osten, passiert Lisburn und strömt über das Lagan-Wehr in die Irische See.

Seit 1637 gab es Überlegungen, den Fluss schiffbar zu machen, aber bis zum Bau des Newry Canal geschah nichts in dieser Richtung. Dieser neue Wasserweg rückte die Möglichkeit in das Blickfeld, Kohle aus den Gruben von Tyrone zu verschiffen. Mitte des 18. Jahrhunderts wurde ein Gutachten über den Lagan angefertigt und ein Gesetz im Parlament eingebracht. Das Gesetz wurde 1753 verabschiedet. Drei Jahre später begannen die Arbeiten. Der Plan sah vor, den Fluss von Belfast bis zur Spencer's Bridge östlich von Moira und etwa 11 km vom Lough Neagh schiffbar zu machen; von dort sollte ein Kanal zum Lough gegraben werden. Der erste Teil ging zügig voran. Dazu gehörte eine Seeschleuse bei Stranmillis. 1763 erreichte man Lisburn und nahm sofort den Schiffsbetrieb auf. Zwei Jahre später schritten die Arbeiten wegen unvorhergesehener Schwierigkeiten nur noch langsam voran, und als man bis Sprucefield gelangt

war, kam es zu einem vorläufigen Baustopp, weil kein Geld mehr vorhanden war.

Der englische Kanalingenieur Robert Whitworth wurde konsultiert. Er kam zu der hoffnungslosen Ansicht, dass der Lagan nicht schiffbar zu machen sei und man von Belfast bis zum Lough Neagh einen durchgehenden Kanal bauen sollte. Es gab frisches, aber zu wenig Geld aus den öffentlichen Kassen. 1779 wurde eine private Gesellschaft gegründet, die das Unternehmen fortführen sollte. Sie wurde fast vollständig vom Marquis of Donegall finanziert, der auch die Mehrheit an der Gesellschaft hielt.

Man holte Richard Owen aus England, der die Lage

Sehenswürdigkeiten

Belfast – Die Stadt bietet viele Attraktionen für die ganze Familie. Wer sich für Wasserwege interessiert, muss die Waterfront Hall am Lagan besuchen. Von hier kommt man flussab zum Lagan-Wehr, das 1994 gebaut wurde, um den Wasserstand in der Stadt gleichmäßig zu halten und besonders Überschwemmungen zu verhindern. Ein Besucherzentrum informiert über alles dazu Wissenswerte.

Der Donegall Square mit der beeindruckenden City Hall ist das Zentrum der Stadt. Sie wurde 1906 errichtet und zitiert die St. Paul's Cathedral in London. Die Linenhall Library in der Nordwestecke ist eines der wenigen erhaltenen Belfaster Gebäude aus dem 18. Jahrhundert. Hier gibt es ein Café.

Hinter der Queen's University an der Stranmillis Road liegen am nördlichen Stadtrand der Zoo, das Ulster Museum und der Botanische Garten, der sich bis zum Flussufer zieht.

Das Theater- und Kulturleben in Belfast ist reichhaltig. Im Sommer gibt es überall in der Stadt Kleinkunst. Im Herbst findet in der Queen's University das Belfast Festival statt, das größte Ereignis dieser Art in Irland.

Lisburn – In der Versammlungshalle aus dem 18. Jahrhundert befindet sich das sehenswerte Irish Linen Centre, in dem man auch Handwebern bei der Arbeit zuschauen kann. Leinen wird seit keltischen Zeiten in Irland hergestellt. Mit der Ankunft der nach dem Edikt von Nantes 1685 in Frankreich verfolgten Hugenotten begann die eigentliche Blüte dieses Gewerbes.

Hilden – 1,6 km von Lisburn entfernt kann man die Hilden-Brauerei besichtigen. Sie ist erst 20 Jahre alt und produziert im Hof des Herrensitzes eines Leinenbarons. Das Restaurant bietet auch einen guten Lunch.

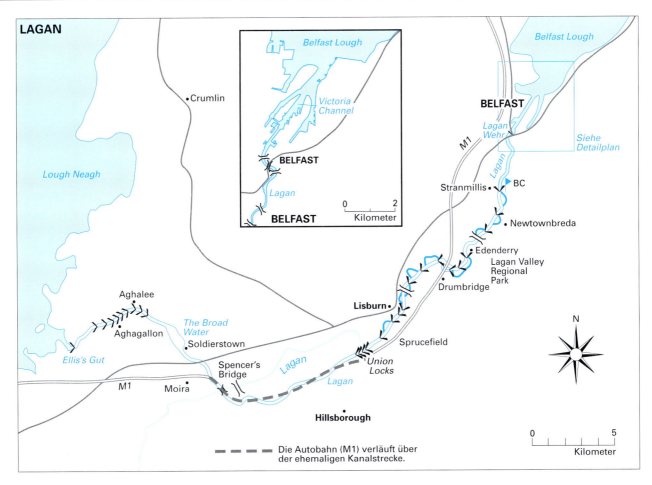

Lagan

von bis	Entfernung
Belfast bis Ellis's Gut, Lough Neagh	42,0 km

analysieren und Vorschläge machen sollte. Er empfahl, ab Sprucefield einen Kanal bis zum Lough Neagh zu bauen, der südlich des Lagan verlaufen und den Fluss nahe der Spencer's Bridge auf einem Aquädukt queren sollte, bevor er über zehn Schleusen die 21 m Höhenunterschied zum See bei Ellis's Gut hinabsteigen würde. Owen liebte die Gegend und lebte in einem Haus, von dem er auf den Broad Water genannten kleinen See schauen konnte. Als er 1830 starb, wurde er auf dem Friedhof des nahe gelegenen Soldierstown bestattet.

Der ursprüngliche Hauptzweck des Kanals war der Kohletransport aus Tyrone nach Belfast. Als er fertig war, wurde die meiste Kohle in der Gegenrichtung verschifft, weil Importkohle aus England billiger war. Anfang des 19. Jahrhunderts übernahm eine Gruppe Belfaster Geschäftsleute die Lagan Navigation Company von der Familie Donegall. Sie verbesserte die Schiffbarkeit in erheblichem Umfang, weil die schweren Überschwemmungen des Winters Verspätungen und Unterbrechungen des Güterverkehrs mit sich gebracht hatten. Der Kanal wurde vertieft, der

Treidelpfad verbessert und die Schleusen repariert. Die Fahrzeit eines Schiffes zwischen Belfast und Lough Neagh konnte damit auf 28 Stunden reduziert werden. Von Belfast aus wurden Kohle, Holz und chemische Produkte transportiert, nach Belfast landwirtschaftliche Produkte und Sand. Das Hauptproblem für den Wasserweg bestand darin, dass sich der Verkehr nur auf den unteren Abschnitt zwischen Belfast und der sich schnell entwickelnden Industrieregion um Lisburn konzentrierte. Die kurzen Entfernungen verschärften die Konkurrenz zur Straße und hielten die Kanalgebühren niedrig. Für Güter zurück nach Belfast gab es häufig überhaupt keine Gebühren, damit die Schiffe nicht leer fuhren.

Der Bau des Ulster Canal als natürliche Verlängerung in den Westen sollte dem Lagan ein höheres Verkehrsaufkommen bringen. Aber die neuen Eisenbahnlinien ab Ende der 1830er-Jahre waren eine noch größere Bedrohung als der Straßentransport.

Der Lagan kam nicht in den Verantwortungsbereich des 1831 gegründeten Board of Public Works, ab 1843 blieb die Lagan Navigation Company selbstständig. Sie hatte strenge Auflagen wie die Instandhaltung zu erfüllen und musste nach 1848 jährlich 300 £ an die Commissioners of Public Works abführen.

Trotz der Eröffnung der Eisenbahn von Belfast nach Portadown 1842 blieb die Kanalgesellschaft lebensfähig, obwohl sie keine Dividende ausschütten konnte. Es stellte sich schließlich heraus, dass der fertig gestellte Ulster Canal dem Lagan nicht mehr Durchgangsverkehr bescherte, weil die Schleusen dieses Kanals schmaler waren als am Lagan und an anderen Kanälen. Praktisch bedeutete dies, dass die Schiffe für den Lagan nicht durch die Schleusen des Ulster Canal passten. Man baute extra eine Flotte von 45-Tonnen-Schiffen, die beide Kanäle passieren konnte. In den späten 1860er-Jahren sollte die Lagan Navigation Company auch den Ulster Canal übernehmen. Das Gesetz passierte schließlich das Parlament, enthielt aber auf Betreiben des Oberhauses eine Klausel, die der Gesellschaft die Schließung unrentabler Wasserwege nach zehn Jahren erlaubte.

Die Tonnage steigerte sich von den 1830er-Jahren mit 40 000 Tonnen auf etwa 170 000 Tonnen jährlich am Ende des Jahrhunderts. Der Lagan wurde relativ kontinuierlich genutzt, aber der Ulster Canal war ein beständiger Kostgänger. Anfang des 20. Jahrhunderts wurde der Lagan immer noch befahren, aber in den 1930er- und 1940er-Jahren ging der Betrieb angesichts der Konkurrenz der Straße erheblich zurück.

Im Zweiten Weltkrieg erhielt die Kanalgesellschaft Subventionen, um den Kanal betriebsfähig halten zu können. Mit Ende des Krieges hatte er endgültig seine Schuldigkeit getan. Der westliche Teil von Lisburn zum Lough Neagh wurde 1954 geschlossen, der übrige Kanal vier Jahre später. In den 1960er-Jahren wurde zwischen Lisburn und Moira eine Autobahn über dem Kanal gebaut, was die Wiederherstellung des ursprünglichen Wasserweges unmöglich macht. Allerdings könnte man zwischen Belfast und Lough Neagh auf einer anderen Route einen neuen Kanal bauen. Eine der Voraussetzungen für einen Wasserweg zu Freizeitzwecken ist sicher, dass er durch eine relativ ruhige und interessante Landschaft führt und nicht gerade entlang einer Autobahn.

Seit 1994 gibt es in Belfast ein neues Wehr. Es befindet sich vier Kilometer unterhalb der ursprünglichen Seeschleuse in Stranmillis. Von hier bis Belfast ist der Lagan Tidengewässer. Jetzt hat man diesen Abschnitt auf eine Mindesttiefe von 1,5 m vertieft. Die *Joyce* bietet vom Donegall Quay eine Rundfahrt nach Stranmillis an, die eine Stunde dauert.

Behörden Für diesen ehemaligen Wasserweg gibt es keine zuständige Behörde.

Schleusen Früher gab es 27 Schleusen, die Boote mit 18,9 m Länge und 4,4 m Breite passieren konnten.

Treidelpfad Ursprünglich führte er über die ganze Länge des Kanals, ist momentan aber nicht mehr überall zugänglich. Der beschilderte Weg von Belfast nach Lisburn beginnt beim Belfast Boat Club in Stranmillis und führt über 16 km zur Moores's Bridge in Lisburn. Kürzlich hat der Gemeinderat von Craigavon den Abschnitt von Moira nach Aghalee entlang des Broad Water wiederhergestellt. Geplant ist eine Verlängerung bis zum Lough Neagh.

Brücken Ursprünglich führten mindestens 27 Brücken über den Kanal, heute sind es sehr viel mehr.

Scheitelhaltung 34,2 m zwischen Sprucefield und Aghalee.

Zufahrten Belfast Lough, über Lough Neagh zum Lower und Upper Bann, Ulster Canal und zur Tyrone mit dem Coalisland Canal.

Restaurierungen Schleuse 12 in Lisburn ist wiederhergestellt und das Wehr erneuert worden. Das Schleusenwärterhaus an Schleuse 3 soll restauriert werden. Es gibt eine Machbarkeitsstudie über die Wiedereröffnung des Kanals. Man könnte den Wasserweg zwischen Belfast und dem Lough Neagh neu bauen, wenn man den alten Plänen folgt und den River Lagan dort parallel nutzt, wo heute die Autobahn den alten Kanal überdeckt. Große Teile des Kanals zwischen Lady's Bridge und Lough Neagh sind heute in Privatbesitz. Am Ostende sind Schleuse 1 und das Kanalbett zugeschüttet und bebaut. Als erste Phase ist die Restaurierung von Belfast nach Lisburn ins Auge gefasst. Vorgesehen sind ein Tiefgang von 1,8 m, eine Durchfahrtshöhe von 3,5 m und eine Schleusenbreite von 5 m.

Landkarten Ordnance Survey of Northern Ireland *Discoverer Series* Nos. 15 und 20.

Fahrhinweise 2,5 Stunden vor und nach Hochwasser kann man das Lagan-Wehr passieren, wenn es geöffnet ist. Man muss den Flusswart John Burn vorher unter Tel. 028 9031 5304 kontaktieren.

Führer Die Geschichte der Lagan-Schifffahrt wird von May Blair in *Once upon the Lagan* erzählt. Gute Informationen findet man auch bei W. A. McCutcheon, *The Canals of the North of Ireland* und bei Ruth Delany, *Ireland's Inland Waterways*.

Restaurants

Belfast – Natürlich gibt es für jeden Geschmack etwas. Mit den frischen Produkten aus der reichen Landwirtschaft des County Down machen sich etliche junge Küchenchefs einen Namen. Wenn man die Waterfront Hall besucht, sollte man das Restaurant im Stil einer Brasserie nicht auslassen.

Ein großes Vergnügen ist ein Besuch im Crown Liqour Saloon, dem einzige Pub, der dem National Trust gehört und im viktorianischen Stil erhalten ist.

Entfernungstabelle	km
Stranmillis, Molly Ward's Lock bis:	
Rosie's Lock No 4	6,4
Drum Brücke	8,8
McQuiston's Lock No 7	10,0
Lambeg Brücke	11,6
Hilden	12,9
Lisburn Lock No 12	14,4
Moore's Brücke	16,0
Newport Brücke	20,2
Boyle's Brücke	29,2
Lady's Brücke	30,4
Hammond Brücke	32,0
Mündung in The Broad Water	32,2
Abfluss aus The Broad Water	33,5
Aghalee Brücke	35,2
Goudy Brücke	37,6
Cranagh Brücke	40,0
Annaghdroghal Brücke	41,0
Ellis's Gut Lock No 27, Lough Neagh	42,0

Lough Corrib und der Eglinton Canal

Zwischen Galway und der Maam Bridge kann man zwischen malerischen Inseln auf fast 180 km² des Lough Corrib herrliche Bootsfahrten unternehmen. Nach Lough Neagh ist er der zweitgrößte See Irlands und einer der größten im nordwestlichen Europa. Obwohl der See teilweise sehr flach ist, machen die zauberhafte Szenerie der Berge von Connemara im Hintergrund sowie die große Zahl von Ankerplätzen und Inseln ihn zu einem lohnenden Ziel. Seit 1954 verhindern niedrige Brücken in Galway die Zufahrt vom Atlantik über den Eglinton Canal.

Wie die meisten anderen Seen war auch Lough Corrib Tausende von Jahren ein Handels- und Transportweg. In der Nähe von Galway befindet sich das früheste Beispiel irischer Wasserbaukunst, Friar's Cut. 1178 haben die Mönche des Klosters Claregalway diesen Kanal durch eine Insel am Südende des Sees gegraben, um einfacher und kürzer nach Galway gelangen zu können.

Friar's Cut wurde die Hauptwasserstraße von Galway in den See. Erst im 15. Jahrhundert gab es dann einen Versuch, eine Verbindung zum Meer herzustellen. Lough Corrib sollte über Lough Athalia und den Terryland River östlich von Galway mit der Bucht verbunden werden, aber dieser Plan wurde bald fallen gelassen.

Das Schifffahrtsgesetz von 1715 legte u. a. den Plan fest, von Killala über Lough Moy, Lough Mask und Lough Corrib einen Kanal zur Galway Bay zu schaffen. Aber erst 1842, als der Board of Works mit Entwässerungs- und Kanalarbeiten betraut wurde, gab es neue Planungen für einen Kanal durch Galway. Man begann 1848 mit dem Bau des Eglinton Canal, der 1852 eröffnet wurde. Benannt ist er nach dem Earl of Eglinton. Ein Ergebnis war, dass der winterliche Wasserspiegel des Sees um einen Meter fiel und zahlreiche neue Inseln freigab.

Realisiert wurde das Projekt von den Commissioners of Public Works, weil man so in dieser sehr armen Ecke des Landes Beschäftigung und wirtschaftlichen Aufschwung schaffen wollte. Der Kanal läuft westlich des Corrib River durch die Stadt und kann heute noch verfolgt werden.

Anfang und Mitte des 19. Jahrhunderts fuhren etwa 100 Schiffe auf Lough Corrib, und in der zweiten Hälfte des Jahrhunderts gab es Passagierdienste mit Raddampfern, u. a. bestand eine regelmäßige Verbindung von Cong im Norden nach Galway, die wegen der schlechten Straßenverhältnisse gut genutzt wurde. Nach der Fertigstellung der Eisenbahnlinie zwischen Galway und Clifden 1895 ging das Aufkommen zurück und brach im Ersten Weltkrieg völlig zusammen.

Sehenswürdigkeiten

Galway – In Galway gibt es ein lebendiges Kulturleben. Im Sommer finden verschiedene Festivals statt. Das bekannteste ist das Galway Arts Festival in den beiden letzten Juliwochen, dem – typisch irisch – kurz darauf das Galopprennen folgt.

James Joyce-Fans sollten das Nora Barnacle House Museum, die Heimat von Joyces Frau, in Bowling Green besuchen. Hier finden sich einige außergewöhnliche Erinnerungsstücke. Nicht weit ist es dann zum Lachswehr, besonders interessant, wenn die Fische gerade zu ihren Laichgründen in den Lough Corrib ziehen.

Cong – Cong ist ein hübsches Dorf, bemerkenswert durch die 1128 für Augustinermönche errichtete Abtei. In ihrer größten Zeit sollen hier 3000 Mönche gelebt haben. Westlich davon liegt Ashford Castle, heute ein komfortables Hotel. Gegen ein Geringes kann man das Gelände besuchen. Auch die Reste der Schleusen des angefangenen Cong-Kanals sind einen Blick wert.

Oughterard – Von hier aus kann man Bootstrips auf den See unternehmen. 3 km südlich liegt Aughnanure Castle. Es wurde im 16. Jahrhundert vom O'Flaherty Clan auf einer Felseninsel errichtet. Es soll einstmals das sicherste Schloss Irlands gewesen sein.

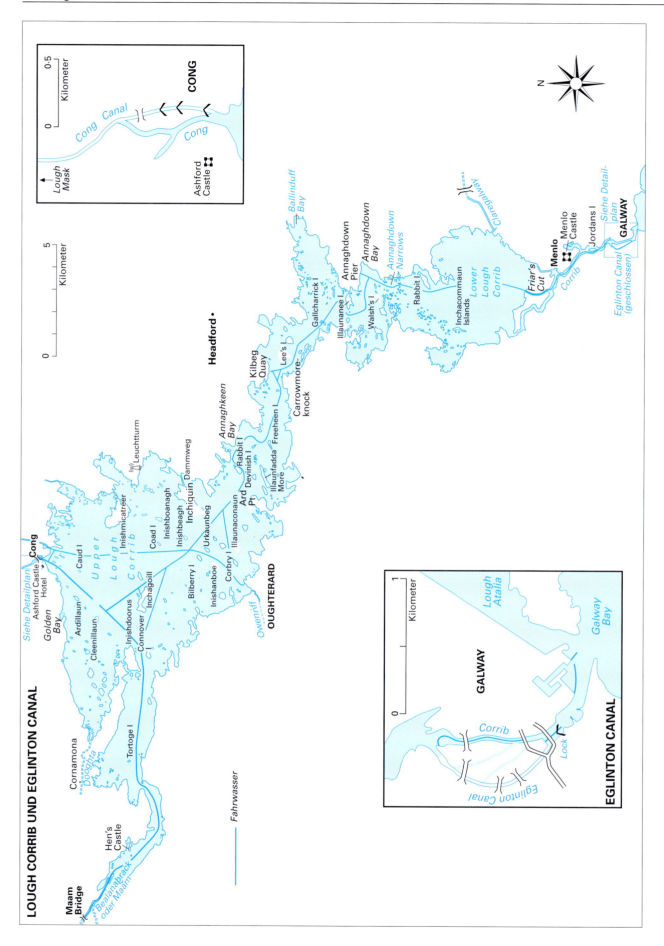

CONG

0   0.5
Kilometer

Lough
Mask

Cong Canal

Cong

Ashford
Castle

LOUGH CORRIB UND EGLINTON CANAL

0   5
Kilometer

Ballinduff
Bay

Newtown

Claregalway

Menlo   Menlo
Castle

GALWAY

Siehe Detail-
plan

Jordans I

Annaghdown
Pier

Annaghdown
Bay

Annaghdown
Narrows

Rabbit I

Inchacommaun
Islands

Lower
Lough
Corrib

Friar's
Cut

Corrib

Eglinton Canal
(geschlossen)

Headford •

Gallcharrick I

Illaunanee I

Walsh's I

Kilbeg
Quay

Lee's I

Carrowmore-
knock

Annaghkeen
Bay

Freeheen I

Rabbit I

Illaunfadda
More

Ard
Pt

Devinish I

Inchiquin   Dammweg

Leuchtturm

Inishmicatreer

Inishboanagh

Coad I

Inishbeagh

Urkaunbeg

Illaunaconaun

Caud I

Upper   Lough   Corrib

Cong

Ashford Castle
Hotel

Siehe Detailplan

Golden
Bay

Ardillaun

Cleenillaun

Inishdoorus

Connover

Inchagoill

Connor I

Bilberry I

Inishanboe

Corbry I

OUGHTERARD

Owenriff

Cornamona

Dooghta

Tortoge I

Hen's
Castle

Maam
Bridge

Bealanabrack
oder Maam

Fahrwasser

GALWAY

EGLINTON CANAL

0   1
Kilometer

Lough
Atalia

Galway
Bay

Corrib

Lock

Eglinton Canal

1954 gab es keinerlei Bootsverkehr mehr durch den Eglinton Canal. Niedrige feste Brücken ersetzten die alten Klappbrücken in der Stadt. Die neu gegründete IWAI sah sich noch außerstande, die Schiffbarkeit des Kanals sicherzustellen. Maurice Semple, ein Bürger der Stadt, stemmte sich vergeblich gegen die Schließung des Kanals.

Der See liegt in einem beliebten Feriengebiet. Deshalb ist es verwunderlich, dass hier keine Bootsvermieter existieren. Man kann ein Trailerboot zu Wasser lassen und den See erkunden, aber es gibt derzeit wenige Anlegemöglichkeiten für kleine Boote an den Ufern. Sie würden sich wohl mit einer entsprechenden Nachfrage entwickeln, aber momentan fahren nur wenige Menschen mit ihren Booten auf diesem See. Die existierenden Piers wurden für die großen Raddampfer gebaut und sind für Sportboote nicht geeignet, obwohl an einigen Stellen Stege und Pfähle für kleinere Boote angelegt wurden.

Restaurants

Galway – Als beliebtes Touristenziel ist Galway mit vielen Restaurants, Bistros und Cafés gesegnet. In vielen Pubs gibt es traditionelle irische Musik. Guten Fisch gibt es in McDonagh's Seafood Bar, als fertiges Gericht oder roh zum Mitnehmen – alles stammt frisch von hiesigen Fischern. Auch Conlans Seafood Bar in der Eglinton Street ist empfehlenswert. Nimmo's im Long Walk ist klein und kontinental ausgerichtet. In einer Sackgasse von der High Street bietet das Malt House eine ruhige Atmosphäre und ausgezeichnete Gerichte.

Cong – Bei Echoes (Tel. 092 46059) gibt es exzellenten Fisch und Biogemüse.

Oughterard – Bei der River Run Lodge (Tel. 091 552697) stimmt das Preis-Leistungs-Verhältnis. Im Boat Inn gibt es gute Snacks.

Eine Rundfahrt auf Lough Corrib

Von Galway nach Kilbeg

Wenn man über den River Corrib und Friar's Cut in den See fährt, ist er zunächst sehr flach, zumeist weniger als 3 m tief, und von einer recht ebenen Landschaft umgeben. Den Untergrund bildet hier Kalkstein. Wenige Inseln ragen aus dem Wasser, aber un-

Lough Corrib

von bis	Entfernung
Galway bis Maam Bridge	63,5 km

ter der Oberfläche lauern Felsen und Riffe. Die Fahrrinne führt fast gerade nach Norden und wendet sich dann zur Ostküste, wobei man Rabbit Island östlich liegen lässt. Es folgen viele kleine Inselchen, die größeren Walsh's Island und Daley's Island passiert man östlich.

Die Priorei Annaghdown liegt an der Nordküste und hat eine Pier. Die Fahrrinne führt westwärts weiter und dreht dann nach Norden. Illaunaneel Island bleibt östlich liegen. Nach Osten öffnet sich die Bucht von Ballinduff. Man hält sich dicht an der westlichen Küste und passiert Lee's Island südwestlich, bevor man die engste Stelle des Sees erreicht. Im Süden befindet sich die Knockferry-Pier und im Norden der Kilbeg Quay.

Von Kilbeg nach Cong

Clydagh House liegt auf der Landzunge im Norden. Das Fahrwasser geht in westlicher Richtung weiter. Nach einer weiteren „Kanincheninsel" im Norden wird der See breiter und hat wieder größere Inseln im Norden und Süden. Ein Stück südlich von Inchiquin kann man 4 km südwestlich nach Oughterard laufen. Dort gibt es einen Kai, von dem aus eine Fähre zur Insel Inchagoill und nach Cong verkehrt. Nordwärts öffnet sich eine ostwärts ausgerichtete Bucht, an deren Küste bei Ballycurrin ein Leuchtturm wacht. Er ist einer der ganz wenigen, die an Binnengewässern auf den Britischen Inseln stehen.

Der See ist nun offener und auch tiefer. Vor der Einfahrt in den Kanal nach Cong im Norden liegt eine Gruppe kleiner Inselchen. Hier hätte man über den Cong Canal in den Lough Mask fahren können, wenn dieser Kanal vollendet worden wäre.

Von Cong nach Maam

Von Cong führt das Fahrwasser südwestwärts zwischen den Inseln Inishdoorus und Inchagoill hindurch und dann in westlicher Richtung nach Maam. Der Fels ist härter und man fühlt sich wie in einem Fjord. Die Eiszeit hat hier eine Wassertiefe von 30 m ermöglicht und Moränen bis an die Ufer geschoben. Zwischen dem Hill of Doon an der Westküste und einer Pier an der Ostküste wird die Fahrrinne sehr schmal. Kurz vor Maam thront Hen Castle dramatisch auf einem Inselchen vor der Nordküste.

Im Lough Corrib gibt es zahlreiche unbezeichnete Felsen und Untiefen. Wenn man hier fahren will, sollte man mit der Karte umgehen können. Nur die Hauptfahrrinnen sind markiert. Es empfiehlt sich, Kontakt mit einem Mitglied der örtlichen IWAI-Gruppe oder dem Commercial Boat Club (Tel. 00 353 (0) 91 561731) aufzunehmen, bevor man den See befährt, oder sich beim Corrib Rowing und Yachting Club (Tel. 00 353 (0) 91 564560) zu erkundigen.

An verschiedenen Stellen besteht die Möglichkeit, kleine Boote für Tagestrips zu mieten, zumeist Fischerboote. Man kann sich einen wunderbaren Eindruck von den Reizen des Sees verschaffen, wenn man mit der Fähre von Oughterard nach Cong, mit Zwischenstopp auf Inchagoill, fährt. Die Kirchenruinen auf Inchagoill, der größten Insel des Sees, zeichnen sich durch beeindruckende Steinarbeiten aus.

An den Piers von Knockferry und Kilbeg sind unlängst Erhaltungsmaßnahmen durchgeführt worden. Es gibt Pläne für einen Fährdienst auf dem Lough Corrib. Die örtliche IWAI-Gruppe ist an den Diskussionen beteiligt und setzt sich dafür ein, dass Bootsfahrer weiter die Piers nutzen dürfen.

Behörden Lough Corrib Navigation Trustees, City Hall, College Road, Galway.

Schleusen Keine.

Treidelpfad Gibt es nicht. Von Oughterard läuft ein Wanderweg ein Stück an der Südküste entlang.

Brücken Nicht über den See. Die Brücken in Galway über den Eglinton Canal sind für Boote zu niedrig.

Geschwindigkeitsbeschränkung Keine.

Slips Galway, Lisloughrey, Oughterard und Maam.

Zufahrten Keine.

Fahrhinweise Der südliche Teil in der Nähe von Galway ist flach, der nördliche Teil ist offen und bis zu 30 m tief. Die Lough Corrib Navigation Trustees unterhalten die Bezeichnungen der Hauptfahrrinnen zwischen Galway, Cong, Oughterard und Maam. Stromaufwärts sind rote runde Zeichen und weiße Baken an der Steuerbordseite ausgelegt, schwarze rautenförmige Zeichen bzw. schwarze Baken bezeichnen die Backbordseite. Von diesen markierten Fahrwassern sind nur wenige, kurze Abzweigungen bezeichnet. Neben den Fahrrinnen liegen aber viele Untiefen und unmarkierte Felsen. Trailerboote sollten einen Tiefgang unter 1 m haben. Die meisten Mietboote haben kleine Außenbordmotoren.

Landkarten Ordnance Survey of Ireland *Discovery Series* Nos. 38 und 45.

Seekarten Die Admiralitätskarte 5079 vom Lough Corrib findet man ggf. nur noch im Antiquariat.

Führer Bei den örtlichen Touristenbüros gibt es *A Rambler's Guide and Map to Corrib Country*. Er enthält viele nützliche Informationen, auch zur Geschichte sowie zu Flora und Fauna. Wanderwege, Sehenswürdigkeiten und auch die Fahrrinnen für Tagestrips sind hier verzeichnet. Die besten Führer zu Lough Corrib gibt es leider nur noch antiquarisch, so von Maurice Semple *Reflections of Lough Corrib* und *By the Corribside*. Empfehlenswert: P. J. G. Ransom *Holiday Cruising in Ireland*. Hugh Malets *In the Wake of the Gods* befasst sich mit dem historischen Hintergrund.

Entfernungstabelle	km
Galway, N6 Straßenbrücke bis:	
Einfahrt zum Friar's Cut	3,4
Mündung Friar's Cut in den Lough Corrib	4,5
Rabbit Island	9,2
Annaghdown Narrows	11,3
Annaghdown Pier	12,7
Gortmore Islands	13,5
Gallcharrick Island	15,1
Lee's Island	17,3
Pier (Südufer)	18,4
Kilbeg Kai (Nordufer)	18,6
Carrowmoreknock Pier	20,8
Inishflynn	22,3
Devinish Island	23,8
Shrub Islands	25,5
Inchiquin	27,0
Illaunaconaun	27,1
Oughterard Pier	29,2
Owenriff River	29,7
Urkaunbeg	31,7
Inchagoill	35,4
Inishmicatreer	36,2
Lisloughrey Kai	39,8
Ashford Castle	41,2
Ardilliaun	43,5
Cleenillaun	45,7
Inishdoorus	47,7
Lackaennon	54,6
Carrow Rock	56,9
Illaunawullagh Islands	60,4
Einfahrt in den Maam River	62,4
Maam Brücke	63,5

Lough Foyle

Lough Foyle ist ein stattlicher Meeresarm an der Nordküste Irlands. Der Hafen von Londonderry liegt am Ende dieses Fjords. Die Einfahrt öffnet sich nach Nordosten. Der Hauptschifffahrtsweg, der North Channel, verläuft zwischen Inishowen Head und Warren Point und dann durch die Enge zwischen Magilligan Point an der Ostküste und Greencastle an der Westküste. An klaren Tagen kann man von der Einfahrt in den Fjord aus die schottische Insel Islay etwa 30 Seemeilen nordöstlich sehen.

Die Grenze zwischen Nordirland und der Republik verläuft in der Mitte des Fjords bis ans Nordufer der Mündung des River Foyle. Von hier macht sie in südwestlicher Richtung einen Bogen um die Westseite von Londonderry und verläuft weiter südlich wieder entlang des Flusses. Die Breite der Halbinsel Inishowen westlich von Londonderry beträgt nur 10 km. Um 1900 gab es Gedankenspiele, hier Lough Foyle

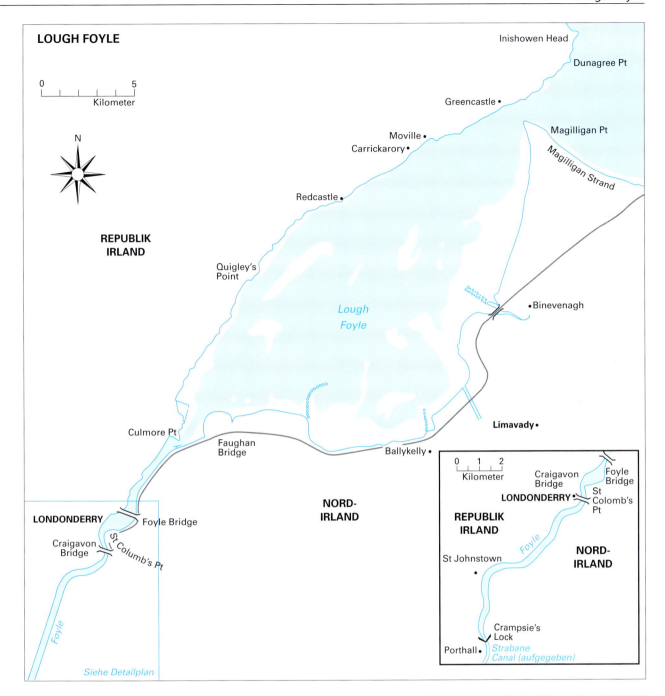

LOUGH FOYLE

0 — 5
Kilometer

N

REPUBLIK IRLAND

Inishowen Head

Dunagree Pt

Greencastle •

Moville •
Carrickarory •

Magilligan Pt

Magilligan Strand

Redcastle •

Quigley's Point

Lough Foyle

• Binevenagh

Culmore Pt

Faughan Bridge

Limavady •

Ballykelly •

NORD- IRLAND

LONDONDERRY

Foyle Bridge

Craigavon Bridge

St Columb's Pt

Foyle

Siehe Detailplan

0 — 1 — 2
Kilometer

Craigavon Bridge

Foyle Bridge

LONDONDERRY •

St Colomb's Pt

REPUBLIK IRLAND

NORD- IRLAND

St Johnstown •

Foyle

Crampsie's Lock

Porthall •

Strabane Canal (aufgegeben)

Lough Foyle und River Foyle

von bis	*Entfernung*
Warren Point bis Foyle Bridge,	
Londonderry	33 km
Londonderry bis Strabane	30 km

mit Lough Swilly durch einen Kanal zu verbinden. Daraus ist aber nie etwas geworden.

Vor dem Südostufer von Lough Foyle ist es flach. Sandbänke schieben sich weit hinaus. Das Fahrwasser verläuft dicht unter der Nordwestküste. Hier liegen mehrere kleine Küstendörfer. Dann steigt das Land relativ steil zu Slieve Snacht und den Snowy

Restaurants

Londonderry – In der Innenstadt gibt es einige gute Lunch-Angebote. Empfehlen kann man The Galley in der Shipquay Street und Browns am Bond Hill. Der vermutlich beste Italiener ist La Sosta Ristorante in der Carlisle Street 45a zwischen den Mauern der Altstadt und der Craigavon Brücke. Weiter flussab an der Strand Road liegt Reggie's Seafood Restaurant.

Greencastle – Seafood gibt es bei Kealy's. Der Lunch ist besser als das Dinner.

Moville – Rosatos in der Malin Road ist das erste Haus am Platze.

Mountains an. Auf dem Fjord verkehren nur wenige Sportboote, obwohl er besonders vor westlichen Winden gut geschützt ist. Aber der Handelsschiffsverkehr zu den Docks von Londonderry ist recht lebhaft. Unter der Nordwestküste gibt es zahlreiche Ankerplätze. Man sollte die Piers mit Vorsicht anlaufen, weil einige ältere baufällig sind. In den letzten Jahren sind aber etliche repariert worden.

Wenn man Inishowen Head und Dunagree Point mit seinem weißen Leuchtturm umrundet hat, erreicht man in der Enge gegenüber von Magilligan Point als ersten Ort Greencastle. Er hat einen lebendigen Fischereihafen. Man kann davor ankern und dann an eine Pier übersetzen. In der Nordwestecke des Hafenbeckens ist eine kleine Pier für Yachten reserviert. Auf dem Kai gibt es einen Trinkwasserhahn, und im Ort sind die üblichen Läden.

Zwischen Magilligan Point und Greencastle existiert eine Fähre für Fußgänger und Fahrradfahrer. Es gibt Pläne, daraus eine Autofähre zu machen. Die notwendige Pier in Magilligan ist bereits fertig, die in Greencastle im Bau. Vermutlich wird man an der Pier anlegen dürfen. Dann kann man dem guten Pub Point Bar in Magilligan einen Besuch abstatten.

Der nächste Ort an der Nordwestküste heißt Moville Pier. Die Pier selbst ist 1995 zusammengebrochen, wurde aber zwischenzeitlich wieder aufgebaut. Man kann hier oder an den Mooringtonnen eine viertel Meile südwestlich festmachen. Moville ist ein Badeort. Im September findet hier das Foyle Austern-Festival statt. Im Sommer gibt es viele Events, darunter auch etliche Regatten.

Ein Stück weiter gibt es in Carrickarory eine Pier mit einer geschützten Anlegemöglichkeit an der Nordseite. Hier liegt man auch abseits des Urlaubertrubels. Bei dem hier vorherrschenden Westwind kann man auch vor Carrickarory in ruhigem Wasser ankern, bei Süd- oder Nordostwind ist dieser Küstenabschnitt allerdings sehr exponiert. Dann findet man besser in Richtung auf die Culmore Bay vor der Mündung der Foyle Schutz. Ein guter Ankerplatz befindet sich unmittelbar südlich von Culmore Point. Allerdings gibt es hier keinen Laden in der Nähe.

Wenn man Londonderry mit dem Boot besuchen will, legt man am besten gegenüber der Guildhall am Queens Quay am westlichen Ufer eine halbe Meile unterhalb der Craigavon Bridge an. Die Foyle Bridge hat eine Durchfahrtshöhe von 32 m. In der Stadt gibt

Sehenswürdigkeiten

Die Küste – Die Ostküste hat einige wunderbare Sandstrände, ideal für einen Familienurlaub. Man kann Inishowen Head besteigen und wird mit einem atemberaubenden Blick über den Fjord und westlich zur Küste von Donegal belohnt. Mit einem kleinen Boot kann man auf dem kleinen felsigen Bach Port A Dorrish eine halbe Meile nördlich des Shroove-Leuchtturms fahren; er führt bei Ebbe weniger als einen Meter Wasser.

Greencastle – In der alten Küstenwache am Kai an der Nordseite des Hafens ist ein Seefahrtsmuseum, das sich überwiegend der klassischen Passagierschifffahrt widmet.

Londonderry – Die Stadt wird häufig einfach Derry genannt, was sich vom gälischen Doire herleitet, und hat die „Troubles" wohl hinter sich. Die Stadt hat ein munteres Kulturleben und eine Universität. Es gibt viele Konzerte und mehrere Festivals im Jahr. Das Touristenbüro gibt Auskunft, Tel. 028 7126 7284.

Die alten Stadtmauern und der innere Bezirk lohnen einen Rundgang. Von den vier Stadttoren führt der Weg zum quadratischen Platz in der Mitte. Das Derry Craft Village an der Shipquay Street bietet nicht nur regionales Kunsthandwerk, sondern auch andere Geschäfte und Cafés wie den Boston Tea Party Coffee Shop.

Das Tower Museum nahe der Coward's Bastion gibt einen sehr ausgewogenen Überblick über die Geschichte der letzten 400 Jahre, die einem manches anders erscheinen lässt, als man gewohnt ist, es zu sehen. Das Museum ist die Rekonstruktion des O'-Doherty Tower, der nach Sir Caher O'Doherty benannt ist. 1608 hat der Gentleman die Stadt mit einem zweihändigen Schwert überfallen, das zum Museumsbestand gehört. Am Harbour Square befindet sich das Harbour Museum mit einer exzellenten Sammlung von Schiffsmodellen.

Die St. Columbs-Kathedrale aus dem frühen 17. Jahrhundert birgt viele Erinnerungsstücke an die fünfzehnwöchige, aber vergebliche Belagerung der Stadt von 1688–89, die für die damaligen Kämpfe und Wirren eine nicht unerhebliche Wirkung hatte.

Strabane – Eine nicht unbedeutende unter den vielen Verbindungen Irlands mit den Vereinigten Staaten ist zu besichtigen: Grey's Druckerei in der Main Street, die dem National Trust gehört. Hier lernten John Dunlap und James Wilson vor ihrer Auswanderung ihr Handwerk. Dunlap druckte die amerikanische Unabhängigkeitserklärung und den „Pennsylvanian Packet", die erste Tageszeitung der Neuen Welt. Wilson hat mit seinem Enkel Woodrow als Präsident des Landes seinen Beitrag zur Geschichte geleistet. Im Übrigen kann man viel über die Geschichte des Druckereiwesens erfahren.

Alte Druckmaschinen der Firma Grey's Printing Press in Strabane

es natürlich alles, was eine Crew braucht, nur keine Bootswerft. Man sollte vor dem Einlaufen den Hafenmeister kontaktieren (Tel. 028 7186 0555).

Neun Kilometer flussaufwärts oberhalb der Craigavon Bridge sieht man am Ostufer des River Foyle die Einfahrt in den alten Strabane-Kanal. Er wurde auf Wunsch des Duke of Abercorn gebaut und 1796 eröffnet. 30,5 m lange Schiffe konnten die Schleusen passieren. Der Kanal trug wesentlich zur wirtschaftlichen Entwicklung von Strabane bei. Mitte des 18. Jahrhunderts verlor er durch die Eisenbahn von Londonderry nach Enniskillen an Bedeutung. Anfang des 20. Jahrhunderts war er bereits sehr verlandet, nur noch kleine Schiffe konnten nach Strabane gelangen. 1962 wurde er geschlossen. Das Kanalbett kann man heute noch verfolgen, in einigen Teilen steht noch Wasser.

Behörden und Häfen Offene Schifffahrt. Lough Foyle ist ein Fjord mit keinerlei Beschränkungen. Hafenmeister Londonderry Tel. 028 7186 0555.
Slips Greencastle, Moville.
Zufahrten Strabane Canal geschlossen.
Fahrhinweise Das Hochwasser am Eingang zum Lough Foyle tritt vier Stunden vor Dover ein, in Derry eine Stunde später als am Fjordeingang. Im Juni und Juli muss man besonders bei Nacht auf Lachsnetze im Fahrwasser achten. Die Strömung im River Foyle kann unterhalb der Stadt bei Ebbe bis zu fünf Knoten betragen.
Landkarten Ordnance Survey of Ireland *Discovery Series* No. 3, Ordnance Survey of Northern Ireland *Discoverer Series* Nos. 4 und 7.
Seekarten Admiralty 2499; Imray C 53, C 64.
Führer Irish Cruising Club: *Sailing Directions for the East and North Coasts of Ireland*. Macmillan Reeds *Nautical Almanac*.

Entfernungstabelle	km
Inishowen Head bis:	
Dunagree Point	1,7
Warren Point	4,4
Greencastle	6,7
Magilligan Point	5,6
Moville	10,9
Carrickarory Pier	11,8
Redcastle	17,4
White Castle	19,6
Quigley's Point	21,8
Lepers Point	24,4
Culmore Level	29,5
Faughan Brücke	30,9
Culmore Point	31,3
Anleger	32,3
Foyle Brücke	35,2
St. Columb's Point	37,3
Craigavon Brücke	39,1
Dunnalong	47,5
Saint Johnstown	50,4
Gribben	52,0
Mongavlin Lower	53,8
Swilly Burn	55,6
Einfahrt zum Strabane Canal (nicht restauriert)	56,5
Erste Brücke	57,9
Zweite Brücke	59,2
Dritte Brücke	60,1
Strabane	63,0

Lough Neagh

Lough Neagh ist eher ein Binnenmeer als ein See. Mit einer Oberfläche von mehr als 380 km² und nur wenigen Inseln ist es die größte offene Wasserfläche auf den Britischen Inseln. Auf Karten sieht der See fast rechteckig aus. Der Lough Neagh ist etwa 30 km lang und 15 km breit. Sein Hinterland ist flach, deshalb ist es praktisch unmöglich, die Gegenküste zu sehen.

Der See wird immer noch kommerziell genutzt, vornehmlich für den Aalfang und die Gewinnung von Sand. Der Aalfang wird von einer Kooperative mit Sitz in Toome betrieben. Das meiste, was die etwa 200 Fischerboote fangen, geht in den Export. Der Sand wird von den flachen Bänken zumeist an der

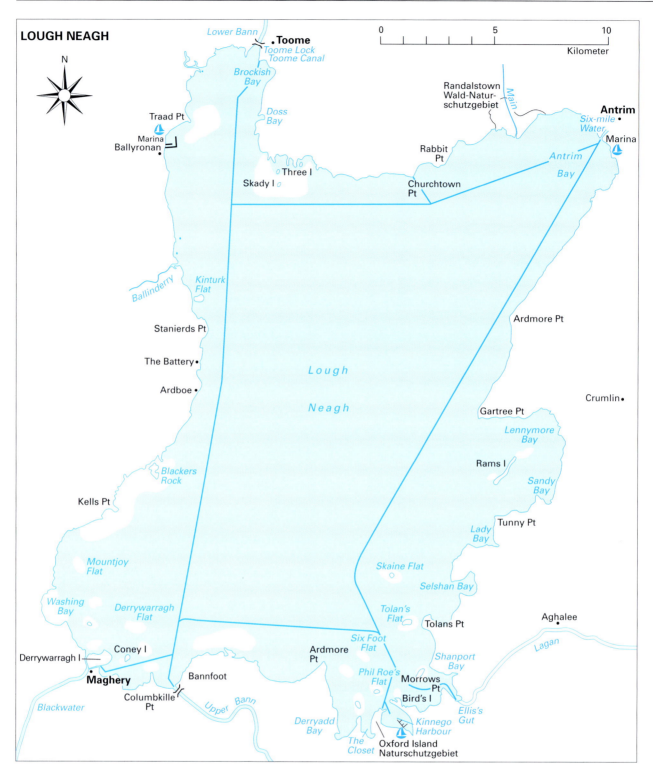

LOUGH NEAGH

N

0   5   10
Kilometer

Lower Bann
Toome
Toome Lock
Toome Canal
Brockish Bay
Doss Bay
Randalstown Wald-Natur-schutzgebiet
Main
Antrim
Six-mile Water
Traad Pt
Marina
Ballyronan
Marina
Rabbit Pt
Antrim Bay
Three I
Skady I
Churchtown Pt
Ballinderry
Kinturk Flat
Stanierds Pt
Ardmore Pt
The Battery
Lough
Ardboe
Crumlin
Gartree Pt
Neagh
Lennymore Bay
Rams I
Blackers Rock
Sandy Bay
Kells Pt
Tunny Pt
Lady Bay
Mountjoy Flat
Skaine Flat
Washing Bay
Derrywarragh Flat
Selshan Bay
Aghalee
Tolan's Flat
Tolans Pt
Coney I
Six Foot Flat
Lagan
Derrywarragh I
Ardmore Pt
Shanport Bay
Maghery
Bannfoot
Phil Roe's Flat
Morrows Pt
Columbkille Pt
Bird's I
Ellis's Gut
Blackwater
Upper Bann
Derryadd Bay
Kinnego Harbour
The Closet
Oxford Island Naturschutzgebiet

Westseite vor der Mündung des Ballinderry River gebaggert und in ganz Nordirland als Baustoff verwandt. 14 große Binnenschiffe mit einem Fassungsvermögen zwischen 250 und 300 Tonnen holen zwei- und gelegentlich dreimal pro Tag ihre Ladung.

Lough Neagh ist ein sehr wichtiges Biotop und als Area of Special Scientific Interest (ASSI) klassifiziert. Entlang der Ufer gibt es mehrere Naturreservate; der ganze See ist ein Winterquartier für Zugvögel. Neagh ist nach der Ramsar-Konvention von 1971 als Feuchtgebiet von internationaler Bedeutung definiert und ein besonderes Vogelschutzgebiet nach den EU-Richtlinien. Durch die Kontrolle des Phosphatgehaltes werden Verschmutzungen sehr früh entdeckt und scharf verfolgt.

In den 1990er-Jahren waren die umliegenden Gemeinden sehr an einer Entwicklung des Sees als Erholungsgebiet interessiert. Das Lough Neagh Advisory Committee gab im Jahr 1997 eine Studie dazu in Auftrag, die von Scott Wilson Resource Consultants zusammen mit Mentor erstellt wurde. Der Bericht enthielt Vorschläge für eine tragfähige touristische Entwicklung rund um den See. Im Jahr darauf bat die Rivers Agency, die für die Wasserwege zuständige Abteilung im Landwirtschaftsministerium, die Ingenieurfirma Fergus McIlveen und die Konsultingfirma Price Waterhouse Coopers um eine Machbarkeitsstudie zur Restaurierung des Ulster-Kanals unter Berücksichtigung der ökonomischen Auswirkungen, der den Lough Neagh wieder mit dem übrigen irischen Kanalsystem verbinden würde. 1999 analysierte die Annett Countryside Consultancy Lough Neagh als den Angelpunkt der Wasserwege von Ulster. Seit der Gründung von Waterways Ireland nach dem British Irish Agreement Act 1999 wurde die Ulster Canal-Studie auf den neuesten Stand gebracht und findet viel Beifall, obwohl es noch keine offizielle Stellungnahme gibt.

Der Lough Neagh ist mit zumeist 12 m Tiefe relativ flach, die tiefste Stelle hat 30 m. Das Wasser von fast halb Nordirland fließt in den See, sechs größere Flüsse münden hier. Der einzige Abfluss zur See ist der Lower Bann. Der Fluss ist 60 km lang und durch seine fünf Schleusen auf ganzer Länge schiffbar. Deshalb können Boote von passender Größe den Lough Neagh von See aus erreichen.

Vor etwa 150 Jahren war der Lough Neagh Dreh- und Angelpunkt der nordirischen Wasserwege. Außer über den Lower Bann konnten Schiffe über den Newry-Kanal und den Upper Bann hierher gelangen. Alternativ konnte man über den Lagan nach Belfast fahren. Von der Südwestecke gab es über den River Blackwater und den Ulster Canal eine Verbindung zum Lough Erne und von dort zum Shannon. Leider ließ das begrenzte Ladungsaufkommen die Visionen der Männer, die das Kanalsystem planten und bauten, nicht vollständig Wirklichkeit werden, besonders als sich seit Mitte des 19. Jahrhunderts die Eisenbahn als überlegener Konkurrent durchsetzte.

Die heutigen Pläne orientieren sich weit mehr an zeitgenössischen Urlaubsaktivitäten als an einer kommerziellen Binnenschifffahrt und akzeptieren zugleich die Bedeutung des Aalfangs und des Bausandes. Der Judith Annett Report betonte die Priorität von mehr Anlegemöglichkeiten rund um den See samt der dazugehörigen Fazilitäten für Freizeitkreuzer. Die River Bann and Lough Neagh Association sind dabei, einen Führer für den Lower Bann und Lough Neagh herauszubringen, der mehr Skipper zum Besuch des Sees ermutigen soll. Als Folge eines tragischen Unfalls im Jahre 1989 wurde ein Rettungsdienst aufgebaut, der nun über zwei Rettungsboote und Freiwillige verfügt, die den See überwachen. Die Coastguard nutzt dazu UKW-Sprechfunk genauso wie für die See.

Seit Ende der 1960er-Jahre verkehrte im Sommer die

Sehenswürdigkeiten

Der Lough Neagh hat eine Uferlänge von 125 km und berührt fünf Counties in Nordirland. Es gibt viel zu entdecken.

Antrim – Für Gartenfreunde ist ein Besuch im Park des Castles in der Randalstown Road empfehlenswert. Er wurde im strengen anglo-holländischen Stil des 17. Jahrhunderts restauriert und besitzt einige spektakuläre Wasserspiele.

Die früheren Stallungen, Clotworthy House, sind nun ein Kunstzentrum.

Moneymore – 10 km von der Ballyronan Marina liegt Springhill in Moneymore, Eigentum des National Trust. Seit der Ansiedlungszeit haben hier zehn Generationen einer Familie gelebt. Möblierung und die Bibliothek, ein Kostümmuseum und der traditionelle Park mit Traueresschen sind sehenswert. Zwischen ummauerten Gärtchen sind die Wege von Wacholderbüschen umrahmt.

Am Seeufer – Landschaft, Fauna und Flora sind die Attraktion von Lough Neagh. Bei Oxford Island an der Südküste liegt nahe der Marina von Kinnego das Lough Neagh Discovery Centre und Naturreservat. An der Nordküste befindet sich das Naturreservat Randalstown Forest, das vom River Main durchschnitten wird.

Etwas westlich hinter Rabbit Point liegt der Anleger der Cranfield Bay mit einem Pub. Außerdem gibt es hier eine Kirche und einen heiligen Brunnen.

Etwa in der Mitte der Westküste steht das Ardboe-Hochkreuz. Es ist mit seinen erkennbaren 22 Reliefs zur biblischen Geschichte sehr gut erhalten und stammt aus dem 10. Jahrhundert.

Der Uferwanderweg rund um den See ist 192 km lang und Ostern 2002 eröffnet worden. Er führt über kleine Straßen und Wege und berührt an vielen Stellen den See direkt. Die neuesten Informationen dazu findet man im Internet unter www.sustrans.org.uk.

Coney Island vor der Südwestküste ist ein faszinierendes bewaldetes Tierschutzgebiet. Die Insel gehört dem National Trust und wird vom Craigavon District Council betreut. Peter McClelland lebt als Wart auf der Insel, die auch einen Anleger hat. Man kann mit Peter aber auch eine Besichtigung vom Slip in Maghery aus vereinbaren, Tel. 028 3832 2205. Coney Island hat seit prähistorischen Zeiten eine interessante Besiedelungsgeschichte; heute machen die Vögel das Faszinosum der Insel aus.

Maid of Antrim zu Ausflugsfahrten mit Touristen auf dem See. Der neue Eigner will diesen Dienst wieder aufnehmen. Ein kleines Boot, *The Master McGrath*, kann beim Council von Craigavon samt Skipper für Fahrten mit bis zu 12 Personen gemietet werden. Ansonsten besteht keine Möglichkeit, Schiffe zu chartern. Aber dies wird sich mit der weiteren Entwicklung sicher ändern. Man kann auf dem See windsurfen oder Wasserski fahren oder mit dem eigenen Trailerboot seine Entdeckungen machen.

Die Zukunft vom Lough Neagh als Zentrum der nordirischen Wasserwege kann nur in hellem Licht strahlen, und es wird auf der ganzen Welt keinen Landstrich geben, der ein vergleichbares Potenzial für ein derartig wunderbares Netz von Wasserwegen bietet wie die irische Insel.

Touren am Upper Bann und River Blackwater

Obwohl die Kanalverbindungen vom Lough Neagh zum Carlingford Lough bzw. zum Lough Erne noch nicht durchgehend befahrbar sind, kann man die unteren Bereiche des Upper Bann hinab- sowie ein Stück den River Blackwater hinauffahren. In beiden Fällen sollte man sich ortskundiger Hilfe bedienen. Wie fast überall ist die Bootsgemeinde rund um den See freundlich und hilfsbereit.

Die Einfahrt in den Upper Bann ist sehr flach. Es gibt keine Fahrwassermarkierungen, und deshalb braucht man Ortskundige als Lotsen. Nach weniger als einem halben Kilometer kommen die Anleger der alten Fähre. Man kann für kurze Zeit festmachen, wenn man nach Charlestown am Ostufer oder nach Columbkille am Westufer gehen will. Nach etwa 10 km gelangt man zur Brücke der Autobahn M1, die eine Durchfahrtshöhe von mehr als 3 m aufweist, wenn der See einen Pegelstand von 12,5 m anzeigt. Die Windstärke und -richtung haben einen beträchtlichen Einfluss auf den Wasserstand des Sees: Ein starker Nordwind wird hier das Wasser des Sees nach Süden drücken und so die Durchfahrten von Brücken eventuell problematischer machen.

Hinter der M1 fährt man 5 km durch eine gefällige, von Landwirtschaft geprägte Gegend, bevor man den Shillington Quay in Portadown erreicht. Leider beträgt an diesem Kai und einem Anleger einen Kilometer weiter der Tiefgang nur etwa 0,6 m. Von beiden Plätzen könnte man Portadown einen Besuch abstatten, wenn man denn anlegen kann. Die drei Straßenbrücken in der Stadt sind alle höher als die Autobahnbrücke. Der Upper Bann ist bis etwa 1 km oberhalb Point of Whitecoat schiffbar. Hier münden der Cusher River, der Newry Canal und der Bann ineinander.

Nordwestlich der Einfahrt zum Upper Bann und von Columbkille Point liegt Coney Island mit einem Kardinalzeichen S vor seiner Südspitze. Weiter westlich bewacht Derrywarragh Island die Mündung des River Blackwater. Südlich davon verläuft ein Fahrwasser, der Maghery Canal. Boote dürfen nicht breiter als 3,8 m sein, nicht höher als 1,9 m und einen Tiefgang von höchstens 1,2 m haben, wenn sie hier durchfahren wollen. Es gibt Pläne, die hiesige Brücke zu erhöhen. Am östlichen Ende des Marghery-Kanals befinden sich ein Anleger und ein Slip. Man kann hier auch Trinkwasser bunkern. Westlich von Derrywarragh Island gibt es einen weiteren Kanal zum River Blackwater. Er ist aber sehr verlandet, voller Treibgut und nicht bezeichnet, also allenfalls mit einem Ortskundigen zu bewältigen.

Hat man all diese Misshelligkeiten gleichwohl über-

Restaurants

Antrim – Vom Liegeplatz am Six Mile Water sind es 15 Minuten Fußweg zu einem großen Angebot an Restaurants. Im Bailiwick Pub gibt es Snacks in guter Qualität, das Back Shed hält es mit Pizza und Pasta italienisch. Auch im Maddens Pub gibt es Snacks, das Stables hat auch ein voll lizensiertes Restaurant.

Ballyronan – Vom Restaurant an der Marina hat man eine schöne Aussicht auf den See. Es ist jeden Tag außer montags von 12.00 bis 22.00 Uhr geöffnet.

Brockagh – Vom Castle Bay Restaurant hat man einen hervorragenden Blick auf den See. Es ist Montag und Dienstag geschlossen, ansonsten abends geöffnet und am Wochenende auch zur Lunchtime.

Kinnego Marina – 20 Gehminuten von der Marina liegen das Silverwood Hotel und der Embankment Pub. Das nahe gelegene Café im Oxford Island Discovery Centre bietet einen wunderbaren Blick auf den See. Man kann hier seinen Lunch nehmen, denn es schließt je nach Jahreszeit zwischen 16.30 und 18.00 Uhr.

Kinturk Quay – Für Dinner oder Lunch am Sonntag geht man 400 m vom Kai zum Cultural Centre. An anderen Wochentagen muss man unter Tel. 028 8673 6512 vorbestellen. Außerdem gibt es hier eine sehenswerte Ausstellung zum Aalfang und eine Bar mit viel Atmosphäre, in der häufig Musiker aus der Gegend spielen.

Toome – Nahe am Anleger bekommt man im O'Neill Arms Hotel alle Mahlzeiten. Im Ort gibt es ein chinesisches Lokal und einen Fish and Chips-Laden.

wunden, ist der River Blackwater 17 km bis nach Blackwatertown flussaufwärts zu befahren. Man passiert die Mündung des River Torrent und des Coalisland Canal, der gleichfalls zur Restaurierung ansteht. In seiner Einfahrt kann man am Ufer festmachen und geht etwa 15 Minuten bis zur ersten Schleuse. 1,5 km weiter den Blackwater hinauf muss man die niedrige Brücke der M1 passieren. Bei normalem Wasserstand des Lough Neagh (Pegelstand 12,5 m) hat sie eine Durchfahrtshöhe von 2,55 m. Bei entsprechendem Wind oder heftigem Regen kann diese Höhe auf nur noch für Frösche geeignete 20 cm schrumpfen. Danach folgt jedenfalls ein Anleger mit Slip, Picknickplatz und Toiletten, dann die Verner's Bridge.

Bis hier ist die Flusslandschaft flach und bietet schöne Aussichten. Ab jetzt werden die Ufer steiler und der Fluss eingeschlossener. Nach 0,5 km liegt The Argory am Ufer. Das Haus gehört dem National Trust und hat einen eigenen Anleger für Besucher.

Nach 2,5 km kommt die Verbindung zum Ulster Canal. Im Sommer ist der Zusammenfluss vor lauter Bäumen und Büschen kaum zu entdecken. Aber es lohnt sich, hier festzumachen und zur ersten Schleuse zu laufen. Das Schleusenwärterhaus wird noch bewohnt, und ein altes Trockendock ist zu sehen.

Vor der Charlemont Bridge gibt es am Westufer einen Anleger. Von hier aus kann man nach Charlemont oder Moy auf der anderen Seite aufbrechen. Der Blackwater wird nun enger. Der mittlere Bogen der Brücke hat eine Durchfahrtshöhe von 4 m und eine Wassertiefe von 2,2 m bei normalem Wasserstand.

Nach 4 km ist mit Blackwatertown das Ende der Fahrt erreicht. Der Anleger ist von den Winterfluten zumeist mit Sand und Schlamm verunreinigt. Man kann von hier zu Fuß Richtung Charlemont zur zweiten Schleuse des Ulster-Kanals gehen.

Behörden und Häfen Es gibt keine zentrale Schifffahrtsbehörde.

Für die Kinnego Marina ist Paddy Prunty zuständig, Tel. 028 3832 7573; für die Ballyronan Marina der Cookstown District Council, Tel. 028 8676 2205; für den Antrim Boat Club Steven Downes, Tel. 028 9446 2149.

Geschwindigkeitsbeschränkung Keine.

Slips Antrim, Battery, Ballyronan, Brockagh, Curran, Emerson's Quay, Gawley's Gate, Kinnego, Maghery, Toome.

Liegeplätze Antrim Boat Club, Ballyronan Marina, Battery, Brockagh, Coney Island, Cranfield, Curran, Emerson's Quay, Farr's Boatyard and Marina, Gawley's Gate, Kinnego Marina, Maghery, Oxford Island, Toome, Upper Bann nur für sehr flache Boote zugänglich.

Service Direkt an den Anlegern gibt es derzeit keine Tankmöglichkeiten. Der Treibstoff kann zumeist in der Nähe gekauft werden und muss in Kanistern zum Boot gebracht werden. Lebensmittel gibt es in den nächstgelegenen Orten. Manche Anleger sind aber sehr abgelegen. Die Zahl der Pubs und Restaurants um den See nimmt mit der Entwicklung des Bootsbetriebes zu. Duschen, Toiletten und Waschmaschinen gibt es in Antrim, Ballyronan und Kinnego, Abpumpstationen nirgends. Derzeit ist der Lough Neagh eher für völlig selbstständige Crews attraktiv.

Reparaturen Waterline Marina in Kinnego.

Zufahrten Lower Bann, Upper Bann, River Blackwater, Lagan. Voll schiffbar ist derzeit nur der Lower Bann. Mit Ortskenntnissen kann man 17 km den River Blackwater hinauffahren. Die geplante Erhöhung der Brücke von Maghery zur Insel Derrywarragh wird die Zufahrt erleichtern. Wenn der Ulster Canal restauriert ist, werden die Boote von Shannon und Erne hier das Revier des Lough Neagh erreichen.

Ausrüstung Für den Lough Neagh muss ein Boot anders als auf den übrigen Wasserwegen seegängige Ausrüstung besitzen. Dazu gehören ein starker Anker, Festmacheleinen, Klampen, Kompass, Lot, Rettungsringe, Nebelhorn, Fernglas und Funk sowie Seenotrettungsmittel.

Bootsvereine Die River Bann and Lough Neagh Association ist jetzt eine Gruppe der Inland Waterways Association of Ireland. Die Freiwilligen arbeiten an der Erhaltung der wassersportlichen Schönheit des River Bann und des Lough Neagh. Ihre Website ist http://riverbannloughneagh.org/.

Fahrhinweise An einigen Liegeplätzen können starke Winde ein Problem werden. Die lange, offene Wasserfläche und die geringe Wassertiefe führen dazu, dass schnell kurze, steile Wellen entstehen können. Dies ist besonders bei Nordwind in der flachen Südwestecke an der Mündung des River Blackwater, bei Südwestwind in der Antrim Bay und bei Südostwind vor Ballyronan der Fall. Am besten sucht man in solchen Situationen das Luvufer auf. Die navigatorischen Kenntnisse sollten auf dem Niveau wirklicher Seefahrt sein. Fahrwassermarkierungen sind mit wenigen Bojen oder Seezeichen entlang der Hauptrouten eher selten und liegen zumeist nur dicht vor Einfahrten zu Liegeplätzen aus. Es gibt etliche Untiefen mit nur einem Meter Wasser darüber im See. Die meisten liegen aber vor den Flussmündungen. Die Sandbänke inmitten des Sees haben zwar einen ausreichenden Tiefgang für Boote, sind aber bei Sturm durch die Wellenbildung nicht ungefährlich.

Landkarten Ordnance Survey of Northern Ireland *Discoverer Series* Nos. 14, 19, 20.

Seekarten Die Admiralty Chart 2163 ist unverzichtbar, weil anders als auf den anderen großen Seen kaum Fahrwasser bezeichnet sind.

Führer Die River Bann and Lough Neagh Association gibt seit Ende 2002 einen Führer zu diesen beiden Gewässern heraus.

Routen Entfernungstabellen sind hier wenig sinnvoll, aber einige mögliche Hauptstrecken sind etwa die folgenden:

Entfernungstabelle	km
Toome am Lower Bann bis:	
Abfluss des Upper Bann	27,2
Mündung des River Blackwater	27,6
Antrim, Mündung des Six Mile River	21,0
Kinnego Harbour Marina	29,8
Ellis's Gut, Einfahrt zum Lagan Canal	29,4
Ballyronan Hafen	5,5

Antrim, Mündung des Six Mile River bis:

Abfluss des Upper Bann	30,2
Mündung des River Blackwater	31,6
Kinnego Harbour Marina	27,5
Ellis's Gut, Einfahrt zum Lagan Canal	27,6
Ballyronan Hafen	19,4

Kinnego Harbour Marina bis:

Abfluss des Upper Bann	13,8
Mündung des River Blackwater	17,1
Ellis's Gut, Einfahrt zum Lagan Canal	5,1
Ballyronan Hafen	27,4

Ballyronan Harbour bis:

Abfluss des Upper Bann	24,8
Mündung des River Blackwater	25,2
Ellis's Gut, Einfahrt zum Lagan Canal	27,6

Lough Swilly

Lough Swilly ist ein langer und spektakulärer Fjord, der sich fast 50 km lang durch das County Donegal bis nach Letterkenny zieht, wo der River Swilly mündet. Der Meeresarm stellt einen der besten natürlichen Häfen der Britischen Inseln dar und ist somit hervorragend für eine Erkundung vom Boot aus geeignet. Die Einfahrt liegt etwa sieben Seemeilen südwestlich von Malin Head, der nördlichsten Landspitze Irlands.

Die Öffnung zum Meer zwischen dem Leuchtturm auf dem flachen Fanad Head und dem steilen, 219 m hohen Dunaff Head auf der Ostseite ist etwa 7 km breit. Hat man die Einfahrt passiert, lässt man die grüne Tonne vor Swilly Rocks an Steuerbord, nachts warnt der rote Sektor des Fanad-Leuchtturms vor diesen Felsen. Gleich hinter Fanad Head ist die Pincher Bay ein kleiner, exponierter Ankerplatz, der aber nur bei sehr ruhigem Wetter angenehm, dafür aber

immer zugänglich ist. An der Ostküste gibt es unterhalb von Lenan Head ebenfalls eine kleine Bucht, die sich bei gutem Wetter anbietet. Wenn man dann weiter in den Lough hineingelaufen ist, eröffnet sich ein wunderschönes Segelrevier mit zahlreichen interessanten Ankerplätzen, ebenso geeignet für kleinere Motorboote.

Westsüdwestlich von Swilly More Rock liegt Doagh Beg. Dies ist ein reizender kleiner Hafen für kleine Boote, die trockenfallen können, obwohl es auch bei Ebbe gelegentlich Stellen mit 1 m Wassertiefe gibt. Man nähert sich von Norden und läuft südlich von Stook an Oure Head ein.

Die Portsalon Bay liegt etwa vier Seemeilen südlich von Fanad Head an der Westküste und ist bei westlichen Winden hervorragend geschützt. Die Bucht ist bei irischen Sportbooten äußerst beliebt und besonders wegen ihres spektakulär gelegenen Golfplatzes ein populärer Urlaubsort geworden. Die Bucht war früher einsamer, aber ein Vorteil des Urlauberlebens ist das größere Restaurantangebot an Land. Crum-

---

Sehenswürdigkeiten

Letterkenny – Mitte August findet hier ein beliebtes Folklorefestival mit Bands und Tänzern aus ganz Europa statt. Das Donegal County Museum in der High Road zeigt Historisches aus der Gegend und bietet Wechselausstellungen zu verschiedenen Themen.

Rathmullan – Im Heritage Centre gibt es eine interessante Dokumentation über die „Flucht der Grafen", die letzten gälischen Aristokraten, die 1607 nach Spanien flohen. Lough Swilly war der Schauplatz mancher Missetat, wie hier lebendig nachzuvollziehen ist. Red Hugh O'Donnell z. B. wurde 1587 zu einem Drink auf ein britisches Schiff eingeladen und flugs für sechs Jahre ins Dublin Castle verbracht.

Ramelton – Das Old Meeting House in der Back Lane ist Sitz des Donegal Genealogical Centre und wird besonders von Amerikanern auf der Suche nach ihren Vorfahren besucht.

Buncrana – Hier verbringen viele Familien aus Londonderry ihre Ferien bei allerlei Amüsements und auch am schönen Strand. Mitte Juli beim Musikfestival ist es noch voller als sonst schon.

Dunree Fort – Auf vorgeschobenem Posten südlich von Dunree Head wurde dieser Martello Tower in der napoleonischen Zeit gebaut und später zu einem veritablen Fort. Es ist heute Militärmuseum und demonstriert seine Geschichte audiovisuell.

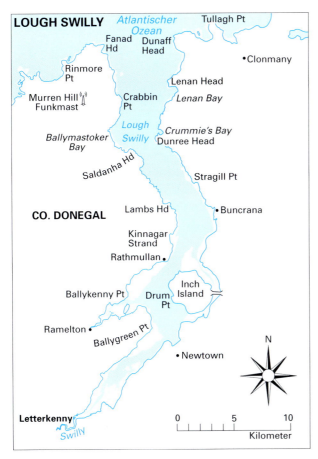

LOUGH SWILLY Atlantischer Ozean Tullagh Pt
Fanad Hd Dunaff Head
•Clonmany
Rinmore Pt
Lenan Head
Murren Hill Funkmast Crabbin Pt Lenan Bay
Lough Swilly Crummie's Bay
Ballymastoker Bay Dunree Head
Saldanha Hd Stragill Pt
CO. DONEGAL Lambs Hd •Buncrana
Kinnagar Strand
Rathmullan•
Inch Island
Ballykenny Pt Drum Pt
Ramelton• Ballygreen Pt
•Newtown
N
Letterkenny
Swilly
0 5 10
Kilometer

Lough Swilly

von bis	Entfernung
Letterkenny bis Fanad Head	48,2 km

---

mie's Bay nördlich des Dunree Head ist Wind und Wetter aus Westen ausgesetzt und zur Küste hin sehr flach. Südlich Dunree Head liegt Dunree Bay, in der viele Felsen lauern und man nicht nahe am Ufer ankern kann.

Drei Meilen hinter Portsalon an der Westküste öffnet sich die Scraggy Bay – ein gemütlicher Ankerplatz, der wenig angelaufen wird. Allerdings schränken Lachskäfige den Manövrierraum ein. Die Attraktion ist der Strand von Macamish ein paar Meilen hinter der Scraggy Bay. Man muss sehr auf die Strömung achten, besonders wenn man sich dem felsigen Macamish Point nähert. Diesen vorspringenden Finger kann man leicht an seinem runden Martello Tower ausmachen. Am besten ankert man gleich südlich des Turms.

Einige Meilen hinter Macamish Point folgt Buncrana. Diesen Ort besucht man am besten von Land aus, weil der Ankerplatz recht weit draußen liegt und wenig Schutz bietet. Südlich von Buncrana ist die Einfahrt in den Fahan Creek, einem friedlichen Seitenarm östlich der Insel Inch Island. Er ist recht flach,

aber mit einem geeigneten Boot reizvoll zu befahren und bietet guten Schutz für Boote mit einem Tiefgang bis zu 2 m, es sei denn es gibt Sturm aus Nordwest. Der örtliche Yachtclub hat für eine Betonnung des Fahrwassers gesorgt.

Gegenüber an der Westküste gibt es in Rathmullan eine recht große Pier und Anlegemöglichkeiten weiter nördlich. Besucher sind hier herzlich willkommen. Südlich der Pier gibt es noch Liegeplätze an einem komfortablen Ponton. In Rathmullan gibt es gute Läden, und mit dem Taxi oder Bus kommt man ganz einfach nach Letterkenny.

Südlich von Rathmullan verengt sich eine sandige Bucht langsam zum Ramelton Channel, der sich über die Ausläufer des Leannan River 6 km zum verschlafenen Örtchen Ramelton erstreckt. Hier gibt es einen Kai.

Im Fjord selbst kann man dem River Swilly bis nach Letterkenny folgen, an dessen Kai ab und zu ein kleines Küstenschiff liegen kann. Letterkenny ist eine betriebsame Stadt, die aber nichts von einer Hafenstadt hat. Die Fahrrinne in den Ort ist attraktiv, wird aber sehr eng mit trockenfallenden Schlammbänken links und rechts.

Die Landschaft um den Lough Swilly ist von der Landwirtschaft geprägt, wobei das Ostufer hügeliger ist. Neben der traditionellen Landwirtschaft entwickeln sich im Lough auch Lachsfarmen; es gibt derzeit zwei. Man sollte es unbedingt vermeiden, mit dem Boot den Käfigen zu nahe zu kommen.

Über die Jahrhunderte wurde der Lough Swilly von Kapitänen aus Marine und Handelsschifffahrt als strategischer Hafen genutzt. Die Wikinger waren auf diesem Weg mit ihren Schiffen weit ins Inland gelangt. Man kann auch noch die Überreste der Befes-

---

Restaurants

Letterkenny – Es gibt eine Vielzahl von Pubs und Restaurants in dieser größten Stadt Donegals. Pat's On The Square am Market Square ist familienfreundlich. Nero's in der Port Road ist etwas exquisiter.

Rathmullan – Das Water's Edge Restaurant liegt etwas außerhalb, lohnt aber den Fußweg unbedingt. In der Stadt gibt es im Pier Hotel ausgezeichneten Lachs, im Rathmullan House Hotel erstklassige Snacks.

Ramelton – Kaffee und Kuchen serviert das House on the Brae, Lunch und Dinner das Mirabeau Steak House.

Buncrana – Empfehlenswert bei dem vielfältigen Angebot sind zum Essen Dorrians oder das Ubiquitous, als Café McDaid's.

tigungen aus der Zeit sehen, als man eine Invasion Napoleons befürchtete. Im Ersten Weltkrieg lag hier die britische Flotte, um den Minen vor Schottland und den deutschen U-Booten vor Scapa Flow zu entgehen.

Behörden und Häfen Offene Schifffahrt. Keinerlei Beschränkungen.

Slips Fahan.

Zufahrten Keine Verbindung zu den Binnenwasserstraßen.

Fahrhinweise Ebbe und Flut mit ihren Strömungen sind sehr gemäßigt. An den Küsten gibt es etliche Felsen, die nicht alle über die Wasseroberfläche ragen oder markiert sind. Deshalb ist immer Vorsicht im Küstenbereich geboten. Im Fahan Creek gibt es Muschelbänke.

Landkarten Ordnance Survey of Ireland *Discovery Series* Nos. 2 und 6.

Seekarten Admiralty 2697; Imray C 53.

Führer Irish Cruising Club: *Sailing Directions for the East and North Coasts of Ireland*; Macmillan Reeds *Nautical Almanac*.

Entfernungstabelle	km
Port Bridge, Letterkenny bis:	
Letterkenny Kai	4,1
Big Isle (Ostküste)	7,5
Craigawherry (Ostküste)	11,2
Fort Stewart (Westküste)	15,3
Ballygreen Pt (Westküste)	16,1
Drumboy (Ostküste)	16,5
Ballylin Pt (Westküste)	17,0
Ballymoney (Ostküste)	18,5
Whale Head (Westküste)	20,3
Aughnish Isle (Ramelton Channel, Westküste)	20,4
Tirroddy Pt (Ramelton Channel, Westküste)	21,5
Ramelton (Ramelton Channel, Westküste)	24,9
Inch Island, Castle (Inch Island, Ostküste)	19,9
Drum Pt (Inch Island, Ostküste)	20,5
Farland Pt (Ostküste)	20,8
Hawks Nest (Inch Island, Ostküste)	21,8
Inch Fort (Inch Island, Ostküste)	23,5
Lackan Pt (Inch Island, Ostküste)	25,2
Fahan (Ostküste)	26,1
Moress Pt (Fahan Creek, Ostküste)	28,0
Cowan Rock (Westküste)	22,4
Portnamurry (Westküste)	23,5
Rathmullan (Westküste)	24,3
Killygarvan Pt (Westküste)	27,9
Macamish Pt (Westküste)	30,3

Entfernungstabelle	*km*
Buncrana (Ostküste)	30,6
Ned's Pt (Ostküste)	31,7
Port Mary Moss (Westküste)	32,1
Portbane (Westküste)	33,6
Scraggy Bay (Westküste)	35,1
Colpaghs Rocks (Ostküste)	35,9
Dunree Fort (Ostküste)	37,5
Saldanha Head (Westküste)	37,6
Crummie's Bay (Ostküste)	38,9
Portsalon (Westküste)	40,1
Dooanmore (Westküste)	40,9
Lehan Bay (Ostküste)	43,2
Lehan Head (Ostküste)	43,5
Dunaff Bay (Ostküste)	46,5
Portbane, Dunaff Head (Ostküste)	47,7
Leel Pt (Westküste)	43,3
Swilly More (Westküste)	44,7
Swilly Beg (Westküste)	45,0
Pincher Bay (Westküste)	48,1
Fanad Head (Westküste)	48,2

Newry Canal/Newry Ship Canal

Als Belfast noch kaum mehr als einen Kreuzungspunkt am Lagan darstellte, war Newry ein wichtiger irischer Hafen. Schon in der Mitte des 17. Jahrhunderts wurde zwischen Newry und dem Lough Neagh ein Kanal ins Auge gefasst, der die Bedeutung des Hafens verstärken sollte. Portadown war vom Lough Neagh über den Upper Bann erreichbar, und es lagen nur 32 km zwischen dem Bann und dem Clanrye River, der hinunter nach Newry führt. Diese kurze Strecke führt durch ein natürliches Tal zwischen den Hügeln der Counties Armagh und Down. Oberst Monk von der Armee Cromwells befahl die Anlage eines schiffbaren Grabens zwischen Portadown und Newry, aber es geschah nichts.

Am Beginn des 18. Jahrhunderts wurde durch Francis Nevil ein neuer Vorstoß unternommen. Er sah vor, diesen Kanal für 20 000 £ anzulegen. Obwohl das irische Unterhaus 1703 eine Kommission zur Vorbereitung des Gesetzes einsetzte, wurde auch diesmal nichts daraus. 1715 führte ein Gesetz etliche Flüsse auf, die schiffbar gemacht werden sollten. Aber nach dem spektakulären Fehlschlag des Liffey-Projektes fehlte jedes Vertrauen in solche Vorhaben.

Der Anstoß zum Baubeginn erfolgte letztlich, als man Kohle im County Tyrone gefunden hatte, die man von hier nach Dublin schaffen wollte. Viele Geschäftsleute glaubten, dass die eigene Kohle billiger sein würde als die Importkohle aus England. Der Bedarf Dublins stieg sprunghaft an und belief sich in den 1760er-Jahren auf 180 000 Tonnen jährlich. Mit der Gründung der Provinzkommissionen für Inland Navigation 1729 und deren Zugang zu Kapital wurde die Planung erneuert. Richard Castle, manchmal auch „Cassels", wurde der erste Ingenieur des Projektes und machte sich durch den Bau der ersten gemauerten Schleuse in Irland einen Namen.

Castle war ein hugenottischer Flüchtling, der nach der Aufhebung des Ediktes von Nantes und der Wiederherstellung der Religionsfreiheit Europa bereist hatte und sich in Irland niederließ. Er legte der Kommission einen Aufsatz vor, in dem er sein in Deutschland und den Niederlanden erworbenes Wissen um den Kanalbau ausbreitete. Nach dem Tod von Edward Pearce, dem er als Assistent gedient hatte, be-

gann er 1733 mit dem Bau des Newry Canal. Er wurde Ende 1736 entlassen und kehrte nach Dublin zurück, wo er weiter als Architekt arbeitete. Über die Ursachen seiner Entlassung ist nichts bekannt.

Bereits im Frühjahr 1736 hatte man den englischen Ingenieur Thomas Steers gebeten, eine Bestandsaufnahme zu machen und die Arbeiten zu übernehmen. Wie viele der ersten Kanalbauer war er an verschiedenen Projekten auf den Britischen Inseln beteiligt, so an den Docks von Liverpool und am Hafen von Ballycastle. Er hielt die Fertigstellung des Newry Canal offenbar in drei Jahren für machbar. Es dauerte allerdings noch fünf Jahre, in denen Steers viel Zeit in Irland verbringen musste. Einige zeitgenössische Berichte legen die Vermutung nahe, dass sein Assistent Gilbert die meiste Verantwortung trug, und Steers wurde wegen der mangelhaften Qualität seiner Arbeit kritisiert.

Der Kanal wurde im Frühjahr 1742 freigegeben. Unter großem Jubel und Fanfaren fuhr ein Schiff mit Kohle aus Tyrone nach Dublin. Der Fortgang des Transportes über den Newry Canal zeigt, dass die Kohleförderung in Tyrone nie die Erwartungen erfüllte. Es wurde mehr Kohle aus England über den Kanal nach Irland hinein transportiert als umgekehrt. Schon in den 1750er-Jahren zeigten sich Schäden am Kanal selbst und Mängel bei der notwendigen Zuführung von Wasser. Er wurde hauptsächlich aus dem Lough Shark auf der Scheitelhaltung gespeist. Weil sich dies als nicht ausreichend erwies, sollte zusätzlich Wasser aus dem Cusher River eingeleitet werden. Newrys Entwicklung als Hafen hing entscheidend vom Zustand des Zufahrtskanals vom Carlingford

---

Sehenswürdigkeiten

Newry – Die Stadt liegt strategisch am Clanrye River. Die Town Hall ist auf einer Brücke über den Fluss gebaut, was recht ungewöhnlich anmutet. Newry liegt teils im County Down und teils im County Armagh und soll an der Stelle entstanden sein, wo St. Patrick eine Eibe gepflanzt hat. Die nach ihm benannte Kirche ist vermutlich die älteste protestantische Kirche in Irland. Es gibt Ruinen eines Klosters, eine Abtei und ein Castle. Das Arts Centre in der Bank Parade widmet sich örtlichen Künstlern. Im benachbarten Museum steht der Tisch von Lord Nelsons Flaggschiff, der *Victory*.

Portadown – Der 3,5 km lange Fußweg auf dem Treidelpfad zur restaurierten Schleuse 14, der Moneypenny's Lock, lohnt sich. Benannt ist sie nach der Familie, die hier 80 Jahre den Schleusenwärter gestellt hat. Der Kanal und der River Bann sind bei Anglern sehr beliebt. Hier gibt es insbesondere Rotaugen.

Tandragee – 2,5 km westlich des Kanals an der A51 liegt die alte Stadt Tandragee am Ufer des Cusher River. Sie hatte immer schon und auch heute noch Getreidemühlen. Castles gab es hier aus allen Epochen, die heutige Festung ist allerdings nur hundert Jahre alt. Heute werden hier Kartoffelchips hergestellt. Die Führungen haben es in sich.

Restaurants

Newry – Im neuen Komplex des Merchants Quay nahe am Kanal ist man im Canal Court Hotel gut bedient. Solide bis kreativ ist auch Brass Monkey in der Sandy Street.

Portadown – Im Seagoe Hotel in der Upper Church Lane gibt es traditionelle irische Gerichte zu vernünftigen Preisen. Exotischer geht es bei Denachi Thai in der West Street zu, europäisch und thailändisch.

Newry Canal/Newry Ship Canal

Maximale Bootsgrößen						
von bis	Entfernung	Länge	Breite	Tiefgang	Durchfahrtshöhe	Schleusen
Warrenpoint bis Newry	10,3 km	67,3 m	15,5 m	4,4 m	unbegrenzt	1
Newry bis River Bann, Portadown	31,2 km	21	4,5 m	1,6 m	3,2 m	13

Lough ab. Es scheint, dass die Befassung mit der Verbindung zur See die gleichfalls erforderlichen Verbesserungen am Binnenabschnitt in den Hintergrund gedrängt hatte. In den 1760er-Jahren baute man einen weniger als drei Kilometer langen Kanal von Newry zu einer Seeschleuse bei Lower Fathom. Die Schleuse war 40 m lang, 6,7 m breit und konnte Schiffe bis zu 120 Tonnen fassen. Der neue Seekanal brachte Newry einen Aufschwung und machte die Stadt Ende der 1770er-Jahre zur viertgrößten Handelsstadt Irlands.

Der Newry Canal oberhalb Newry verfiel langsam weiter. Erst als Anfang des 19. Jahrhunderts die Directors General of Navigation ernannt worden waren, wurden einige Reparaturen ausgeführt. Die Schleusen waren aus Ziegeln gemauert, die sich aufzulösen begannen. Innerhalb von zehn Jahren wurden die Schleusen erneuert und erweitert und so für die Schiffe aus Tyrone zugänglich gemacht.

1829 wurde die private Newry Navigation Company gegründet und ihr der Newry Canal und der Seekanal übertragen. Eine Bedingung war, dass die Gesellschaft Verbesserungen am Seekanal vornehmen und den Hafen von Newry für größere Schiffe ausbauen sollte. In den folgenden Jahren wurde der Seekanal bis nach Warrenpoint ausgebaut und in Upper Fathom eine größere Schleuse errichtet. Die neue Victoria-Schleuse war 67 m lang und 15,2 m breit. Der Seekanal, nun Newry Ship Canal, hatte nun eine Länge von knapp 5 km und mündete in einem neuen Hafenbecken in Newry, dem Albert Basin. Newry war Hafen für viele verschiedene Waren aus der ganzen Welt wie Zucker aus Westindien, Wein aus Frankreich oder Holz aus dem Ostseeraum.

Der Newry Canal war der einzige Wasserweg in Nordirland, auf dem es einen regelmäßigen Passagierdienst gab. Der erste nahm 1813 für die Quäker als Alternative zur Postkutsche den Betrieb auf. Seit 1833 gab es von der Knock Bridge südlich von Portadown eine Linie zum Hafen von Newry, die eine Zeit lang sehr erfolgreich war. Die besten Jahre für den Güter- und Passagiertransport war die Boomzeit in der Mitte des Jahrhunderts. Die Kanalgesellschaft konnte allerdings wegen ihrer Investitionen und sonstigen Belastungen keine Dividende ausschütten.

Mit der Eröffnung der Bahnlinie von Belfast nach Dublin, die zwischen Portadown und Newry auch noch direkt neben dem Kanal entlangführte, begann der Niedergang. Der Seekanal blieb davon unberührt. Hier nahm der Verkehr noch zu, während auf dem Binnenkanal bald nur noch 40000 Tonnen befördert wurden und der Passagierverkehr kurz nach der Eröffnung der Bahnverbindung eingestellt wurde. Zu Beginn des 20. Jahrhunderts wurde die Newry Navigation Company aufgelöst. Eine öffentliche Körper-

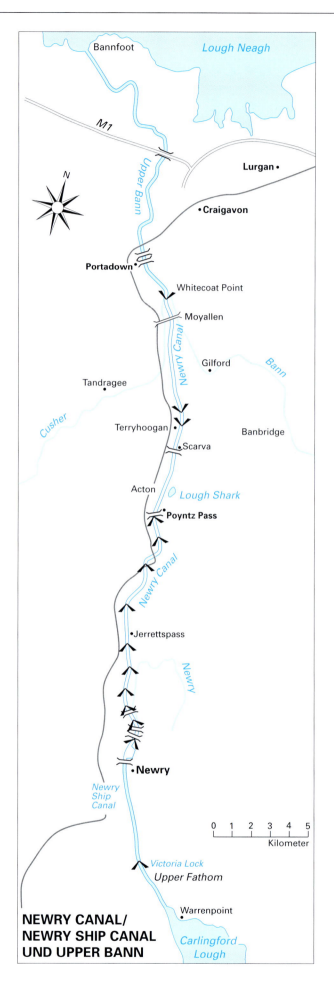

**NEWRY CANAL/
NEWRY SHIP CANAL
UND UPPER BANN**

schaft, der Newry Port and Harbour Trust, übernahm Hafen und Kanal.

Der Verkehr ging weiter zurück. Ein letzter Lastkahn fuhr 1936 durch den Kanal, eine Yacht war 1937 das definitiv letzte Schiff. Eine Erlaubnis zur Schließung wurde 1949 erteilt. Der Kanal diente nur noch Entwässerungszwecken. Seit den späten 1950er-Jahren war keine Fahrt vom Seekanal in den Binnenkanal mehr möglich, als die Drehbrücke der Dublin Road durch eine feste Brücke ersetzt wurde. Der Newry Ship Canal war bis in die 1960er-Jahre in Betrieb. Dann baute man Warrenpoint zum Hafen aus und schloss in den 1970er-Jahren auch den Seekanal.

Einer der ersten Vorschläge zur Restaurierung der nordirischen Wasserwege bezog sich auf den Newry Canal, aber bis heute ohne Erfolg. Es wurde zwar seit 1980 kalkuliert, und andere Pläne folgten. Im Herbst 1996 scheiterte eine Bitte um Unterstützung durch die Millennium-Lotterie. Das Newry Portadown Joint Development Committee verfolgt jedoch weiter Pläne zu einer Schiffbarmachung. Zwischenzeitlich hat der District Council von Craigavon Schleuse 14 (Moneypenny's Lock) restauriert, die nun als Anschauungsobjekt dient. In Scarva gibt es ein kleines Kanalmuseum, und die Seeschleuse und der Seekanal sind gleichfalls wiederhergestellt. Der Treidelpfad ist als Abschnitt des Ulster-Fernwanderweges und des nationalen Fahrradwegnetzes benutzbar.

Behörden Der Binnenkanal gehört den jeweiligen Distrikten, durch die er läuft: Craigavon Borough Council, Newry and Mourne District Council (auch für den Seekanal zuständig), Armagh City and District Council, Banbridge District Council.

Treidelpfad Zum größten Teil für Wanderer begehbar. Sustrans hat Abschnitte auch für Fahrräder hergerichtet.

Brücken 19 und einige provisorische. Die alten Drehbrücken in Newry sind alle durch feste Bauwerke ersetzt.

Scheitelhaltung 23,8 m zwischen Poyntz Pass und Terryhoogan.

Zufahrten Carlingford Lough, Upper Bann bei Portadown führt zum Lough Neagh.

Landkarten Ordnance Survey of Northern Ireland *Discoverer Series* Nos. 19, 20, 29.

Geschichte *The Canals of the North of Ireland* von W. A. McCutcheon und *Ireland's Inland Waterways* von Ruth Delany enthalten die außergewöhnliche Geschichte dieses Kanals.

Restaurierung Es liegen Machbarkeitsstudien über eine volle Wiederherstellung der Schiffbarkeit vor. Die örtlichen Behörden sind alle daran interessiert. Gegenwärtig verhindern die festen Brücken in Newry eine Verbindung vom Newry Ship Canal zum Newry Canal. Der Treidelpfad ist überwiegend zugänglich, in Teilen auch für Radfahrer. Kürzlich wurde Schleuse 14 restauriert.

Entfernungstabelle	km
Warrenpoint bis:	
Ferry Hill	2,4
Rough Island	3,6
Green Island	5,7
Newry	7,3
Dublin Straßenbrücke	10,3
Steenson Brücke	16,4
Jerrettspass	18,7
Dane's Castle	20,0
Gambles Brücke	22,2
Poyntz Pass	25,7
Lough Shark	26,7
Scarva	29,5
Terryhoogan Brücke	30,9
A51 Straßenbrücke	33,4
Knock Brücke	37,1
Verbindung zum River Bann	39,6
Portadown	41,5

River Nore

Der River Nore entspringt im County Tipperary und ist 133 km lang. Zunächst nimmt er eine nordöstliche Richtung, macht dann einen großen Bogen und setzt seinen Lauf nach Südwesten und anschließend nach Südosten fort. Er fließt an den Gärten von Abbeyleix vorbei, durch Ballyragget, Kilkenny und Bennetsbridge. Er passiert Jerpoint Abbey, Thomastown – benannt nach seinem normannischen Gründer Thomas Fritz Anthony aus dem 12. Jahrhundert – dann Inistioge und windet sich schließlich durch fruchtbares Farmland, bevor er sich mit dem River Barrow vereinigt. Nur die letzten 13 km von Inistioge bis zur Vereinigung mit dem Barrow oberhalb von New Ross sind schiffbar. Aber dies auch nur, wenn das Hoch-

---

Sehenswürdigkeiten

Inistioge – Bei der Annäherung an die Stadt sieht man am Westufer ein wundervoll bewaldetes Anwesen, Woodstock Park. Das Herrenhaus brannte im Bürgerkrieg ab, aber der Park mit Anlagen wie dem Monkey Puzzle Walk oder dem Silver Fir Walk ist immer noch einen Besuch wert. Nahe am Fluss steht ein Eiskeller aus dem 18. Jahrhundert. Man kann auch das Kloster der Augustiner aus dem 13. Jahrhundert besichtigen. Ein Turm ist Teil der heutigen Kirche.

wasser durch die Barrow-Mündung hoch genug aufläuft.

Über viele Jahrhunderte gab es hier immer wieder schwere Überflutungen. In Kilkenny wurde die Brücke etwa alle hundert Jahre fortgespült. Es gibt Quellen, die von schweren Verwüstungen und vielen Opfern 1447, 1564 und 1763 berichten. Bei einer Novemberflut in den späten 1780er-Jahren stieg der Fluss in Inistioge 1,5 m pro Stunde, nachdem er die Brücke in Thomastown mit sich gerissen hatte. Wegen eines Auffangbeckens in den Slieve Bloom Mountains und der schieren Länge des Flusses sowie der schnellen Veränderungen des Wasserstandes ist eine Verbesserung der Schiffbarkeit der Nore immer problematisch erschienen.

Der Fluss wurde schon zu Zeiten der Tudors als Transportweg benutzt. Im späten 16. Jahrhundert zahlte man einem gewissen Thomas Archer fitzWalter aus Kilkenny eine beträchtliche Summe dafür, die Nore zwischen Kilkenny und Dourrowe schiffbar zu machen. In dem berühmten Gesetz von 1715 war vorgesehen, den River Nore als Teil der Verbindung von Waterford nach Eyrecourt auszubauen. Aber wie bei den meisten hier genannten Vorhaben geschah nichts. Erst in den 1750er-Jahren begannen nach einer Petition von Geschäftsleuten aus Kilkenny einige Arbeiten.

Thomas Omer und William Ockenden waren beide mit dem Nore-Projekt befasst. Südlich Kilkenny wurden Schleusen und ein Kanal angelegt. Die Regierung hielt einen Teil des Geldes bis zur Fertigstellung zurück. Im März 1761 erschien in der örtlichen Zeitung, dem *Universal Advertiser*, ein Bericht über die Ankunft von Schiffen und Gütern aus Waterford. Aber es ging offenkundig nur darum, die ausstehenden Gelder fließen zu lassen.

Fast zehn Jahre später sollte ein Ausschuss des Unterhauses den Stand der Dinge begutachten. Einige Kanalabschnitte und Schleusen waren fertig, aber nicht miteinander verbunden. Die Schleusen waren 60 m lang und 6,4 m breit und damit viel größer als bei allen anderen Kanälen. Nach fünf Jahren gewährte die Regierung frisches Geld, aber am Ende des Jahrzehnts war der Kanal immer noch nicht fertig.

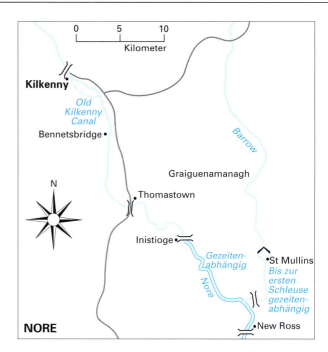

River Nore

von bis	*Entfernung*
River Barrow bis Inistioge	13 km

In den späten 1780er-Jahren wurden weitere Pläne geschmiedet. Eine Gruppe lokaler Größen unter Führung des Earl of Ormond reichte erneut eine Petition um Unterstützung mit dem Ziel ein, den Kanal als Gesellschaft zu betreiben – vergeblich. In den nächsten 20 Jahren gab es die verschiedensten Pläne unterschiedlicher Komplexität. Einige sahen einen Kanal zwischen Kilkenny und dem Barrow vor, andere wollten die Nore mit dem Grand Canal oder einem anderen Projekt im Norden verbinden. Keiner dieser Pläne wurde Wirklichkeit.

Im 19. Jahrhundert ließ man von all diesen Hoffnungen ab. Anfang des 20. Jahrhunderts schlug die Shuttleworth-Kommission einen Kanal parallel zum Fluss vor. Aber die Zeit des Kanalbaus war längst vorüber. So blieb der River Nore nur in seinem tideabhängigen Bereich zwischen der Einmündung in den Barrow und Inistioge schiffbar.

Obwohl diese Strecke recht kurz ist, lohnt sie sich allemal, wenn man die Gelegenheit dazu hat. Die ersten fünf Kilometer sind sehr offen mit Weideland auf beiden Ufern. Im Tal der Nore gibt es nur Landwirtschaft. Hier kann man zeitlose Ruhe und die Natur genießen. Allmählich werden die Ufer steiler und bewaldet, und der Fluss macht hier drei enge Biegungen.

Am Ostufer sieht man Burgruinen, bevor die Wälder des Woodstock Parks am Westufer aufsteigen. Hier mündet ein Bach. Die Fahrrinne verläuft nun am Ost-

Restaurants

Inistioge – In der Main Street bei The Motte kann man gut essen. Für einen Lunch oder den Nachmittagstee bietet sich das Old Schoolhouse Café an, das seinen Ruf dem Selbstgebackenen verdankt. Gegenüber vom Riverside Park liegt noch The Maltings Restaurant.

Der Barrow bei Bagenalstown (oben); Blick nach Norden auf die Schleuse Clashganna im Tal des Barrow (unten links); der Schleusenwärter der Lowtown-Schleuse am Grand Canal beim Schleusen eines Bootes.

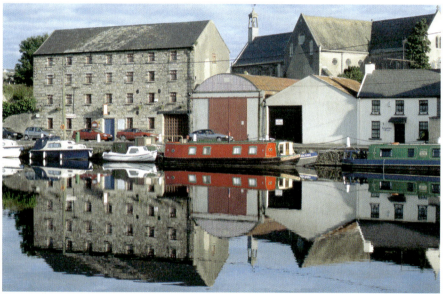

Leighlinbridge am Barrow (S. 82 oben); Hafenzeile in Graiguenamanagh (S. 82 Mitte); Wehr an der Zufahrt zur Schleuse Tinnahinch am Barrow (S. 82 unten).

Die Hubbrücke in Monasterevan an der Barrow Line des Grand Canal (Mitte oben).
Ein Aquädukt führt den Royal Canal über den Fluss Boyne (Mitte unten).
Romantisch: Schleuse der Circular Line (Ringfahrt) am Grand Canal in Dublin (S. 83 oben).
Das Grand Canal Company-Hotel in Robertstown (darunter).

Den hübschen Ort Richmond Harbour am Westende des Royal Canal kann man auch vom Shannon erreichen (S. 84 oben).
Das Wehr in Athlone am Shannon (S. 84 unten links).
Das Market House in Mullingar am Royal Canal ist heute ein Heimatmuseum (S. 84 unten rechts).

Die Steinbrücke in Carrick-on-Shannon wurde in den 1840er-Jahren gebaut (oben).
Bereiche am westlichen Ende des Royal Canal sind heute nicht mehr befahrbar (Mitte links).
Bei der Bergfahrt auf dem Shannon stehen diese Fahrwasserbezeichnungen rechts (Mitte rechts).
Rossmore am Lough Derg bietet ein ruhiges Plätzchen für eine Übernachtung (links).

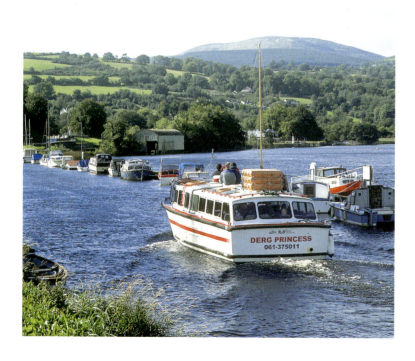

Im Unterwasser der ersten Schleuse am Lough Allen Canal wartet dieses Boot auf seine Schleusung (S. 86 oben links).
Sehr beliebt: eine Fahrt mit dem Ausflugsschiff auf dem alten Kanal bei Killaloe (S. 86 unten links).

Der Lecarrow Canal mündet am Westufer des Lough Ree (Mitte oben).
Zwischen Tarbert im County Kerry und Killimer im County Clare verkehrt über die Shannon-Mündung hinweg regelmäßig eine Autofähre (Mitte unten).

Im Hafen von Mountshannon am Lough Derg sind auch viele Segelyachten beheimatet (oben).
In Foynes an der Shannon-Mündung kann man an Schwimmstegen festmachen (darunter).

Die Weite des Reviers wird am Upper Lough Erne besonders deutlich (S. 88 oben).
Friedliche Morgenstimmung an der Schleuse Corraquill am Shannon–Erne Waterway (S. 88 Mitte).
Die Ruine des Crom Castle am Nordufer des Upper Lough Erne gehört dem National Trust (S. 88 unten links).
Das Fahrwasser des Erne ist mit solchen rot-weißen Tafeln auf Stangen bezeichnet (S. 88 unten rechts).

Der Anleger von Leitrim unmittelbar oberhalb der ersten Brücke über den Shannon–Erne Waterway (oben).
Symbolträchtig: das Logo des Shannon–Erne Waterway (Mitte rechts).
Die traditionellen Boote, die früher Frachten auf den Shannon–Erne Waterway transportierten, können heute für einen komfortablen Urlaubstörn gechartert werden (darunter).

Eindrucksvoll: Die Festung Watergate in Enniskillen an der Erne stammt aus dem 16. Jahrhundert (oben). Das Viadukt verbindet Inishmore mit dem Südufer des Upper Lough Erne (Mitte).
Volkssport: Auf den irischen Wasserwegen trifft man eigentlich überall auf Angler (links).

Der Lough Scur liegt in der Scheitelhaltung des Shannon–Erne Waterway (S. 91 oben).
Am Lough Erne findet man zahlreiche gastfreundliche Marinas (S. 91 unten).

Sanft geschwungene grüne Hügel umrahmen den Strangford Lough (oben);
in New Ross ist der Fluss Barrow nun sehr breit und gezeitenabhängig (unten).

Royal Canal

The Maltings Restaurant in Inistioge

ufer und umgeht einige kleine lang gezogene Inseln. Nach einer weiteren Ruine umrundet der Fluss Gowlaun Island nach Westen. Dann folgen auch schon das Hafenbecken und der Kai. Der Kai auf der Steuerbordseite fällt bei Ebbe trocken. Man kann aber im Becken ankern und auf dem Slip an Land gehen. Inistioge mit seiner alten Steinbrücke liegt gleich oberhalb der nächsten Kurve 10 Gehminuten entfernt.

Behörden Offene Schifffahrt ohne zuständige Stellen.

Treidelpfad Gibt es nicht. Bei Inistioge verläuft der South Leinster-Wanderweg ein Stück am Fluss.

Brücken Die Brücke in Inistioge ist aus dem 18. Jahrhundert und hat zehn Bögen.

Slips Inistioge.

Scheitelhaltung Tidenabhängiger Fluss.

Zufahrten River Barrow.

Fahrhinweise Der Springtidenhub kann 4–5 m betragen.

Landkarten Ordnance Survey of Ireland *Discovery Series* No. 68.

Führer Der *Guide to the River Barrow Navigation* von Dúchas enthält einen Plan bis kurz vor Inistioge und einige Hinweise.

Entfernungstabelle	km
Einmündung in den River Barrow bis:	
Woodstock Park	9,8
Harrybro Island	10,9
Gowlaun Island	12,1
Inistioge, Hafenbecken und Kai (Ende der Schiffbarkeit)	12,4
Inistioge Brücke	13,0

Tom Rolt schrieb 1968 im Vorwort zur Neuauflage von *Green and Silver*, dass ihm nicht klar gewesen sei, mit diesem Buch einen Nachruf auf den königlichen Kanal geschrieben zu haben. Wie sehr würde es ihm gefallen, dass er damit schließlich doch Unrecht hätte. Dank der Entschlossenheit von Dr. Ian Bath und einer Gruppe Gleichgesinnter hat die Royal Canal Amenity Group unermüdlich an der Wiederherstellung des Wasserweges gearbeitet. Nun gibt es wieder Hoffnung, Tom Rolts schon fast legendäre Rundtour wiederholen zu können. Und es wird sehr viel bequemer sein, als es für Rolt mit der gecharterten *Le Coq* 1946 war. 1961 wurde der Kanal offiziell geschlossen. Das letzte Boot, das ihn befuhr, war 1955 die *Hark*. An Bord waren der Besitzer Douglas Heard, seine Frau Betty, die Kanalhistoriker Vincent und Ruth Delany sowie Rory und Barbara O'Hanlon. Der Royal Canal war immer so etwas wie der kleine Bruder des Grand Canal – er hinkte hinterher und stand im Schatten des älteren. Es wird allgemein so gesehen, dass er als Ergebnis einer Auseinandersetzung im Board des Grand Canal zustande kam. Einer der Direktoren – man weiß bis heute nicht genau, wer – hatte in einem Streit zornig gesagt, er würde einen anderen Kanal bauen. Die beiden Hauptakteure bei der Gründung der Royal Canal Company Ende der 1780er-Jahre scheinen William Cope und John Binns gewesen zu sein, die beide zur gleichen Zeit Direktoren beim Grand Canal waren. Auch ein John Hatch wird als Urheber des Konkurrenzprojektes genannt. Diese nördlichere Verbindung zwischen Dublin und dem Shannon war eine Variante, die von den Commissioners of Inland Navigation 1755 erwogen wurde. Man entschied sich für die Trasse des Grand Canal, aber schon 1785 kam die Alternative wieder in die Diskussion. 1789 wurde dem Parlament der Plan vorgelegt, einen Kanal zwischen Dublin und Tarmonbarry am Shannon zu bauen. Überraschend schnell wurde der Plan angenommen und die Kanalgesellschaft schon im Oktober gegründet.

Die Grand Canal-Gesellschaft schlug vor, aus Dublin heraus einen gemeinsamen Kanal zu bauen. Der Royal Canal sollte dann später nach Norden abzweigen und der Grand Canal weiter nach Shannon Harbour führen. Dies hätte die Baukosten reduziert und Konkurrenz um das Frachtaufkommen im Umfeld Dublins verhindert. Es gibt Hinweise, dass die Kanalgesellschaft des Royal sich damit nie ernsthaft befasst hat, vermutlich weil John Binns intervenierte. Die Arbeiten am Royal Canal begannen 1790, möglicherweise ohne genaue Vermessungen zu diesem Zeitpunkt. Die Gründungsakte hatte festgelegt, dass der Royal ab 22,4 km (14 Meilen) außerhalb Dublins

Vom Shannon auf dem Weg zum Richmond Harbour

Auch Anglern soll Guinness Saft und Kraft geben ...

nicht näher als 6,4 km (4 Meilen) am Grand Canal verlaufen dürfe. Es gab fortwährend finanzielle und bautechnische Probleme. 1801 wurde Geld unter der Bedingung bewilligt, den Kanal bis Mullingar und die Docks am Liffey ohne weitere Nachforderungen fertig zu stellen.

Auf den ersten fertigen Abschnitten wurden von und nach Dublin Güter transportiert. Aber die Gebühren waren nur ein Tropfen auf den heißen Stein. Mit der Zahlung von 1801 war die Forderung verbunden, die Gebühren auf den schiffbaren Abschnitten zu senken, was die Einnahmen auch nicht erhöhte. 1810 hatte sich der Güter- und Passagierverkehr beträchtlich entwickelt, aber die Einnahmen reichten nicht, um die Zinsen zu bedienen und weitere Investitionen zu tätigen.

1810 stoppten die Arbeiten wieder einmal, weil die Grand Canal Company Einwände gegen eine geplante Abweichung von der ursprünglichen Route erhob. Daraufhin befasste sich das Parlament mit den Problemen und beauftragte 1811 ein Komitee, die Kanalgesellschaft genauer unter die Lupe zu nehmen. 1813 wurde die Royal Canal Company aufgelöst und die Aufgabe der Fertigstellung den Directors General of Inland Navigation übertragen.

1817 war der Shannon in Richmond Harbour erreicht. Der Ort wurde nach dem Vizekönig von Irland benannt. 1818 autorisierte man die New Royal Canal Company mit der Führung der Geschäfte. Die Baukosten wurden von der Regierung abgeschrieben. Die neue Gesellschaft konnte so Profit machen und ab Mitte der 1820er-Jahre zwanzig Jahre lang Dividenden ausschütten.

In den 1820er-Jahren erwog man den Bau von Zweigkanälen nach Longford und Roscommon. Die Kanalgesellschaft beantragte beim Vizekönig von Irland

Mittel aus seinem Fond zur Unterstützung öffentlicher Arbeiten. Nach endlosen Diskussionen erhielt man Geld zu sehr viel ungünstigeren Bedingungen als die Grand Canal Company für ihre Zweigkanäle von Mountmellick und Kilbeggan. Schließlich entschied man sich, den Zweigkanal von Longford auf eigene Kosten zu bauen und beauftragte 1827 John McMahon damit.

McMahon hatte Insiderinformationen über die Angebote der Konkurrenz und konnte sie so knapp unterbieten. Aber es war wohl höhere Gerechtigkeit, dass sich die Arbeiten als schwieriger und teurer erwiesen, als er kalkuliert hatte. Er war nicht wie vereinbart im November 1828 fertig, sondern erst ein Jahr später. Sein Verlust betrug 2500 £. Die Kanalgesellschaft übernahm davon die Hälfte.

Von 1835 an sah der Kanal etwa 50 Jahre lang gute Zeiten. Zwischen 75 000 und 95 000 Tonnen Fracht wurden pro Jahr verschifft. Allerdings war dies im Vergleich zum Grand Canal recht armselig, der in dieser Zeit ein Aufkommen bis zu 220 000 und einige Jahre lang über 300 000 Tonnen hatte. Die Güter waren zumeist Produkte der Landwirtschaft wie Kartoffeln, Vieh, Getreide und Torf sowie Baumaterial nach Dublin und Kohle bzw. allgemeine Handelswaren aus Dublin hinaus. Auch in den besten Jahren gab es wenig Fracht durchgehend von Tarmonbarry nach Dublin. Nur wenige Güter aus dem Norden des Shannongebietes fanden ihren Weg über den Royal Canal. Eines der stärksten Argumente für den Bau des Kanals war die Kohle in den Minen von Arigna westlich vom Lough Allen, die auf diesem Weg nach Dublin gelangen sollte. Das Hauptproblem bestand jedoch darin, die Kohle vom Lough Allen nach Tarmonbarry zu schaffen. Der obere Shannon war außer zu Überschwemmungszeiten kaum schiffbar. Auch als der

Lough Allen Canal gebaut worden war, mussten die Kähne an verschiedenen Stellen geleichtert werden. Eine volle Ladung von 25 oder 30 Tonnen war häufig auf ein Viertel reduziert, wenn der Kahn den Royal Canal erreicht hatte. Außerdem war die Qualität der Arigna-Kohle schlechter als die der englischen Importkohle, und so wurde mehr Kohle aus Dublin ins Landesinnere verschifft als von Lough Allen nach Dublin.

Der Passagierverkehr lief eine Zeit gut. Die Reisen waren kürzer als vergleichbare Strecken mit der Kutsche. Zur besten Zeit verkehrten zehn Passagierschiffe zwischen Richmond Harbour und Dublin. In den 1820er-Jahren registrierte man am Kanal 40 000 Passagiere pro Jahr. Man baute wie am Grand Canal Hotels, eines im Broadstone Harbour in Dublin und eines in Moyvalley auf halbem Weg zwischen Dublin und Mullingar. Aber dieses Geschäft lag bald danieder, und die Hotels wurden anderweitig genutzt.

Als sich in den 1840er-Jahren die Lage auf dem Land dramatisch verschlechterte, waren die meisten Passagiere nach Dublin Auswanderer auf dem Weg zu neuen Ufern. Es gab viele Zwischenfälle mit überladenen Booten, Angriffen auf die Mannschaften und Unfälle, wenn sich Menschenmassen zur Verabschiedung versammelt hatten. Manchmal fuhren Polizisten mit, um zu verhindern, dass Angehörige oder Freunde die Emigranten umsonst begleiteten.

Um den Passagierverkehr zu beleben, schloss die Ka-nalgesellschaft Verträge mit Kutschenunternehmern, die Passagiere an bestimmte Punkte des Kanals befördern sollten. In manchen Jahren wurde sogar ein Vorschuss bezahlt. Die Strecken wurden zwischen den Kutschern ausgehandelt. Für die Passagiere gab es ein Kopfgeld, bei manchen Routen 2 $\frac{1}{2}$ Pence. Das war bei 80 oder 90 Passagieren im Monat ein lohnendes Geschäft. Der Preis von Dublin nach Richmond Harbour betrug 1819 13 Shilling 2 $\frac{1}{2}$ Pence in der „State" genannten ersten Klasse und 7 Shilling 3 $\frac{1}{2}$ Pence in einer gewöhnlichen Kabine. Während der 1830er-Jahre ging das Passagieraufkommen zurück, weil sich die Straßenverhältnisse für die Kutschen verbesserten und dann die Konkurrenz der Eisenbahn dazukam.

Überfälle auf die Boote und vorsätzlich herbeigeführte Dammbrüche machten der Kanalgesellschaft in den 1830er- und 1840er-Jahren Probleme. Handelsschiffe fuhren häufig unter Polizeischutz im Konvoi. Während der großen Hungersnot war die Not der Landbevölkerung so groß, dass Boote mit Lebensmitteln stets in Gefahr waren, geplündert zu werden.

Die ersten Planungen für die Eisenbahn gab es in Irland in den 1820er-Jahren. Eine Linie von Dublin nach Kingstown, heute der Fährhafen Dun Laoghaire, wurde 1825 im Parlament diskutiert. 1844 machte die neue Midland and Great Western Railway Company der Royal Canal Company ein Übernah-

---

Sehenswürdigkeiten

Dublin – In der Hauptstadt gibt es ein großes Angebot an Museen, Galerien, Läden und Restaurants. Das Touristenbüro hält alle aktuellen Informationen und Karten bereit.

Westlich der Stadt lohnt das St. Patrick's College in Maynooth einen Besuch. Ein paar Kilometer den Kanal entlang haben die Larchill Arcadian Gardens bei Kilcock im Sommer geöffnet. Die Anlage ist ein Mini-Versailles mit allerlei Einrichtungen und auch seltenen Haustierrassen.

Kilcock – Hier gibt es immer im September etwas ganz Besonderes zu sehen: die Irish International Canoe Polo Open. Die Zuschauer können vom Kanalufer bis zu vier Matches gleichzeitig verfolgen. Man hat sogar den Kai abgesenkt, damit die Spieler leichter in ihre Kajaks steigen können.

Mullingar – Das Market House Museum bietet einen farbigen Blick auf das Leben in den irischen Midlands, das Military Museum in den Columb Barracks hat Exponate von den Weltkriegen bis zu Uniformen und Waffen der frühen IRA. Historische Hintergründe zu den „Irish Troubles" sind für die meisten Besucher des Landes hilfreich, weil die Geschichte immer vielschichtiger ist, als es gerade in der Zeitung stand.

Abbeyshrule – Für Freunde der Dichtkunst mag es von Interesse sein, dass Oliver Goldsmith 3 km von hier südlich des River Inny 1728 in Pallas geboren wurde. Vielleicht am bekanntesten ist sein einziger Roman *The Vicar of Wakefield* (dt.: Der Dorfprediger von Wakefield, 1767), der in England als Jugendbuch geschätzt wird. Leider ist in seinem Geburtshaus nicht viel zu sehen.

Longford – 5 km entfernt liegt Carriglass Manor. Hier haben die Lefroys, Nachkommen hugenottischer Einwanderer, seit 1830 ihren Familiensitz. Im Sommer ist das Anwesen für Besucher geöffnet. Im Stallgebäude, das James Gandon entworfen hat, der auch für das mächtige Custom House in Dublin verantwortlich zeichnet, befindet sich ein Kostümmuseum.

Ein wenig östlich liegt Edgeworthstown, wo die Schriftstellerin Maria Edgeworth 1849 starb. Sie hat ein berühmtes Buch über das anglo-irische Leben, *Castle Rackrent*, geschrieben.

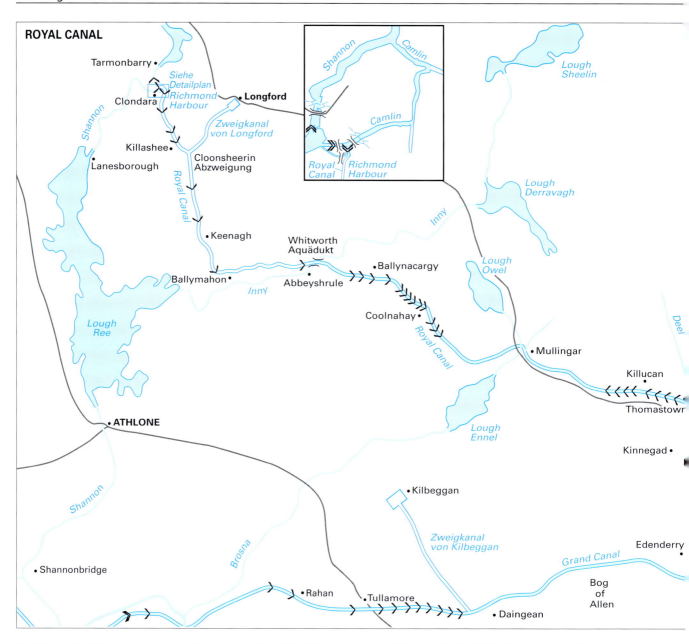

Royal Canal

Maximale Bootsgrößen						
von bis	Entfernung	Länge	Breite	Tiefgang	Durchfahrtshöhe	Schleusen
Spencer Dock, Dublin bis Richmond Harbour, Clondara, Co. Longford	145,6 km	22,9 m	4,0 m	1,4 m	3,1 m	46

meangebot. Obwohl die Kanalgesellschaft noch profitabel war, akzeptierte man angesichts der unsicheren Lage. Die Regierung stimmte dem Kauf zu. Die Eisenbahngesellschaft wollte eine Verbindung nach Mullingar, Athlone sowie Galway bauen und mit dem Kauf der Kanaltrasse langwierige und teure Verhandlungen mit Grundbesitzern vermeiden. Die Bahnlinie lief bis Mullingar am Kanal entlang und ist heute noch in Betrieb.

Obwohl die Bahn die Verpflichtung übernommen hatte, den Royal Canal schiffbar zu halten und sie auch durch Reduzierung der Kanalgebühren versuchte, mehr Verkehr auf den Wasserweg zu bringen, begann der Niedergang. Sie hatte auch kein wirkliches Interesse daran, sich selbst Konkurrenz zu machen. Gleichzeitig breitete sich die Hungersnot aus. Es gab immer mehr Zwischenfälle mit geplünderten Booten, auf denen nun Soldaten mitfuhren. Die Eisenbahn

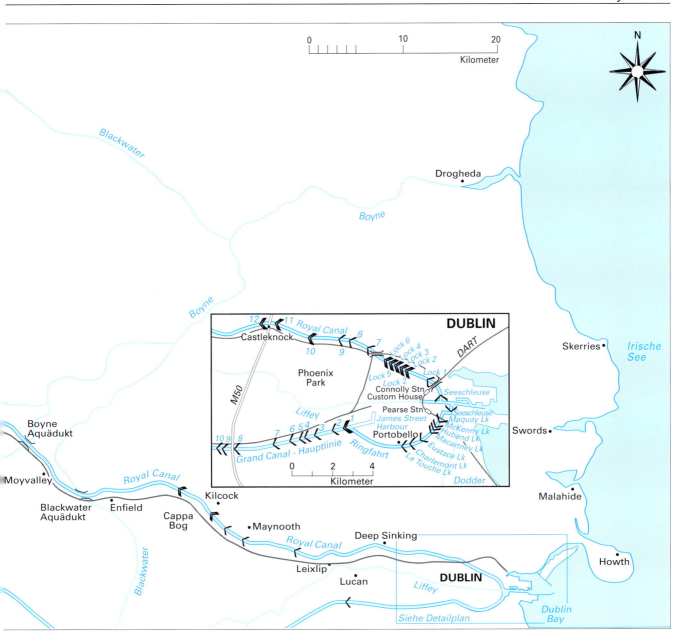

nach Mullingar verkehrte ab dem 4. November 1849. Der Passagierverkehr auf dem Kanal ging zu Ende, die letzten Schiffe wurden verkauft – die Eisenbahn hatte den langen Kampf um die Passagiere gewonnen.

1853 wurden noch fast 95 000 Tonnen über den Kanal verschifft. Es wurde nun kontinuierlich weniger. Die Eisenbahngesellschaft betrieb ab 1871 eine eigene Reederei, die aber kein Erfolg wurde und 15 Jahre später endgültig aufgab. Die Bahn baute auch die Spencer Docks in Dublin aus, was die alte Kanalgesellschaft nie bewerkstelligt hatte. Aber nun wurden die Güter hier vom Schiff auf die Bahn umgeladen und nicht auf die Kanalboote. In der zweiten Hälfte des 19. Jahrhunderts gab es etliche Gesetze, die die Preise für Eisenbahn und Kanal regulieren sollten. Sie konnten den Niedergang des Transportvolumens auf dem Royal Canal nicht stoppen, aber wohl den Anstieg der Bahnpreise mindern.

An der Wende zum 20. Jahrhundert war der Kanal in schlechtem Zustand. Es wurde immer schwieriger, ihn mit einem Boot zu befahren. Eine königliche Kommission unter Leitung von Lord Shuttleworth, die das Parlament 1906 einsetzte, beauftragte den Direktor der Shannon-Schifffahrt mit einem Bericht. Er stellte fest, dass die Eisenbahngesellschaft den Kanal nur sehr nachlässig gewartet hatte, dass es weiter Probleme mit der Wasserführung gab und dass Baggerarbeiten und Entkrautungen nicht durchgeführt worden waren. Der Vorschlag war, die Zuständigkeit für den Kanal einer unabhängigen Gesellschaft in Konkurrenz zur Eisenbahngesellschaft zu übertragen. Er wurde nicht ausgeführt. Fast zwanzig Jahre später setzte das Parlament der jungen Irischen Republik eine neue Kommission ein, deren Ergebnisse sehr ähnlich wie die der Shuttleworth-Kommission waren. Aber das hatte wiederum keine Folgen.

Zwischen den Weltkriegen wurde der Royal Canal von Sportbooten benutzt. Im Januarheft 1931 des *Yachting Monthly* erschien ein Bericht von Gordon C. Wilson über seine Reise mit dem Motorboot von Dublin über den Grand Canal und dem Lough Derg zum neuen Damm von Ardnacrushna und zurück nach Dublin über den Royal Canal. Während des Zweiten Weltkrieges gab es auf dem Royal Canal wieder etwas mehr Frachtverkehr, doch als Tom Rolt 1946 seine Reise unternahm, gab es nur noch zwei Frachtschiffe auf dem Kanal.

1944 kamen Kanal und Eisenbahn unter das Dach von Córas Iompair Éireann, der neuen nationalen Transportbehörde. 1960 wurde ein Gesetz verabschiedet, das der CIE erlaubte, den Royal Canal außer Betrieb zu setzen. Dies geschah schließlich 1961. Dies ist eine kurze Zusammenfassung der Geschichte des Kanals. In aller Ausführlichkeit und sehr gut lesbar findet man sie in Ruth Delanys Buch *Ireland's Royal Canal*.

Die gegenwärtig laufenden Wiederherstellungsmaßnahmen sind hauptsächlich der Vision und Leidenschaft von Dr. Ian Bath zu verdanken. Innerhalb recht kurzer Frist nach der Schließung sind etliche feste und niedrige Straßenbrücken am Westende des Kanals und über den Zweigkanal von Longford gebaut worden. Östlich von Coolnahay ist quer durch den Kanal ein Damm gebaut worden und der Kanal von hier bis zur Schleuse 46 ausgetrocknet. Auf Luftbildern aus dem Jahre 1973 kann man sehen, wie schnell ein Kanal verfällt, wenn er erst einmal trocken gefallen ist.

Im Winter 1971–72 organisierte die IWAI Besichtigungsmärsche zum Kanalende in Dublin. Aber die allgemeine Meinung war, dass es keine Hoffnung auf Wiedereröffnung gäbe. 1972 war Richmond Harbour wieder vom Shannon aus zugänglich. In jener Zeit bewältigte ein unternehmungslustiges Mitglied der IWAI die Strecke vom Damm nach Dublin im Kanu, wobei es wegen der Verkrautung an vielen Stellen große Schwierigkeiten hatte.

Während die irische Regierung Überlegungen zur Zu-

Der Treidelpfad entlang des Royal Canal ist heute ein gut ausgeschilderter Fernwanderweg.

kunft des Kanals anstellte, gab es Vorschläge, die Verantwortung von der CIE dem Office of Public Works zu übergeben. Das Interesse am Schicksal des Royal Canal wuchs langsam, und 1973 fand in Maynooth ein Treffen vieler interessierter Verbände statt, darunter die IWAI. Der CIE-Ingenieur teilte der Versammlung mit, dass es keine unüberwindbaren Hindernisse für eine Restaurierung gäbe. Trotz dieser positiven Einschätzung kam man generell zu der Auffassung, dass der Kanal außer einigen Abschnitten von lokaler Bedeutung geschlossen bleiben würde.

Ian Bath teilte diese Schlussfolgerung nicht und suchte Unterstützung für erste Arbeiten zu einer vollständigen Restaurierung. Die IWAI war dagegen anlässlich eines Treffens der Dubliner Gruppe davon überzeugt, dass der Kanal für die Schifffahrt verloren sei. Einige glaubten sogar, dass bereits große Teile zugeschüttet seien. Um die Öffentlichkeit zu gewinnen, wurde bei der Dublin Boat Show mit großem Erfolg eine Fotoschau gezeigt. Im Frühjahr 1974 berief Ian Bath die Gründungsversammlung der Royal Canal Amenity Group (RCAG) ein. Ihr erstes Ziel war, den Kanal um Blanchardstown, einem Dubliner Vorort, wiederzubeleben.

Man organisierte 1974 Arbeitseinsätze sowie andere Aktivitäten und gründete mehrere regionale Gruppen. Die CIE begann, die Wasserführung oberhalb von Schleuse 13 wiederherzustellen. Dann machte man sich an die Reparatur der Schleuse 12, und die Stadtschleusen wurden von Unrat befreit. Örtliche Behörden entlang des Kanals standen dem Projekt nun positiver gegenüber. Man arbeitete an den Treidelpfaden und legte am Kanal Erholungsparks an.

All dies war ermutigend, sicherte aber die Zukunft des Royal Canal nicht wirklich. Die größte Bedrohung stellte die Absicht der Stadt Dublin dar, auf der Kanaltrasse eine Umgehungsstraße zu bauen. Die RCAG und die IWAI legten Alternativvorschläge vor,

---

Restaurants

Mullingar – Das Greville Arms im Zentrum in der Pearse Street bietet solide traditionelle Mahlzeiten. Italienische Restaurants erfüllen meistens die Erwartungen, Oscar's in 28 Oliver Plunkett Street ist keine Ausnahme. Auch Austin Friar's Hotel in der gleichnamigen Straße ist eine gute Wahl.

Longford – Longford Arms in der Main Street ist wohl das erste Haus am Platz.

die den Kanal in das Projekt konstruktiv einbezogen, weil sie dies für besser hielten als reine Opposition. Bootsparaden warben für die Restaurierung und wurden überall zu regelmäßigen Einrichtungen, neue lokale Gruppen setzten sich für die Wiederherstellung ein. Die RCAG baute mit Hilfe des County Kildare einen Slip am 12. Abschnitt, damit er für Boote zugänglich wurde.

Im Herbst 1976 gab die Stadt ihre Autobahnpläne auf. Die künftige Zuständigkeit für die Wasserwege war immer noch offen. Die CIE mochte deshalb nicht mit größeren neuen Projekten beginnen, das Office of Public Works zögerte und wollte eine endgültige Entscheidung abwarten. Ende 1978 verkündete die Regierung, das Grand und Royal Canal dem OPW zugeschlagen würden. Die Umsetzung dieser guten Nachricht zog sich jedoch noch bis Mitte der 1980er-Jahre hin.

Nur die freiwilligen Arbeiten gingen weiter. Eine Gruppe baute mit einer Berufsschule neue Tore für Schleuse 13 und installierte sie mit Zustimmung der CIE. CIE und OPW kooperierten mit der RCAG, als die Entscheidung über die künftige Kanalverwaltung gefallen war. Die Firma Guinness stellte ein Gebäude zur Verfügung, in dem weitere Schleusentore gebaut werden konnten. Dabei wurden Lehrlinge ausgebildet und von AnCO, einer Industrie-Ausbildungsbehörde, bezahlt, während die RCAG das Material stellte. Im Rahmen einer Arbeitsbeschaffungsmaßnahme für Jugendliche wurde der Abschnitt Deep Sinking gesäubert. In Killucan startete ein weiterer Workshop für Schleusentore.

Jedes Jahr ging es einen Schritt voran. 1981 rief die IWAI zum „Jahr des Royal Canal" aus und warb weitere Mittel ein. Das Hafenbecken von Ballynacargy wurde gesäubert und wieder mit Wasser gefüllt. Der Streckenabschnitt durchs Moor zwischen Ballynacargy und Abbeyshrule wurde repariert und der Damm durch den Kanal an der Scheitelhaltung beseitigt. Von Blanchardstown nach Maynooth wurde der Kanal schließlich 1988, weiter nach Mullingar 1990 wiedereröffnet.

All dies war mit der Hoffnung verbunden, zur Jahrtausendwende wieder vom Liffey in Dublin zum Shannon fahren zu können, aber finanzielle und technische Probleme verhinderten dies. 1999 konnte man 110 km von Dublin nach Abbeyshrule fahren, wenn auch die Seeschleuse in den Liffey noch nicht funktionsfähig ist. Waterways Ireland, eine der ersten grenzüberschreitenden Institutionen nach dem „Good Friday Agreement", übernahm im Frühjahr 2000 die Verantwortung für den Royal Canal. Im nationalen Entwicklungsplan ist die Wiederherstellung der Hauptstrecke des Royal Canal vorgesehen. Die Fertigstellung ist kaum vor 2006 zu erwarten. Au-

Das Standbild von James Joyce unmittelbar vor der O'Connell Street in Dublin

ßerdem gibt es gute Aussichten, dass der Zweigkanal von Longford gleichfalls restauriert wird.

Obwohl man also noch nicht von Dublin zum Shannon fahren kann, ist der Royal Canal faszinierend genug für eine Entdeckungsfahrt. Für eine Woche oder auch zwei ist hier allemal schon genug zu sehen. Viele Abschnitte kann man auch mit dem Auto erreichen. Der Royal Canal Way ist jetzt gut ausgeschildert und verläuft durch schöne Landschaften. Der Kanal führt durch Gegenden Irlands, die man anders kaum entdecken würde.

Auf dem Royal Canal

Von Dublin nach Kilcock

Obwohl die Seeschleuse und die Hubbrücken noch nicht in Funktion sind, ist der Royal Canal bei bestimmten Wasserständen vom Liffey aus zugänglich.

Es gab einen Plan, das Spencer Dock zusammen mit umfangreichen Maßnahmen in den Docklands zu restaurieren, aber er wurde nicht in Angriff genommen. Deshalb bleibt das Spencer Dock vorerst tideabhängig und teilweise zugeschüttet. Die erste Schleuse ist die Nr. 1, die nur während 2–2,5 Stunden bei Hochwasser (abhängig von Bootsgröße und Tiefgang) durchfahren werden kann. Danach befindet man sich im Royal Canal.

Hinter Croke Park, dem Gelände der Gaelic Athletic Association, wo Gaelic Football und Hurling gespielt wird, wurde ein neues Kanalbett gegraben, das enger als das ursprüngliche ist. Danach hat der Kanal wieder seine normale Breite. Nach der Binns' Bridge steigt der Kanal über fünf Doppelschleusen auf einem Kilometer kräftig an und führt nördlich am Mountjoy-Gefängnis vorüber. Der Anstieg setzt sich sanfter fort. Neubausiedlungen zeigen dem Kanal ein freundliches Gesicht.

An Schleuse 10, Longford Bridge, verläuft der Kanal nahe der Ausläufer des Phoenix Park, der mit seinen 700 ha einer der größten Parks der Welt in einer Stadt ist. Neben dem Zoo, Kricket- und Poloplätzen sowie einem Denkmal des Herzogs von Wellington, der in Dublin geboren wurde, haben hier der Staatspräsident und der amerikanische Botschafter ihren Sitz. Die nächsten beiden Schleusen liegen unter- bzw. oberhalb der neuen Kreuzung der M50. Der Kanal führt über einen Aquädukt, nach zweihundert Jahren das erste Bauwerk dieser Art. Die Bahnlinie läuft parallel zum Kanal und kreuzt kurz vor Schleuse 7 auf das Südufer, das sie bis Mullingar nicht mehr verlässt. So kann man hier bequem Wanderungen entlang des Kanals unternehmen und abends mit der Bahn wieder zurück nach Dublin fahren.

Nach Schleuse 12 beginnt „The Deep Sinking", eine drei Kilometer lange Schlucht, in der der Treidelpfad bis zu neun Metern oberhalb des Kanals verläuft. Dies war früher für die Zugpferde eine komplizierte Situation. Einer der schwersten bekannten Unfälle ereignete sich im November 1845 an der Clonsilla Bridge. Ein junger Mann stand am Ruder des Nachtbootes aus Dublin, während der Steuermann zu Abend speiste. Der Schiffsbug rammte das Ufer, das Heck sank und füllte sich schnell mit Wasser. 16 Passagiere der Zweiten Klasse ertranken. Die Mannschaft und alle Erste-Klasse-Passagiere konnten sich retten.

Kurz vor der Louisa Bridge überqueren Kanal und Bahn den Ryewater auf einem Aquädukt. Der Ryewater mündet 2 km südöstlich in den Liffey. Dieser Abschnitt vom Deep Sinking bis zum Aquädukt war der teuerste des Kanals und unumgänglich, sollte der Kanal Maynooth erreichen. Es wird vermutet, dass der Duke of Leinster dafür gesorgt hat, dass der Royal Canal nicht günstiger nördlich an Maynooth vorbeiführte. Er spielte zwar in der Kanalgesellschaft eine entscheidende Rolle, aber es gibt keine Beweise für diese Annahme. Nach Schleuse 13 passiert der Kanal Carton House, den Familiensitz des Duke of Leinster.

Beim Ausgang aus Maynooth streift der Kanal das berühmte St. Patrick's College, das 1795 von den Briten gegründet wurde. Man glaubte damals, es sei besser, junge Katholiken im eigenen Land zu erziehen, wo die Gefahr kleiner erschien, dass sie mit revolutionären Ideen in Kontakt kämen. Das College ist heute Priesterseminar und weltliche Universität. Das beeindruckende Gebäude ist um zwei Innenhöfe gruppiert und eine Mischung aus georgianischem und neogotischem Stil. Das geistliche Museum ist für Besucher geöffnet. Von Maynooth bis nach Kilcock verläuft der Kanal zwischen der Eisenbahn und der Straße.

Der Kanalabschnitt durch Kilcock wurde als einer der Ersten restauriert und der Hafen zum Demonstrationsobjekt für die RCAG. Seit die M4 gebaut wurde, sind Ortschaft und Hafen viel ruhiger geworden und ein schöner Platz für einen Stopp.

Von Kilcock nach Ballynacargy

Nach Schleuse 17, Ferrans oder Ferns Lock, fährt man im „langen Abschnitt": Dieser Long Level ist 32 km schleusenfrei. Unterhalb Enfield überquert man das Cappa-Moor, das beim Bau des Royal Canal beträchtliche Probleme, Verzögerungen und Kosten verursachte. Enfield hat einen schönen, von einem Park umgebenen Hafen. Hier gibt es einen Slip für Trailerboote.

Oberhalb Enfield folgen der Blackwater-Aquädukt und dann Moyvalley, wo einst das zweite Kanalhotel stand. Es wurde 1807 eröffnet und genoss einen guten Ruf, wurde aber mit dem Rückgang des Passagierverkehrs verkauft. In der zweiten Jahrhunderthälfte konnte man hier Kneippkuren machen. In den 1930er-Jahren begann es zu verfallen und wurde 1977 abgerissen.

Der nächste architektonische Höhepunkt am Royal Canal ist der spektakuläre Boyne-Aquädukt mit dem Bahnviadukt daneben. Er besteht aus drei gemauerten Bögen, die natürlich vom Kanal aus nicht zu bewundern sind. Es ist gar nicht so einfach, hier vom Kanal hinunter zum Fluss zu gelangen, um das Ensemble zu betrachten. Eben östlich vor dem Aquädukt gibt es einen kleinen Hafen, von dem man zum Aquädukt und auch zum schönen Pub von Longwood (ca. 2 km) gehen kann. Jetzt verläuft der Kanal wirklich durch eine attraktive Landschaft. Nach Longwood, das übrigens auch eine Telefonzelle sein eigen nennt, kann man auch von der Ribbontail-Fußgängerbrücke aus gehen, die den Menschen auf der anderen Seite des Kanals den Kirchgang nach Longwood verkürzt.

Der Kanal passiert den knapp 100 m hohen Hill of Down mit Laden, Pub und Telefon dicht am Wasserweg. Die kahle Moorlandschaft hier hat besonders im nieseligen Nebel ihre eigenen Reize. In Thomastown gibt es einen Hafen, bevor der Kanal über acht Schleusen seiner Scheitelhaltung zustrebt. An der Thomastown Bridge und an der Riverside Bridge gibt es Pubs, an der letzteren auch einen Laden. Von beiden Brücken aus sind es etwa 2,5 km zum nächsten größeren Ort Killucan.

Die Scheitelhaltung ist 24 km lang. In der Mitte liegt Mullingar. Der Kanal umrundet die Stadt fast ganz. Von Norden speist der Lough Owel Feeder Wasser in den Royal Canal. Mullingar ist eine sehr hübsche Stadt mit allen Fazilitäten. Sie ist auf einem Hügel gebaut. Im Zentrum befindet sich das Touristenbüro, wo man mit aktuellen Auskünften versorgt wird. Der schön restaurierte Hafen lädt zu einem längeren Aufenthalt ein. An der Scanlan's Bridge befindet sich ein Slip.

Kanal und Bahnlinie laufen hinter Mullingar weitere 3,5 km parallel, bevor die Bahn nach Norden Richtung Longford den Kanal überquert und nach Süden Richtung Athlone abzweigt. Hier wendet sich der Kanal nordwestwärts über 12 km nach Ballynacargy. Auf 10 km bis Coolnahay Harbour gibt es nun keine Schleusen. Dann beginnt der Abstieg zum Shannon. Dies ist ein sehr ursprünglicher und einsamer Abschnitt des Kanals. Hier kann es äußerst entspannend sein: Man darf sich in der ungestörten Landschaft völlig frei von der Unrast der Zivilisation fühlen.

Der Hafen von Ballynacargy wurde restauriert. Das Dorf hat Pubs und Läden, wirkt aber wie eine einsame Insel. Das hat wohl mit seiner Geschichte zu tun, denn der Ort entstand wegen des Kanals und hatte mit dessen Niedergang eigentlich keine Existenzgrundlage mehr. Vielleicht wird er mit der Wiederbelebung des Royal Canal einen kleinen Aufschwung erleben.

Von Ballynacargy zum Shannon

Der letzte derzeit schiffbare Abschnitt nach Abbeyshrule ist gleichfalls sehr ursprünglich. In der Moorlandschaft kann man sich besonders bei schlechtem Wetter sehr einsam fühlen. Vor Abbeyshrule fährt man nahe an einem ziemlich modernen Flugplatz vorüber, der einen in die Moderne zurückholt. Der Kanal überquert dann den River Inny auf dem fünfbögigen Whitworth-Aquädukt. Der Hafen ist erneuert worden und wartet auf Besuch, aber leider überquert die erste von sechs folgenden niedrigen Rohrleitungen den Kanal vor dem Hafen von Abbeyshrule. Die Be-

seitigung dieses Hindernisses wird hoffentlich nicht mehr lange auf sich warten lassen.

Der größte Teil der letzten 32 km von Abbeyshrule zum Shannon liegt derzeit trocken. Aber man kann im Kanalbett entlangwandern oder an vielen Stellen mit dem Auto heranfahren. Diese Landschaft im County Longford ist recht einsam und für Naturliebhaber allemal einen Aufenthalt wert. Wenn der Royal Canal hier wieder schiffbar sein wird, kann dies eine wunderbare Strecke werden.

Nach Schleuse 39 gibt es einen 11 km langen Abschnitt im Tal des River Inny. Hinter Ballymahon läuft der Kanal als Dammstrecke, bevor er den Mullawornia Hill umrundet. Von hier hat man schöne Ausblicke auf den Lough Ree. Obwohl es nur noch 3 km bis zum Shannon sind, führt der Kanal noch über 20 km nach Norden, bis er Richmond Harbour und schließlich über den Camlin River den Shannon erreicht.

Der einzige Zweigkanal des Royal Canal über 8,5 km nach Longford soll gleichfalls bis spätestens 2010 restauriert sein. Der Hafen von Longford wurde zwar zugeschüttet, aber das Mauerwerk ist erhalten und vermutlich noch in brauchbarem Zustand. Man wird sehen ...

Behörden Waterways Ireland, 17–19 Lower Hatch Street, Dublin 2, Tel. 00 353 (0) 1 647 3000, Fax 676 1714.

Treidelpfad Er ist ein gut gepflegter und ausgeschilderter Fernwanderweg. Es gibt Versorgungs- und Unterbringungsmöglichkeiten für Wanderer.

Brücken 105 auf der gesamten Kanallänge. Die Straßenbrücke unterhalb der Seeschleuse über den Liffey kann für größere Schiffe geöffnet werden, die meisten Sportboote können aber so passieren. Die Scherzer-Brücken unterhalb der Seeschleuse sowie die Sheriff Street-Brücke oberhalb unterstehen nicht Waterways Ireland. Eine Wiederherstellung als Hubbrücken ist nicht geplant. Die Newcomen Bridge vor Schleuse 1 arbeitet wieder. Von den sechs niedrigen Brücken am Westende des Kanals hinter Abbeyshrule soll die Pake Bridge als Erste auf eine Durchfahrtshöhe von 3,1 m gebracht werden.

Geschwindigkeitsbeschränkung 6 km/h.

Slips Ballina, Confey, Maynooth, Enfield, Thomastown, Mullingar, Abbeyshrule.

Trockendocks Mullingar Harbour und Richmond Harbour.

Scheitelhaltung 98,6 m auf 24 km zwischen Schleuse 25 (Footy's Bridge) und Schleuse 26 in Coolnahay Harbour. Die Wasserscheide verläuft durch das Städtchen Mullingar.

Zweigkanäle Der Zweigkanal von Longford wird restauriert, 8,6 km lang.

Zufahrten Vom Shannon bei Richmond Harbour, Clondara.

Landkarten Ordnance Survey Map of Ireland *Discovery Series* Nos. 40, 41, 48, 49, 50.

Führer Waterways Service (Hrsg.): *Guide to the Royal Canal of Ireland*. Neue Auflagen durch Waterways Ireland.

Restaurierung Soll 2006 abgeschlossen sein. Der schleusenfreie Zweigkanal von Longford und der historische Hafen nahe dem Stadtzentrum werden ebenfalls restauriert.

Entfernungstabelle	km
Seeschleuse, Spencer Dock, Dublin bis:	
Sheriff Street Brücke	0,3
Eisenbahnhubbrücke	0,9
Newcomen Brücke, Lock No 1	1,2
Binns' Brücke, Lock No 2	
(Doppelschleuse)	2,3
Lock No 3 (Doppelschleuse)	2,6
Lock No 4 (Doppelschleuse)	2,8
Broadstone (Streckenabschnitt	
zugeschüttet)	3,0
Westmoreland Brücke, Lock No 5	3,2
Lock No 6 (Doppelschleuse)	3,5
Liffey Junction, Lock No 7	4,7
Broome Brücke	5,3
Reilly's Brücke, Lock No 8	5,9
Lock No 9	6,5
Longford Brücke, Lock No 10	
(Doppelschleuse)	7,5
Lock No 11	9,0
Dunsink Road	9,4
Ranelagh Brücke	9,6
Blanchardstown Umgehung und Brücke	9,7
M50 Aquädukt	9,8
Talbot Brücke, Lock No 12	
(Doppelschleuse)	9,9
Granard Brücke	10,2
Kirkpatrick Brücke	11,8
Porterstown	12,7
Clonsilla	13,9
Pakenham Brücke	15,1
Collins Brücke	16,9
Amenity-Gebiet und Slip	18,0
Cope Brücke	18,9
Ryewater Aquädukt	20,3
Louisa Brücke	20,7
Lock No 13	22,3
Carton Wharf (Carton House Park)	24,2
Maynooth Harbour	26,5
Jason's Brücke, Lock No 14	28,7
Chamber's Brücke, Lock No 15	30,8
Kilcock Harbour, Lock No 16	
(Doppelschleuse)	32,4

Entfernungstabelle	km
Spin Brücke	33,5
Ferrans (Ferns) Lock No 17	
(Doppelschleuse)	36,2
Cloncurry Brücke	42,1
Enfield Amenity-Gebiet	45,2
Enfield Harbour und Slip	45,3
Blackwater Aquädukt	48,9
Kilmore Brücke	49,7
Moyvalley Brücke	51,4
Ribbontail Fußgängerbrücke	53,4
Longwood Harbour	55,2
Boyne Aquädukt	55,5
Hill of Down	60,1
Ballasport Brücke	61,4
Thomastown Harbour, Lock No 18	68,6
Lock No 19	69,1
Lock No 20	69,5
Lock No 21	70,0
Riverstown Brücke, Lock No 22	70,4
Lock No 23	70,8
Lock No 24	71,3
Killucan (Grenze der Scheitelhaltung)	
Lock No 25	71,5
Footy's Brücke	71,7
Heathstown Brücke	73,7
Downs Brücke	77,0
Baltrasna Brücke	80,5
Saunders Brücke	83,8
Mullingar Harbour (Piper's Boreen)	84,1
Mullingar	84,6
Lough Owel Feeder (Speisekanal)	85,3
Mullingar Harbour, Scanlan's Brücke	85,5
Eisenbahnbrücke	85,9
Fußgängerbrücke	86,1
The Green Brücke	86,3
Mullingar Canoe Polo-Strecke	88,1
Kilpatrick Brücke	89,6
Belmont Brücke	90,9
Ballina Harbour und Brücke	91,6
Shandonagh Brücke	93,6
Coolnahay Harbour, Top Lock No 26	
(Grenze der Scheitelhaltung)	96,1
Lock No 27	96,5
Lock No 28	97,0
Kildallan Brücke	99,0
Kildallan Lock No 29	99,1
Lock No 30	99,5
Lock No 31	99,7
Kill Brücke, Lock No 32	100,4
Kildallan Bottom Lock No 33	101,0
Balroe Brücke, Lock No 34	102,2
Ballynacargy Harbour, Lock No 35	104,0
Ballynacargy Brücke	104,2
Castlegaddery Lock No 36	105,7

Entfernungstabelle	*km*
Kiddy's Brücke	106,2
Lock No 37	106,9
Kelly's Brücke, Lock No 38	107,2
Blackwater River	108,6
Whitworth Aquädukt, River Inny	111,9
Scally's Brücke –	
zurzeit Grenze der Schiffbarkeit	112,0
Abbeyshrule Harbour	112,8
Draper's Brücke, Lock No 39	114,3
Molly Ward's Brücke	117,6
Fowlard's Brücke	118,7
Toome Brücke	120,3
Chaigneau Brücke,	
Ballybrannigan Harbour	121,9
Mullawornia Lock No 40	125,6
Pake Brücke	126,5
Foigha Harbour und Brücke	127,9
Keenagh Harbour	131,4
Lock No 41	132,8
Lock No 42	135,0
Lyneen Brücke	135,9
Crossover Brücke	137,0
Verbindung zum Zweigkanal	
von Longford	137,8
Killashee Top Lock No 43	139,1
Killashee Harbour, Lock No 44	139,8
Lock No 45	144,8
Richmond Harbour	145,5
Lock No 46	145,6
River Shannon	145,8

Zweigkanal von Longford

Vom Royal Canal bis:

Cloonsheerin Brücke	0,3
Aghantrah Brücke	1,6
Newtown Brücke	3,1
Cloonturk Brücke	4,2
Knockanboy Brücke	4,9
Churchlands Brücke	5,8
Farranyoogan Brücke	7,1
Eisenbahnhubbrücke	8,4
Longford Harbour	8,7

Shannon

Der Shannon braucht von seiner Quelle bis zum Atlantik mehr als 340 km und ist der längste Fluss auf den Britischen Inseln. Seine Quelle, der Shannon Pot, liegt an den Hängen der Cuilcagh Mountains im County Cavan. Auf seinem Weg zur Mündung zwischen Loop Head und Kerry Head weit westlich von Limerick bildet er die Seen Allen, Corry, Tap, Boderg, Bofin, Scannel, Forbes, Ree und Derg. Schiffbar sind 280 km zwischen dem Lough Allen und Limerick, darunter auch der nordwestliche Bereich des River Boyle mit Lough Key, Lough Oakport und Lough Drumharlow sowie der Nebenarm der Carnadoe Waters.

Vom Lough Allen im Norden bis zum Damm des Wasserkraftwerkes Ardnacrusha nördlich von Limerick beträgt das Gefälle nur 17 m, die von insgesamt acht Schleusen bewältigt werden. In Limerick gibt es eine Schleuse mit zwei Kammern, mit der die letzten 30 m hinunter zum tidenabhängigen Meeresarm des Mündungsgebietes überwunden werden.

Eine Reise auf dem Shannon lässt einen die vielschichtige Geschichte Irlands seit den frühesten Anfängen entdecken. Dieser mächtige Fluss ist seit Tausenden von Jahren Handels- und Transportweg, aber auch Einfallstor für Invasoren. Entlang des Flusses finden sich viele Erinnerungen an die Konflikte der irischen Geschichte.

Die Bucht von Sligo und der Atlantik befinden sich nur 30 km westlich der Quelle, aber das Rinnsal entscheidet sich für den Weg nach Süden. Es gibt viele Erklärungen für den Namen Shannon. Die romantischste leitet ihn von der keltischen Prinzessin Sinann aus dem Stamm der Tuatha De Danann ab, einem der fünf prähistorischen Stämme Irlands. Sie war wissbegierig und übertrat ein Gebot, als sie zu Connlas Brunnen ging, in dem der Lachs der Weisheit lebte. Denn nur Männer durften den heiligen Ort aufsuchen. Deshalb lief der Brunnen über, als er das Gesicht der Prinzessin erblickte, spülte sie fort und ließ sie ertrinken. Seither heißt der Fluss nach ihr. Die Geschichte ist ebenso glaubwürdig wie alle anderen mythologischen Ableitungen.

Das Quellbecken des Shannon Pot (auf gälisch Lug na Sionua) ist 12 mal 6 m groß und von unbekannter Tiefe. Es liegt 150 m über dem Meeresspiegel am Fuße des Tiltinbane und wird von jenem Wasser gespeist, das ohne Pause die Kalksteinhänge hinuntersickert. Nach gut 4 km trifft das Rinnsal auf den weit ansehnlicheren Owenmore River. Dann wendet der Shannon sich westlich nach Dowra und schließlich nach Süden zum Lough Allen. Bevor der junge Fluss in den See fließt, passiert er eine alte Erdformation, die Black Pig's Dyke oder auch Worm Ditch heißt. Der Legende nach wurde dieser Damm von einem schwarzen Schwein oder einem Wurm aufgeworfen. 15 km nach der Quelle hat der Shannon ein Gefälle von etwa 100 m überwunden.

Fahrt auf dem Shannon

Vom Lough Allen nach Carrick-on-Shannon

Der Lough Allen hat eine lang gestreckte V-Form. Der See ist 12,5 km lang und an der Nordküste knapp

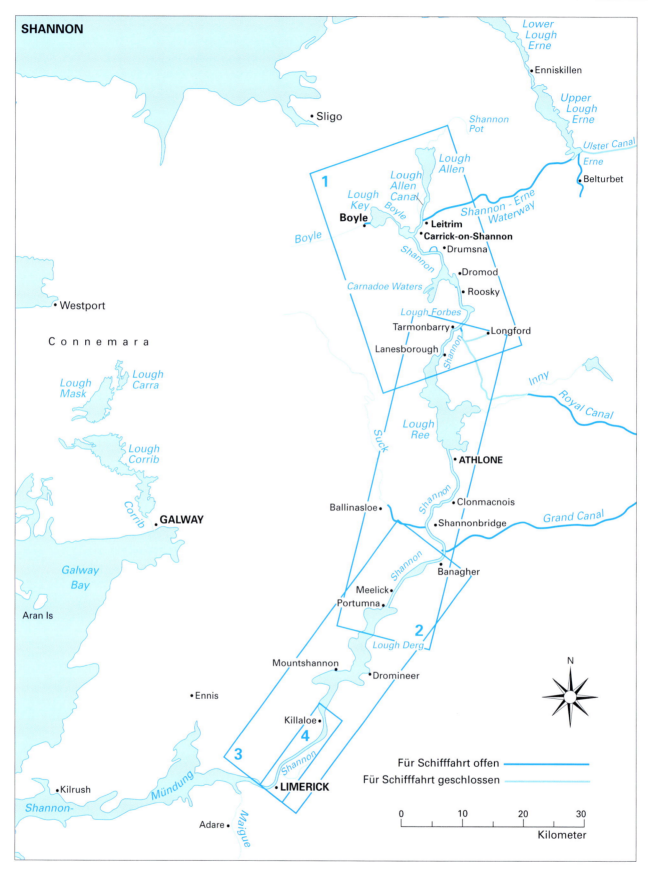

SHANNON

Lower Lough Erne

• Enniskillen

Upper Lough Erne

Ulster Canal

Shannon Pot

• Sligo

Erne

• Belturbet

1

Lough Allen

Lough Allen Canal

Lough Key

Lough Allen

Boyle

Shannon - Erne Waterway

Boyle

Boyle

• **Leitrim**

• **Carrick-on-Shannon**

• Drumsna

Boyle

Shannon

• Dromod

Carnadoe Waters

• Roosky

Lough Forbes

• Westport

Tarmonbarry •

• Longford

C o n n e m a r a

Lanesborough •

Shannon

Inny

Royal Canal

Lough Carra

Lough Mask

Lough Ree

Lough Corrib

Suck

• **ATHLONE**

Corrib

GALWAY

Ballinasloe •

• Clonmacnois

Grand Canal

• Shannonbridge

Galway Bay

Shannon

Banagher •

Aran Is

Meelick •

Shannon

Portumna •

2

Lough Derg

Mountshannon

• Dromineer

N

• Ennis

Killaloe •

4

3

Shannon

Für Schifffahrt offen ——————

Für Schifffahrt geschlossen ——————

• Kilrush

Mündung

• **LIMERICK**

Shannon-

0   10   20   30

Adare •

Maigue

Kilometer

5 km breit. Diese Küste ist sehr flach. Die Insel Inishmagrath liegt vor der Einmündung des Shannon, Inisfale oder O'Reilly's Island in der südlichen Spitze des V vor dem Abfluss. An der Ostküste gibt es einen Anleger in Cleighran More, an der Westküste in Spencer Harbour nahe der Insel Corry Island und auf Inisfale Island.

Der Shannon verlässt den See durch die Schleuse von

Ballintra, aber die Fahrrinne führt über den südlichsten Punkt durch den Lough Allen Canal bei Drumshanbo. Kurz oberhalb der Brücke befindet sich eine Doppelschleuse, die gelegentlich vom Electricity Supply Board ESB geöffnet wird, wenn der Wasserstand des Flusses am Kraftwerk Ardnacrusha dies erfordert. Zwischen Drumshanbo und Battlebridge liegt Acres Lake, eine kleine Ausbuchtung des Kanals mit einem Anleger. Von hier ist es über die Landstraße etwa 1 km nach Drumshanbo mit seinen Pubs, Läden und Restaurants. Jeden Juli findet hier ein Festival mit traditioneller Musik und Tanz statt.

Der Lough Allen Canal ist sehr schmal, die Schleusen nur 4 m breit und damit für größere Kreuzer nicht geeignet. Er wurde 1919 gebaut, um Kohle von den Bergwerken in Arigna über den Shannon verschiffen zu können und den unpassierbaren Abschnitt zwischen dem Lough Allen und Battlebridge zu umgehen. In Battlebridge vereinigen sich Kanal und Fluss wieder direkt hinter der Schleuse. Kurz danach zweigt der Shannon–Erne Waterway ostwärts Richtung Leitrim ab. Nach der Hartley Bridge erstreckt sich das reizvolle Gebiet des River Boyle nach Nordwesten.

Abstecher zum Lough Key

Der Lauf der Boyle führt von der Vereinigung mit dem Shannon durch den Lough Drumharlow zur Cootehall Bridge mit einem Kai. Die Familie Coote bekam hier im 17. Jahrhundert enteignetes Land zugesprochen, und sie waren als harte Landlords bekannt. Deshalb wohl wurde das Castle 1798 zerstört. Nur die Reste von Türmen sind übrig geblieben. Die Boyle weiter hinauf folgen Knockvicar und die Schleuse Clarendon, bevor man in den Lough Key mit seinen faszinierenden Inseln und Buchten einläuft. Man muss hier aufmerksam fahren, weil es unbezeichnete Untiefen und flache Uferregionen um die Inseln gibt.

Das Rockingham-Anwesen im Lough Key Forest Park im Süden hat eine wechselvolle Geschichte. Es wurde nach einem der vielen Brände während seiner Historie 1959 an den Staat verkauft und allmählich in einen schönen Naturpark umgewandelt. Hier gibt es viele exotische Bäume, die im 19. Jahrhundert gepflanzt wurden, und auch hübsche Brücken und Kanäle, die früher zum Torftransport genutzt wurden. Auch fünf uralte Ringforts finden sich auf dem Gelände.

Seit längerem kann man den River Boyle bis auf 1 km an die Stadt Boyle heranfahren – sie ist einen Besuch wert. Am Ortseingang liegt eines der bedeutendsten irischen Zisterzienserklöster, an der Hauptstraße der Sitz der Kings, bevor sie im 18. Jahrhundert ins Rockingham House übersiedelten.

Von Carrick-on-Shannon nach Roosky

Wenn man von der Hartley Bridge weiter dem Lauf des Shannon nach Süden folgt, erreicht man als nächsten Ort Carrick-on-Shannon. Die schöne Steinbrücke wurde in den 1840er-Jahren errichtet und ersetzte eine ältere aus dem Jahre 1718. Die Stadt ist die Heimat von drei großen Bootsvermietern und für viele Urlauber der Ausgangspunkt ihrer Fahrten auf dem großen Fluss. Auch Angler zieht es hierher, gibt es doch außer dem Strom im Umkreis von 10 km 41 Seen. So finden hier viele Angelwettbewerbe statt. Auch die nationale Kanupolo-Meisterschaft im Juni zieht viele Gäste an.

Bemerkenswert ist sicher das Bush Hotel, dass derzeit von der sechsten Generation in Folge betrieben wird. Man sollte sich auch die Kapelle Costello in der Bridge Street ansehen, die als die zweitkleinste der Welt gilt. Sie wurde von dem Geschäftsmann Costello in Erinnerung an seine jung verstorbene Frau gestiftet.

Der Shannon windet sich weiter durch den Lough Corry und dann ein wenig nordöstlich bis kurz vor

Shannon

Maximale Bootsgrößen

von bis	Entfernung	Länge	Breite	Tiefgang	Durchfahrtshöhe	Schleusen
Lough Allen Canal	19,4 km	19,7 m	4,0 m	1,2 m	4,0 m	3
Battlebridge bis Killaloe	204,4 km	31,1 m	9,1 m	1,5 m	4,0 m	5
Killaloe bis Limerick	23,0 km	30,0 m	5,5 m	1,5 m	4,0 m	1
Boyle Water, River Shannon bis Boyle	16,4 km	31,1 m	9,1 m	1,5 m	4,0 m	1
Carnadoe Waters, Lough Boderg bis Grange	8,4 km	31,1 m	9,1 m	1,5 m	3,5 m	0
River Camlin	5,4 km	25,0 m	5,6 m	1,5 m	3,6 m	1
Limerick bis Loop Head und Kerry Head	96,0 km	Gezeitenrevier, keine Beschränkungen				

Die Brücke in Roosky kann geöffnet werden.

den Kai in Jamestown, wo der Jamestown Canal abzweigt, der eine unpassierbare Schleife des Flusses umgeht. Der Kanal ist 2,5 km lang. Am Ende liegt die Albert Lock. Hat man sie hinter sich, kann man – nachdem man nach Osten in den Shannon eingefahren ist – noch 3 km nördlich flussauf nach Drumsna fahren. Hier begann Mitte des 19. Jahrhunderts der englische Schriftsteller Anthony Trollope seine erfolgreiche Karriere.

Die Biegung des Shannon zwischen Jamestown und Drumsna formt eine Landzunge, die in grauer Vorzeit durch einen mächtigen Wall gegen die Landseite abgeriegelt wurde. Diese Befestigung aus der Steinzeit heißt „Dún", und Teile davon blieben bis heute erhalten. Bei den Ausgrabungen 1989 schätzte man, dass etwa 30 000 Menschen rund zehn Jahre daran gearbeitet haben müssen. Man hält diesen Wall für eines der ältesten Bauwerke der Menschheit.

Weiter flussab folgt nach einer Eisenbahnbrücke Lough Tap und dann der Lough Boderg, von dem aus man einen Abstecher nach Westen in die stillen Carnadoe Waters machen kann. Dazu muss man kurz nach der markierten Einfahrt eine schmale und nur 3,5 m hohe Brücke unterqueren. Unbedingt hupen, um den Gegenverkehr zu warnen. Sehr bald teilt sich das romantische Seengebiet in den Grange Lough mit einem Anleger nahe der Stadt Grange rechter Hand und den Kilglass Lough linker Hand.

Man verlässt den Lough Boderg durch die Enge von Derrycarne und gelangt in den Lough Bofin. Nach Passieren einer Landzunge liegt der Hafen von Dromod am Ostufer gegenüber, von dem aus sich Lough Scannel ein Stück nordwärts erstreckt. Der Ort beginnt gleich hinter dem Hafen und liegt an einer Hauptbahnlinie. Es ist auch nicht weit zur alten Sta-

tion der Schmalspurbahn der Provinzen Cavan und Leitrim. Sie wurde 1959 stillgelegt, aber der alte gemauerte Wasserturm und der Lokschuppen sind erhalten geblieben und können besichtigt werden. Dromod lebte einst von Eisenverarbeitung – davon ist aber nichts mehr zu spüren. Im Hafen gibt es einen Slip und Wasserversorgung.

Nicht weit den Fluss entlang folgt Roosky, ein bei den Bootsurlaubern beliebter Stopp mit Läden, Pubs und Restaurants; man kann tanken, und auch ein Trockendock ist vorhanden. Das Crews Inn ist als Restaurant und wegen der irischen Musik die Attraktion. Ursprünglich gab es hier am Westufer einen Seitenkanal, der aber durch ein Wehr unpassierbar ist. Die Schleuse liegt am Südende des Ortes. Die Brücke hat für größere Boote ein Hubsegment am Ostufer.

Von Roosky nach Lough Ree

Nach etwa fünf Kilometern erreicht man den Lough Forbes. Hier mündet im Nordosten der River Rinn. Kurz unterhalb der Brücke gibt es in dieser Flussmündung eine neue Marina. Ein Stück hinter dem westlichen Ufer des Lough steht auf dem Grund eines alten Klosters, gegründet von St. Barry, die Kirche von Kilbarry. Man hat hier die Reste von einigen kleinen Kirchen und einem Rundturm gefunden; ursprünglich soll es sieben Kirchen gegeben haben. Es sieht immer noch so aus wie vor etwa 20 Jahren, als Richard Hayward eine alte Dame nach den sieben Kirchen fragte, wie er in seinem Buch *Where the River Shannon Flows* berichtet. Sie sagte, sie kenne hier überhaupt keine Kirche, aber irgendwo gäbe es ein paar alte Steine ...

Castle Forbes liegt hinter den Wäldern der Ostküste. Es wurde Sir Arthur Forbes 1619 von Jakob I. als Lehen gegeben. 1641 stand das Castle. Der heutige Bau ist aus dem 19. Jahrhundert. Am Südende vom Lough Forbes, dort wo der Shannon sich nach Südwesten wendet, mündet am Ostufer der Camlin River. Hier kann man nach Richmond Harbour und zum Royal Canal einbiegen. Ein Nebenarm des Camlin vereinigt sich südlich von Tarmonbarry über den Clondara Canal mit dem Shannon. Diesen Umweg hat Thomas Omer im 18. Jahrhundert zur Umgehung der Untiefen bei Tarmonbarry angelegt. Die Brücke an dieser Route hat nur eine Durchfahrtshöhe von 3,6 m. Richmond Harbour ist vom Shannon erreichbar und nach dem Vizekönig zur Zeit der Eröffnung des Royal Canal 1817 benannt. Von hier kann man das westliche Ende des Royal Canal zu Fuß oder mit dem Fahrrad erkunden, das in wenigen Jahren wieder schiffbar sein wird.

Auf dem Shannon führt die Fahrrinne bis zur Tarmonbarry Bridge am westlichen Ufer entlang. Für größere Schiffe öffnet der zuständige Schleusenwär-

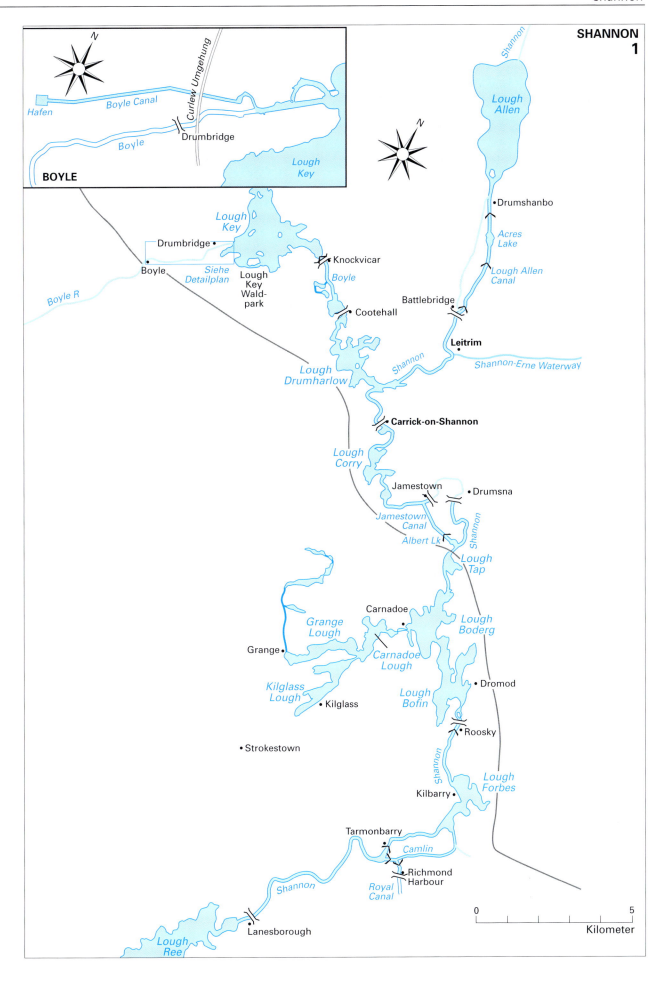

SHANNON
1

Inset (BOYLE):
- N
- Hafen
- Boyle Canal
- Curlew Umgehung
- Boyle
- Drumbridge
- BOYLE
- Lough Key

Main map:
- Lough Allen
- Drumshanbo
- Acres Lake
- Lough Allen Canal
- Battlebridge
- Leitrim
- Shannon-Erne Waterway
- Shannon
- Carrick-on-Shannon
- Lough Drumharlow
- Lough Key
- Drumbridge
- Boyle
- Siehe Detailplan
- Lough Key Wald-park
- Knockvicar
- Boyle
- Cootehall
- Boyle R
- Lough Corry
- Jamestown
- Drumsna
- Jamestown Canal
- Albert Lk
- Lough Tap
- Shannon
- Carnadoe
- Grange Lough
- Lough Boderg
- Carnadoe Lough
- Grange
- Kilglass Lough
- Kilglass
- Lough Bofin
- Dromod
- Strokestown
- Roosky
- Lough Forbes
- Shannon
- Kilbarry
- Tarmonbarry
- Camlin
- Richmond Harbour
- Royal Canal
- Shannon
- Lanesborough
- Lough Ree

0 — 5 Kilometer

ter die Brücke. Nach der Schleuse schlängelt sich der Shannon durch eine flache Landschaft bis nach Lanesborough südwärts. Zuvor ist am Ostufer ein Torfkraftwerk unübersehbar. Der Ort ist wenig interessant. Rund um die Brücke gibt es an beiden Ufern Anlegemöglichkeiten, am Westufer liegt ein kleiner Hafen.

Lough Ree

Gleich hinter der Brücke von Lanesborough befindet man sich auf dem Lough Ree mit seinen vielen Inseln – einem fantastischen Kreuzfahrtrevier. Man möge aber die Naturgewalten auf diesem See nicht unterschätzen. Die Schnelligkeit, mit der sich ein schöner, ruhiger Sommertag in ein wolkenverhangenes, windiges Grau mit kurzen, steilen, gischtigen Wellen verwandeln kann, ist hier für Ortskundige nicht überraschend, für den Kontinentaleuropäer aber schon.

Die Schifffahrtswege des Lough Ree sind gut markiert. Es gibt etliche Anleger und Häfen rund um den See. Waterways Ireland plant einen neuen Hafen in Lanesborough. Einige Inseln kann man besuchen, aber für Charterboote ist dies nicht überall erlaubt, ebenso sind ihnen einige Häfen verschlossen.

Als Erstes liegt auf einer Halbinsel am Ostufer das Gelände von Rathcline Castle. Es wurde im 17. Jahrhundert von George Lane, dem Viscount von Lanesborough, gebaut und von Cromwells Armee niedergebrannt. Der nächste markante Punkt ist Blackwood Point am Ostufer, der wegen einiger Felsen davor weiträumig nach Westen umfahren werden muss. Jedes Jahr laufen hier einige Boote auf Grund, die glauben, eine Abkürzung würde ihr Fortkommen beschleunigen. Dann folgt die Bantry Bay, nachdem man Inch McDermot, drei kleine Inselchen und Inchenagh an Steuerbord hat liegen lassen. Nach der Passage zwischen Millstone Point am Ostufer und der Insel Clawinch nähert man sich einer der größten Insel vom Lough Ree, Inchcleraun. Nach einem einsamen Bewohner der Vergangenheit heißt sie auch Quäkerinsel. Er soll Steine von den Kirchenruinen der Insel zum Bau eines eigenen Hauses benutzt haben, aber der Schutzheilige des alten Klosters, St. Diarmaid, war darüber so erbost, dass er einen Blitz auf den alten Karrengaul der Insel schleuderte. Das Pferd wurde wahnsinnig und raste so lange auf der Insel herum, bis es erschossen wurde. Als der Quäker die Steine zu den Kirchen zurückgebracht hatte, kehrte wieder Ruhe auf der Insel ein.

Eine noch frühere Bewohnerin von Inchcleraun soll die Königin Maeve von Connaught gewesen sein. Sie war an Viehdiebstahl und anderen Raubzügen beteiligt. Anscheinend hatte sie drei Ehegatten, aber nachdem der letzte in einer Schlacht das Zeitliche gesegnet hatte, zog sie sich auf die Insel zurück, wo ihre Schwester eine Universität gegründet hatte. Sie pflegte in einem Becken am See zu baden, wo sie ein Sohn des Königs von Ulster, des alten Feindes, entdeckte und mit einer Steinschleuder tötete – es waren halt harte Zeiten.

Viele der Inseln des Sees waren bis in die 1960er-Jahre bewohnt. Mit dem Schulzwang und dem Vordringen der modernen Zivilisation entvölkerten sich die Inseln. Die Bewohner waren mit kleinen Farmen und Fischfang weitgehend Selbstversorger. Besonders im Winter, wenn das Festland manchmal wochenlang nicht erreichbar war, muss dies ein hartes Leben gewesen sein.

Hat man die Insel im Süden umrundet, kann man Richtung Westen nach Portrunny in der Cruit Bay abbiegen, die Galey Bay erkunden oder durch die Blackbrink Bay südwestlich und den Lecarrow-Stichkanal nach Lecarrow fahren. Der Ort mit einigen freundlichen Pubs hat einen schönen, baumumstandenen Hafen.

Zurück auf dem See passiert man zwei gut markierte felsige Untiefen in der Mitte, dann Rinnaghan Point, Rindoon mit Warren Point, die Black Islands und King Island, bevor man zu einigen Buchten und Inseln ostwärts abbiegen oder südwärts weiter fahren kann. Nach Osten läuft man in die Derry Bay, lässt dabei die Insel Inchturk im Süden und rundet die Südspitze der Insel Inchbofin, auf der eine kleine Kirche steht. Man kann aber nur mit dem Beiboot übersetzen. Die Fahrwassermarkierungen sind hier überall sehr genau zu beachten. Vor dem Ostufer in Inchbofin liegen Felsen, daher sollte man unbedingt die Durchfahrt nach Norden zwischen der roten und schwarzen Bake benutzen. Leveret Island mit seiner schwarzen Bake muss dann nördlich umfahren werden. In der Bucht Noughavel südlich Leveret Island kann man gut geschützt liegen, weil der Anker im schlammigen Boden Halt findet. Nach Bethlehem Point am Südufer folgt nach Osten die Inny Bay, in die der River Inny mündet. Die Einfahrt ist betonnt. Man kann ein Stück bis zu einer Fußgängerbrücke den Fluss hinauffahren.

Auf dem Rückweg weiter nach Süden kann man zwischen Inchturk bzw. Inchmore und der Ostküste bleiben und dann wieder zur Hauptroute über den See zurückkehren. Inchmore ist die größte Insel des Lough Ree und war jahrhundertelang besiedelt und hatte sogar Straßen. Es gibt Ruinen eines alten Klosters am Nordende. Es finden sich auch die Reste eines großen Hauses mit einem Küchengarten und zahlreichen kleinen Nebengebäuden. Von 1900 bis 1950 gab es eine eigene Schule auf der Insel.

Die Passage zwischen der Südspitze von Inchmore und den Felsen Napper Rocks – auch hier sollen schon Kreuzer aufgelaufen sein – ist sehr eng. Wenn

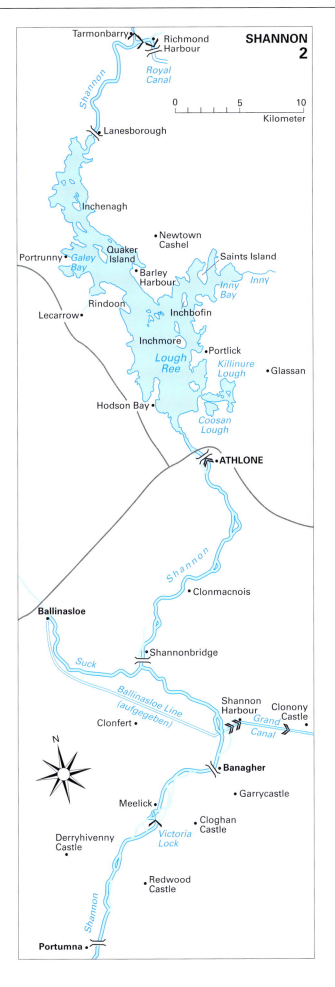

SHANNON 2

0 — 5 — 10 Kilometer

man dies glücklich bewältigt hat, und nicht allen gelingt dies, muss man strikten Westkurs halten und nördlich des bezeichneten Adelaide Rock vorüberfahren, bevor man wieder nach Süden in das Hauptfahrwasser eindrehen kann. Nur diejenigen, die sich hier wirklich gut auskennen, laufen bereits vorher entlang des Long Shoal südwärts. Will man die Ausbuchtungen am Ostufer erreichen, muss der Hexagon Shoal nordwestlich von Hare Island mit äußerstem Respekt angesteuert werden, weil er als der gefährlichste Felsen im Lough Ree gilt. Jedenfalls laufen hier mit Abstand die meisten Boote auf. Ein gutes Fernglas ist unverzichtbar, um anhand der Fahrwassermarkierungen immer feststellen zu können, wo man sich gerade befindet, denn vom Boot aus ist z. B. eine Insel nicht ohne weiteres vom Festland zu unterscheiden. Bei den allermeisten Charterbooten gehört es zur Ausrüstung.

Hare Island kann auf beiden Seiten umfahren werden, wenn man Hexagon Shoal hinter sich hat, bevor man die enge Durchfahrt in den Killinure Lough zwischen Killinure Point und Coosan Point passiert.

Hier gibt es einige interessante Inseln und Liegeplätze. Die Wineport Lodge mit Hafen an der Ostküste unterhalb Glassan sollte man nicht auslassen. Beschaulich ist es in den kleinen Buchten beiderseits von Friar's Island, Coosan Lough und Ballykeeran Bay.

Die südwestlichste Bucht vom Lough Ree, Hodson Bay, bietet einen guten Hafen, ein eindrucksvolles Hotel und einen Golfplatz. Von hier kann man entlang der sich nördlich erstreckenden Halbinsel zum Yew Point wandern und häufig eine Regatta draußen auf dem See beobachten. Der Lough Ree Yacht Club hat gleich am Ende des Sees im Shannon seine Basis. Er beansprucht, der zweitälteste Yacht Club der Welt zu sein und trägt auf dem See seit dem 18. Jahrhundert Regatten aus.

Ende des 19. Jahrhunderts begannen die Fischer mit ihren Booten Rennen gegeneinander zu fahren. 1920 brach eine Abordnung auf, um den berühmten Yachtbauer Morgan Giles um den Entwurf eines Bootes zu bitten, das für alle Segler auf dem Shannon einheitliche Bedingungen schaffen sollte. Es sollte für den See geeignet und 5,5 m lang sein, es sollte sich fürs Fischen, ein Picknick oder eine Regatta eignen und von Segeln, Ruder oder einem Motor angetrieben werden können. 1921 baute Walter Levinge einen Prototyp. Seither gibt es das Shannon One Design, die SODs, wie die Bewunderer diese Klasse nennen. Jedes Jahr tragen sie ihre Regatten auf dem Lough Ree und dem Lough Derg aus. Der Gesamtsieger erhält die Delany Memorial Trophy. Dr. Alf Delany, ein Gründungsmitglied der Inland Waterways Association of Ireland, war Meister bei den SODs und sein Vater 1920 in der Delegation bei Morgan Giles.

Die weiße Eisenbahnbrücke von Athlone

Vom Lough Ree nach Clonmacnois

Vom Südende des Lough Ree bis nach Athlone sind es nur 4 km. Wenn man die neuere Straßenbrücke unterquert hat, folgt am Ostufer die Jolly Mariner Marina in einem schmalen Flussarm hinter Charlie's Island. Weiter flussab quert die weiße Eisenbahnbrücke den Fluss. Die Durchfahrt ist am westlichen Ufer. Dann sieht man die Anlage des Ruderclubs von Athlone und gegenüber Anlegemöglichkeiten.

Athlone erstreckt sich an beiden Seiten des Shannon. Die Kirche Peter und Paul, das Castle und die Altstadt liegen auf der Westseite, Läden, Pubs und Restaurants eher auf der Ostseite. Zwischen der Steinbrücke und der Schleuse sind auf beiden Seiten Kais. Entscheidet man sich für das Ostufer, sollte man sich bei hohem Wasserstand des starken Zustroms über das Wehr bewusst sein.

Athlone liegt etwa in der Mitte Irlands an einem wichtigen Übergang über den Shannon. Die Stadt hatte immer strategische Bedeutung und deshalb viele Schlachten gesehen. Ihr Name auf Gälisch lautet Ath-Luain, was Furt von Luan bedeutet. Der Flussübergang lag zwischen den Königreichen Connacht und Leinster und später zwischen dem englisch kontrollierten Irland und den gälischen Rückzugsgebieten im Westen. Das beeindruckende Castle wurde im 13. Jahrhundert gebaut. Die Stadt entwickelte sich rasch. Die Kämpfe zwischen Jakob II. und Wilhelm von Oranien um Athlone Anfang des 17. Jahrhunderts dauerten mehr als zwei Jahre. Der Verlierer auf irischer Seite war der französische General Saint-Ruth, der Gewinner auf der englischen der holländische General Ginkel.

Die Stadt entwickelte sich auf der Westseite im Schutze der Festung, die eine Besichtigung lohnt. Die erste Brücke wurde hier im 12. Jahrhundert errichtet, etliche weitere folgten. Sir Henry Sidney baute 1568 die erste Steinbrücke, die auch drei Mühlen trug. Eine der berühmtesten Schlachten von Athlone fand 1691 statt, als die Iren die Engländer zehn Tage auf der Ostseite festhalten konnten, indem sie immer wieder den letzten Bogen zerstörten. 1846 wurde die neue Steinbrücke gebaut, 1850 die Eisenbahnbrücke.

Eine andere bedeutende Schlacht gewann die IWAI in den 1950er-Jahren und stellte damit die Schiffbarkeit des Shannon sicher. Es gab ein Hubsegment in der Brücke, das durch ein festes Teil ersetzt werden sollte. Die IWAI lief dagegen Sturm. Als man für den ganzen Shannon eine Durchfahrtshöhe von 5,5 m festlegte, war auch das Problem von Athlone gelöst.

Der früheste Kanal durch Athlone verläuft an der Westseite des Flusses und ist heute noch zu sehen. Er wurde in den 1750er-Jahren gebaut und hatte eine Schleuse von 36,5 m Länge, 5,8 m Breite und einem Hub von 1,4 m. Am Nordeingang konnte bei Hochwasser ein Tor geschlossen werden. Das heutige Wehr und die Schleuse unterhalb der Brücke ersetzen diesen Kanal seit 1844, nachdem die Shannon Commissioners die Verantwortung für den Wasserweg aufgrund des 1835 verabschiedeten Shannon Navigation Act übernommen hatten.

Südlich von Athlone fließt der Shannon durch flaches Marschland. Die Weiden sind jeden Winter überflutet und werden hier „Callows" genannt, was sich vom gälischen „Cala" ableitet und etwa Wasserwiese bedeutet. Diese Feuchtbiotope sind nie gepflügt oder drainiert worden und bilden ein international bedeutendes Ökosystem. Hier hat zum Beispiel die Wiesenknarre eines ihrer letzten europäischen Brutgebiete. Man wird den scheuen Vogel aber kaum zu Gesicht bekommen.

Ein anderes Kennzeichen dieser Landschaft sind die lang gestreckten Moränen, die mit dem Rückzug der letzten Gletscher entstanden. In früheren Zeiten wurden sie gern als sichere Wege zwischen den Mooren benutzt. Auch heute verlaufen hier noch etliche Straßen. Sie waren früher bewaldet. Die Bäume sind aber allmählich mit dem Bedarf an Brenn- und Baumaterial verschwunden. Die Moränen sind heute ein artenreiches Grasland, ein auf den Britischen Inseln selten gewordenes Biotop.

Etwa 15 km südlich von Athlone sind die Ruinen von Clonmacnois schon von weitem zu sehen. Dieses berühmte Kloster wurde in der Mitte des 6. Jahrhunderts von St. Ciarán gegründet, der aber selbst schon nach einem halben Jahr gestorben sein soll. Der Ort war strategisch an der Ost-West-Route über die Moränen und der Nord-Süd-Route des Shannon gewählt. Es dürfte auch vorher schon eine Siedlung und

einen gewissen Handel über den Fluss gegeben haben, denn es gibt Berichte über die Lieferung von Wein aus Frankreich durch ausländische Schiffe. Das religiöse Zentrum, zugleich eine Art Universität, hielt sich hier mehr als tausend Jahre. Soldaten der englischen Garnison in Athlone zerstörten Clonmacnois 1552. In seiner Geschichte wurde das Kloster nicht weniger als 54-mal durch Wikinger, Iren, Engländer oder Feuer zerstört, aber bis zum endgültigen Aus jedes Mal wieder aufgebaut. Dies zeigt, welche Bedeutung dieser Ort für das religiöse und intellektuelle Leben Irlands hatte.

Clonmacnois war eine kleine Stadt mit Werkstätten, Kapellen, Kirchen und Wohnstätten für Laien und Mönche. Heute ist es ein Nationaldenkmal mit einem kleinen Museum, das die historischen Hintergründe veranschaulicht. Die ansehnlichen Ruinen von Kirchen und Kapellen sowie ein gut erhaltener Rundturm sind die eindrucksvollen Zeugen. Zwei der bedeutendsten, reich bebilderten irischen Hochkreuze sind hier zu sehen, die Originale im Museum und die Repliken an ihren ursprünglichen Plätzen. Neben dem Kloster finden sich noch die deutlichen Umrisse

---

Sehenswürdigkeiten

Boyle – Wenn man auf dem Lough Key und dem Boyle River unterwegs ist, lohnt sich ein Besuch der Abtei, die von Dúchas unterhalten wird. Nahe gelegen in der Main Street steht das King House, der Sitz der Familie King, bis sie ins Rockingham House am Lough Key zog. Die Ausstellung beleuchtet die Geschichte der keltischen Fürsten und der landnehmenden Engländer im 17. Jahrhundert. Rockingham brannte 1957 nieder und gehört nun zum Lough Key Forest Park mit 200 Jahre alten exotischen Bäumen.

Strokestown Park House – Das Herrenhaus ist gut von den Anlegern Grange oder Kilglass zu erreichen und zeigt das Leben der Oberschicht vom 17. bis zum 19. Jahrhundert. In den alten Ställen zeigt das Famine Museum das Leben der Landbevölkerung in dieser Epoche. Inhalte und Orte des Museums machen den Kontrast nachhaltig deutlich. Der Park ist hervorragend gepflegt und hat einen traditionellen Irrgarten aus Eiben.

Dromod – Für Eisenbahnfans und Kinder sind eine Fahrt mit der Cavan and Leitrim Railway ein großer Spaß und der alte Wasserturm sowie die Lokhalle interessant. Die Dampfloks werden nur am Sonntag herausgeholt.

Lough Ree – Der Electricity Supply Board hält jedes Jahr im Juli eine Umwelt-Sommerschule ab. Seminare und Besichtigungen rund um den See beschäftigen sich mit Natur und Umwelt. Informationen

dazu gibt es im Internet unter www.lough-ree.com.

Athlone – Das Castle am Westufer neben der Brücke wurde von Cromwells Armee 1690 schwer beschädigt. Im Museum des Castle erinnern einige Stücke auch an den berühmten Tenor Count John McCormack, der hier geboren wurde und nach Amerika auswanderte.

Ursprünglich gab es am Westufer der Stadt einen gradlinigen Seitenkanal, der bei einem Rundgang durch die schönen alten Straßen leicht zu finden ist. In dem Buchladen Na Linte in der Main Street findet man antiquarische Werke zu den Wasserwegen.

Clonmacnois – Eine Fahrt auf dem Shannon ohne Besuch von Clonmacnois ist nahezu undenkbar. Das Kloster wurde im 6. Jahrhundert an der Kreuzung von Ost-West- und Nord-Süd-Verkehrswegen angelegt. Es wurde bald zum bedeutendsten Zentrum religiöser Gelehrsamkeit in Irland und blieb dies für Jahrhunderte. Trotz der vielen Besucher vermitteln die alten Steine die Magie ferner Zeiten, wenn man sich darauf einlässt, dies nachzuempfinden.

Die umliegende Moorlandschaft war ein natürlicher Schutzschild. Heute kann man mit der Clonmacnois and West Offaly Railway eine 8-km-Rundtour durch das Blackwater-Moor machen. Sie beginnt direkt außerhalb von Shannonbridge an der R357. Die Bahn wird von Bord na Mona, der irischen Torfbehörde, betrieben, die auch das Kraftwerk unterhält.

Shannonbridge wurde 1757 gebaut.

eines Castles, das auf das Jahr 1220 zurückgeht. Unterhalb der Anlage befindet sich der manchmal recht volle Anleger, denn wohl kaum jemand fährt hier ohne Aufenthalt vorüber.

Von Clonmacnois zum Lough Derg

Der Shannon windet sich südwärts weiter durch die friedliche Landschaft der „Callows" und bildet vor Shannonbridge zwei Inseln, Devenish Island und Long Island, die man an Steuerbord vorüberziehen lässt. Diese längste Brücke mit ihren 16 Bögen über den Shannon wurde 1757 errichtet. Als der Schiffsverkehr florierte, wurde 1845 ein Bogen zur Klappbrücke umgebaut, aber dies hat man längst wieder rückgängig gemacht. Die Fahrrinne verläut am Ostufer, und direkt unterhalb der Brücke ist ein Kai.

Der Ort liegt gleichfalls am Ostufer und hat nicht viel zu bieten. Gegenüber liegt eine imposante Festung aus der napoleonischen Zeit, als man dem Korsen zutraute, das Land über den Shannon erobern zu wollen. Eben südlich Shannonbridge mündet am Westufer der River Suck, der bis Ballinasloe schiffbar ist. Der Shannon windet sich nun mehr östlich an einem über der Landschaft thronenden Torfkraftwerk vorüber und unter einer Eisenbahnbrücke hindurch.

10 km südlich von Shannonbridge unterhalb der Insel Lehinch befindet sich am Ostufer die kaum zu bemerkende Einfahrt in den Grand Canal und nach Shannon Harbour. Aus keiner Richtung gibt es hier ein Schild, das auf den großen künstlichen Bruder des Shannon hinweist. Dies wird sich wohl mit der Belebung des Kanals eines Tages ändern. Auch der kleine River Brosna mündet hier, ebenso gegenüber der alte,

geschlossene Verbindungskanal nach Ballinasloe. Auch wenn man den Grand Canal nicht auf seinem Reiseplan hat, lohnt sich der kurze Abstecher zum Anleger vor der ersten Schleuse, um nach einem kurzen Fußweg die dramatische Ruine des alten Kanalhotels anzuschauen. Die schiere Größe überzeugt von der einstigen Bedeutung des Kanals und den Hoffnungen, die mit ihm verknüpft waren.

Der nächste Ort am Shannon ist Banagher am Ostufer. Die Brücke wird am Westufer von einem Martello Tower aus der napoleonischen Zeit bewacht. Banagher ist eine georgianische Stadt, obwohl es hier schon seit dem 11. Jahrhundert Brücken über den Fluss gab. Die derzeitige stammt aus dem Jahre 1843. Die Durchfahrt erfolgt am Ostufer. Mit dem Brückenbau wurde damals die Fahrrinne in den Shannon verlegt. Am Westufer sind noch die Schleuse und der alte Seitenkanal, der einst der Umgehung von Untiefen diente, zu finden.

Auch in Banagher hat die Literatur eine Rolle gespielt. Anthony Trollope begann hier 1841 seinen Aufenthalt in Irland als Oberpostsekretär, Charlotte Brontë verbrachte einen Teil ihrer Flitterwochen an diesem Ort. In Banagher werden Charterboote vermietet, und dementsprechend bietet die Ortschaft alle Versorgungsmöglichkeiten. Ein Landausflug führt über 7 km nach Clonfert zu der St. Brendan gewidmeten Kathedrale. Dieser Mönch soll in der Mitte des 6. Jahrhunderts in einem Currach (Coragh), einem kleinen offenen Boot aus einem Holzgeripppe überzogen mit Ochsenhäuten, Amerika entdeckt haben. Wie dem auch sei, die Kathedrale hat ein erstaunliches Portal, das zu den bedeutendsten des irisch-romani-

SHANNON
3

0   5   10
Kilometer

Clonfert•

Banagher

Meelick• Cloghan Castle

Victoria Lk

Derryhivenny Castle •

•Redwood Castle

Shannon

Portumna
Castle •
Harbour•
Portumna
Waldpark

Lough Derg

•Terryglass

•Kilgarvan

Rossmore•

Illaunmore

Williamstown• Harbour

•Dromineer

Mountshannon•

•Garrykennedy
•Portroe

Holy Island

Scarriff Scarriff•

•Tuamgraney

Killaloe• •Ballina

Stausee für Kraftwerk

O'Brien's Bridge

Shannon

Ardnacrusha•

LIMERICK

Siehe Plan 4

schen Stils gehört. Es gab Pläne, einen Anleger weiter nördlich in der Nähe von Clonfert zu bauen, aber bisher gibt es ihn noch nicht. Wer an der Kanalgeschichte interessiert ist, kann ein Stück des Weges nach Clonfert dem geschlossenen Verbindungskanal nach Ballinasloe folgen.

Hinter Banagher liegt mit Fort Eliza eine weitere antinapoleonische Befestigung am Ostufer. Bei der Insel Inishee wendet sich der Shannon wieder in südwestliche Richtung. In diesem Abschnitt liegen einige Inseln im Strom. Hin und wieder kann die Strömung recht kräftig sein. Oberhalb des Wehrs von Meelick gibt es einen Kai, von dem aus man zur mittelalterlichen Kirche gehen kann. Zur Schleuse, die Victoria Lock heißt, gelangt man über einen kurzen Kanal zwischen zwei Inseln. Auch hier gibt es am Westufer einen Martello Tower. Kanal und Schleuse wurden in den 1840er-Jahren angelegt, weil die alte Schleuse für die größeren Schiffe zu klein war. Die alte Fahrrinne führte östlich um die Inseln herum. Die alte Hamilton-Schleuse war die Erste am Shannon und wurde in den 1750er-Jahren gebaut.

Hinter Meelick wird der Fluss breiter, die Landschaft ist flach. Gelegentlich bilden sich aufgrund der Arbeiten in den Mooren hier Untiefen. Die Insel Ballymacegan muss man, den Fahrwasserbezeichnungen folgend, an der Ostseite passieren. Am Westufer steht das Esker Raider Heritage Centre mit einem angenehmen Kai. Von Meelick nach Portumna am Eingang zum Lough Derg, was „roter See" bedeutet, sind es etwa 13 km.

Rundfahrt auf dem Lough Derg

Portumna ist ein hübsches Marktstädtchen, das sich an diesem alten Flussübergang entwickelt hat. Die Drehbrücke muss für alle Boote geöffnet werden. Dafür gibt es bestimmte Uhrzeiten mehrmals am Tag. Wenn man sich nicht nach den Öffnungszeiten erkundigt hat, kann man in der Saison mit vielen anderen Boote schon mal über eine Stunde warten, und das bei überbelegten Anlegern vor der Brücke. Der Hafen, Connacht Harbour, gleich nördlich der Brücke ist die Basis eines großen Bootsvermieters, und gegenüber liegt ein kleiner Privathafen, Munster Harbour. Der Portumna Castle Harbour liegt an der Nordküste vom Lough Derg und ist der beste Ausgangspunkt für einen Besuch der Stadt.

Ballynasheera Castle sieht man am Ostufer der Mündung des Shannon nahe Derry Point liegen.

Wie auf dem Lough Ree muss man sich auf dem Lough Derg darüber im Klaren sein, dass es sich um einen großen See handelt und das Wetter schnell umschlagen und die Fahrt ungemütlich machen kann. Man sollte anhand einer Karte immer genau wissen, wo man sich gerade befindet und gegebenenfalls den

Kurs ändern, wenn es sich empfiehlt, Schutz zu suchen. Dies vorausgeschickt kann man den Lough Derg nur als ein wundervolles Kreuzfahrtrevier bezeichnen, auf dem man sich genüsslich zwei Wochen herumtreiben kann.

Südöstlich gegenüber vom Castle Harbour liegt Terryglass. Der Hafen bietet guten Service und liegt nahe am Ort und seinem Pub. Gegenüber auf der Westseite hat in der Clondavaun Bay eine neue Marina geöffnet, die nur 3,2 km von Portumna entfernt liegt. Sie bietet als moderne Marina Gästen von Wasser und Elektrizität über Duschen und Waschmaschine bis zum Clubhaus alles, was das Herz begehrt. Boote können an Land gehoben werden. Ein Restaurant, Tennisplätze und Reitpferde tun das Übrige, um die Crew bei Laune zu halten.

Der nächstfolgende Ort ist Kilgarvan an der Ostküste, nachdem man vor Drominagh Point die nur 2 km breite Engstelle vom Lough Derg passiert hat. Die Anlegeplätze sind sehr begrenzt. Man muss die davor liegenden Foot's-Inseln wegen der Untiefen in Ufernähe in sicherem Abstand westlich umsteuern. Wenige Meter vom Hafen entfernt befindet sich das Restaurant Brocka-on-the-Water – in jedem Fall eine ausgezeichnete Adresse.

Um nach Rossmore, wieder an der Westküste, zu gelangen, muss man den mit der roten Bake und dem Buchstaben „F" bezeichneten Split Rock mit gutem Abstand östlich umfahren und dann in nördlicher Richtung eindrehen. Der kleine Anleger ist bei den vorherrschenden West- oder Nordwestwinden gut geschützt. Es gibt einen Slip, aber sonst nichts. Früher sind recht große Schiffe den Woodford River hinauf zur 2,5 km entfernten Mühle an der Rossmore Bridge gefahren. Heute kann man nur ein kurzes Stück bis zu einem Wendebecken weiterfahren, aber in der Flussmündung liegt eine Barre.

Gegenüber von Split Rock liegt am Ostufer Bellevue Point. Südlich strecken sich die felsigen Finger von Goat's Road weit nach Westen in den See hinaus. Sie sind mit dem schwarzen Seezeichen und dem Buchstaben „E" gekennzeichnet. Danach wird der See wieder breiter. Stick Rock an der Westküste ist zu beachten, bevor sich die nur 3 m tiefe und für Charterboote verbotene, aber gleichwohl interessante Coose Bay öffnet.

Sehenswürdigkeiten

Killaloe – Die Altstadt mit ihren hügeligen, engen Gassen führt einen unvermeidlich zur St. Flannan's Cathedral. Es gibt unzählige sakrale Bauten in Irland, aber die Schlichtheit dieser Kirche vermittelt heutigen Zeitgenossen wohl am deutlichsten die Ehrfurcht ihrer Erbauer. Dazu mag auch der Thorgrim Stone beitragen, auf dem in der Runenschrift der Wikinger und der keltischen Oghamschrift um ein Gebet für den Steinmetz Thorgrim gebeten wird und der die einzige zweisprachige Quelle ist.

Limerick – Bunratty Castle liegt etwas außerhalb an der Straße nach Ennis. Die Wikinger errichteten hier die erste Befestigung, aber erst die Normannen bauten das Castle auf einer ehemaligen Insel des Shannon. Im 15. Jahrhundert residierte hier die Familie Macnamara. Das Castle ist schön restauriert und dient als Museum. Im Park gibt es ein rekonstruiertes typisches Dorf am Shannon aus dem 19. Jahrhundert.

Auch King John's Castle ist normannisch. Von den Türmen hat man eine großartige Aussicht auf Limerick. Die Ausstellung illustriert die turbulente Geschichte der Stadt. Auch das Civic Museum und die St. Mary's Cathedral in der Nähe lohnen einen Besuch.

Das Limerick Custom House befindet sich südlich an der Rutland Bridge und bietet Pontons als Anleger für einen Stadtaufenthalt. Das hier untergebrachte Hunt Museum präsentiert die 1976 gestiftete bunte Sammlung der Hunts mit einem Schwerpunkt auf dem Mittelalter. Vom Restaurant im Untergeschoss schaut man über den Fluss.

Handgemachte irische Spitze gibt es beim Sister of the Good Shepherd Convent in der Clare Street. Samstagmorgens sollte man den Milk Market in der Ellen Street aufsuchen, wo man gut hiesige, aber auch exotischere Lebensmittel einkaufen kann.

Foynes – Das Wasserflugzeug-Museum ist wirklich etwas Besonderes. In den 1930er- und 1940er-Jahren gab es diese Linie über den Atlantik. 11 km westlich liegt das im Mai und Juni und ansonsten per Anmeldung geöffnete Glin Castle mit seinen Gärten.

Kilrush – In der Town Hall gibt es eine sehr gute Ausstellung zur Geschichte der Stadt im 18. und 19. Jahrhundert, als die Landlords das Sagen hatten. Traditionelle Pferdemärkte finden im Juni, Oktober und November statt. Hier werden die Geschäfte noch per Handschlag gemacht.

Nahe der Marina befindet sich das Scattery Island Centre. Hier kann man viel über das klösterliche Leben erfahren und einen Bootsausflug zu Scattery Island buchen, wo ein gut erhaltener Rundturm zu besichtigen ist. Von Kilrush aus kann man auch per Boot zum Dolphin Watching fahren. Die Shannon-Mündung ist eines der beliebtesten Reviere für die großen Tümmler. Zumeist bekommt man aber auch andere Meerestiere zu Gesicht.

Weiter südlich liegt Illaunmore, die größte Insel im Lough Derg. Sie ist in Privatbesitz und kann deshalb nicht betreten werden. Aber hier gibt es eine Kirchenruine und Reste einer Klostersiedlung. Im Osten sieht man die Halbinsel Cameron Island und die Castletown Bay, die sehr flach und von überspülten Felsen übersät ist.

Die Hauptfahrrinne führt weit westlich an Illaunmore vorüber und teilt sich nördlich der Benjamin Rocks, eben südlich Sunk Island: Entweder fährt man südöstlich nach Dromineer oder weiter die Westküste entlang bis nach Williamstown Harbour. Hier hat ein Bootsvermieter seine Basis. Die westliche Fahrrinne führt dicht östlich an Horse Island vorbei und verläuft westlich der Benjamin Rocks. Für einen Aufenthalt ist jedoch der Hafen von Dromaan ein Stück südlich empfehlenswert. Nur bei südlichen Winden ist er exponiert.

Der Weg über den See östlich an den Benjamin Rocks und Corikeen Islands vorbei an die Ostküste bringt einen nach Dromineer. Hier hat der altehrwürdige Lough Derg Yacht Club seinen Sitz. Er nennt eine Flotte von Shannon One Design-Booten sein eigen, mit denen viele Regatten gesegelt werden. Die Burgruine dient als Landmarke, um die Einfahrt in den Hafen mühelos anzusteuern. Das Castle wurde im 16. Jahrhundert gebaut, von einem der Generäle Cromwells erobert und schließlich auf Befehl Wilhelm von Oraniens geschleift.

Nachdem man Goose Island südlich passiert hat, erreicht man Ilaunagore Marina in der Südostecke der Dromineer Bay. In Dromineer gibt es wirklich alles, was eine Crew braucht. Der Ort ist so angenehm und lebendig, dass mancher Skipper Schwierigkeiten hat, seine Mannschaft zur Weiterfahrt zu bewegen. 10 km landeinwärts liegt die Stadt Nenagh, in der die Ruine eines interessanten Castles aus dem 13. Jahrhundert zu sehen ist. Der wesentliche Teil ist ein mit Zinnen

Restaurants

Carrick-on-Shannon – Das Bush Hotel im Stadtzentrum hat Atmosphäre und traditionelle irische Küche mit Niveau.

Lough Ree – In Glassan hat man die Wahl zwischen der Wineport Lodge und einer schönen Aussicht auf den Killinure Lough oder dem Glassan Village Restaurant in einem Gebäude des Ortes, das einst als Kaserne diente. Gegenüber an der Westküste liegt das Hodson Bay Hotel mit eigenem Hafen.

Athlone – Unterhalb des Castle liegt Le Château. Es befindet sich in einer ehemaligen Kirche. Die Küche ist exzellent, die Preise für ein Early Evening Dinner sind reduziert. An einem kleinen Platz nicht weit vom Castle, Fry Place, hat Pavarotti, der Italiener, ein gutes Angebot. Hier ist auch das Left Bank Bistro. Am Ostufer in der Nähe des Kinos ist Olive Grove eine gute Wahl. An der Main Street unterhalb des Castle liegt Sean's Bar, die beansprucht, Irlands ältester Pub zu sein. Der Pub hat sich frischeren Ruhm durch die Tatsache erworben, dass sich hier das inoffizielle Hauptquartier der Inland Waterways Association of Ireland befindet.

Banagher – Das Vine House dicht am Hafen ist gut. Musik und Guinness gibt es bei J. J. Hough's in der Main Street.

Portumna – Die zahlreichen Pubs werden jeden Durst stillen können. Zum Essen bieten sich Peter's Restaurant und das Clonwyn House in der Main Street an. Gehobener geht es im Shannon Oaks Hotel and Country Club zu.

Lough Derg – In Dromineer ist das Whiskey Still mit gutem Essen und Musik bei Bootsurlaubern sehr beliebt. Ein paar Meter vom Anleger Kilgarvan betreiben Anne und Anthony Gernon ihr Restaurant Brocka-on-the-Water, wo man gut speisen kann. Ciss Ryan's Pub in Garrykennedy hat eine unprätentiöse Küche.

Mountshannon hat außer zahlreichen Pubs Noel's Restaurant in der Main Street mit einem so guten Ruf zu bieten, dass man lieber unter Tel. 061 927482 reserviert. Das Bistro An Cupán Caífé ist eine gute Alternative. Die Pubs in den anderen Ortschaften locken zumeist mit Musik und sind durchaus einen Abend wert.

Killaloe – Vom Ballina Quay ist es ein netter Weg zum attraktiven Cherry Tree Restaurant mit schönem Seeblick und gehobener Qualität. Auch Goosers hat einen guten Ruf. In den Nähe ist das günstigere Simply Delicious Café. Musik beim Essen bietet Molly's.

Limerick – Das Restaurant im Hunt Museum bietet nicht nur einen schönen Blick auf den Fluss, sondern auch Mahlzeiten aus hiesigen Produkten von guter Qualität. Eines der besten Angebote für einen rundum gelungenen Abend ist Brûlées in der Henry Street. Roo's Bistro Bar am Steamboat Quay ist atmosphärisch und preislich attraktiv. Das Green Onion Café in der Ellen Street hat lange geöffnet; gelegentlich gibt es hier Musik, speziell Jazz Sessions.

Adare – Wenn man die Shannon-Mündung im Auto erkundet, ist das Wild Geese Restaurant im Rose Cottage auf dem Hügel eine exzellente Wahl. Lokale Produkte werden hier im französischen Stil verarbeitet.

bestückter Rundturm. Die Zinnen sind allerdings eine viktorianische Zutat. Auch ein Franziskanerkloster gab es hier, im 13. Jahrhundert vom Bischof von Killaloe begründet. Ein anderer Grund für einen Trip nach Nenagh ist nach meinen verlässlichen Informationen, dass Peter und Mary Ward hier „den besten Käseladen ganz Irlands" betreiben.

Verlässt man Richtung Westsüdwest diesen gastlichen Ort, muss man den Mountaineer Rock an Backbord liegen lassen. Er ist zu Ehren eines der ersten Dampfschiffe auf dem Shannon benannt, obwohl nichts darüber bekannt ist, ob der Dampfer dem Felsen einen ungebetenen Besuch abstattete.

An der Ostküste folgt dann die Youghal Bay mit dem Hafen Garrykennedy am Südufer. Die Marina ist ebenfalls äußerst angenehm und bietet das Übliche, wenn auch die Einfahrt in den alten Hafen ein wenig Aufmerksamkeit erfordert. Die Bucht liegt weit offen für westliche Winde, sodass hier steile Wellen entstehen können. Der Parker Point etwas weiter westlich hat keinen guten Ruf wegen seiner rauen See.

Von hier aus kann man südwärts nach Killaloe oder nach Westen in die Scarriff Bay fahren. Dieses Revier hat mit seinen Inseln viel zu bieten. Im Nordwesten liegt Mountshannon, weiter südwestlich kann man den Scarriff River bis zur Stadt Scarriff hinauffahren. In der Regel landet man zuerst in Mountshannon. Hier gab es seit Mitte des 19. Jahrhunderts einen Hafen, der in den 1970er-Jahren für die expandierende Sportschifffahrt erweitert wurde. Heute ist er ein Zentrum des Segelsports im Lough Derg. Auch die Angler lieben die großen Forellen, die sie hier mit der Fliege aus dem See fischen.

Bei der Ausfahrt muss man zunächst mitten auf den See zuhalten, bevor man Bushy Island umrundet und einen südwestlichen Kurs einschlägt. Nachdem man zwischen Young Island zur Rechten und den Middle Ground Rocks zur Linken hindurchgefahren ist, gelangt man zur bekanntesten Insel vom Lough Derg: Inishcealtra, „die Insel der Begräbnisstätte", auch einfach als Holy Island bekannt. Hier haben seit dem 6. Jahrhundert etliche Heilige und fromme Brüder gelebt und die Ruinen zahlreicher Kirchen hinterlassen. Die Gebäude auf dieser Insel wurden mehrfach von den Wikingern dem Erdboden gleichgemacht und anschließend wieder aufgebaut. Bis ins 17. Jahrhundert herrschte ein intensives religiöses Leben. Noch bis ins 19. Jahrhundert gab es hier Pfingstprozessionen.

Die schmale Einfahrt in den Scarriff River wirkt zwischen einer roten und einer schwarzen Stange im Schilf recht geheimnisvoll. Zunächst sind die Windungen des Flusses recht weit. Das torfige Wasser wirkt im Sonnenlicht wie ein Spiegel. Nach einer scharfen Biegung bietet Reddan's Quay eine gute Liegemöglichkeit einen Kilometer unterhalb Scarriff

Harbour. Von hier kann man nach Tuamgraney gehen, wo eine der ältesten Kirchen Irlands steht, die noch genutzt wird. Zum Hafen von Scarriff hin wird der Fluss enger. Bäume und Büsche strecken ihre Äste bis in die Fahrrinne aus. Vom Hafen ist es nur ein kurzer Weg in das Marktstädtchen, das viele Angler anzieht. Von der höher gelegenen Stadt aus hat man einen weiten Blick über den unteren Lough Derg.

Bei der Ausfahrt aus der Mündung des Scarriff River steuert man zuerst einen nordöstlichen Kurs und lässt dann Middle Ground gut an Backbord liegen. Hat man Lushing Rocks an der Südküste der Scarriff Bay mit gutem Abstand passiert und will nach Killaloe, dreht man nach Süd in den unteren Arm des Lough Derg ein und lässt dabei das schwarze Fahrwasserzeichen mit dem Buchstaben „A" an Backbord, um anschließend etwas weiter südlich zwischen der roten und schwarzen Bake westlich Scilly Island zu steuern.

Hier kann man sich fast wie in einem skandinavischen Fjord fühlen, weil die höheren Hügel sich bis an das Ufer heranschieben.

Die Tinarana Bay mit Goat Island liegen vor dem Westufer. Derry Castle ist hinter den Bäumen der Ostküste auszumachen. Hinter Reinthoo Point wird der See enger, bis man in den betonnten Kanal von Ballyvally Point nach Killaloe gelangt. Hier ist für alle Charterboote das Ende ihres Reviers erreicht. Die Stadt ist sehr reizvoll. St. Flannans Cathedral, Ende des 19. Jahrhunderts restauriert, und die winzige Kirche St. Luas oben auf dem Hügel mit ihrem steilen Dach sind allemal einen Landgang wert.

Von Killaloe nach Limerick

Neuere Verbesserungen am Schifffahrtsweg machen die Passage von Killaloe nach Limerick zu einer interessanten Erfahrung. Dies ist derzeit jedoch nur mit eigenen, nicht mit gecharterten Booten möglich. Auf diesem Shannon-Abschnitt beträgt der Abstieg mehr als 30 m. Um den Doonas-Wasserfall zu umgehen, wurden im frühen 19. Jahrhundert drei Kanalabschnitte gebaut. In Killaloe gab es einen kurzen Kanal, der mit seiner torlosen Schleuse noch zu sehen ist. Des Weiteren verläuft westlich des Flusses der nicht schiffbare 9 km lange Old Errina Canal durch Errina, Newton und Gillogue. Er hat sieben Schleusen. Schließlich gibt es 1,5 km Kanalstrecke durch Limerick mit zwei Schleusen.

Anfang des 20. Jahrhunderts gab es verschiedene Pläne, die Wasserkraft des Shannon zu nutzen, bis man sich 1925 für ein Wasserkraftwerk in Ardnacrusha entschied. Siemens-Schuckert baute es, und ab 1929 floss zunächst über 90 Prozent des irischen Stroms von hier aus in das Netz des Landes. Heute

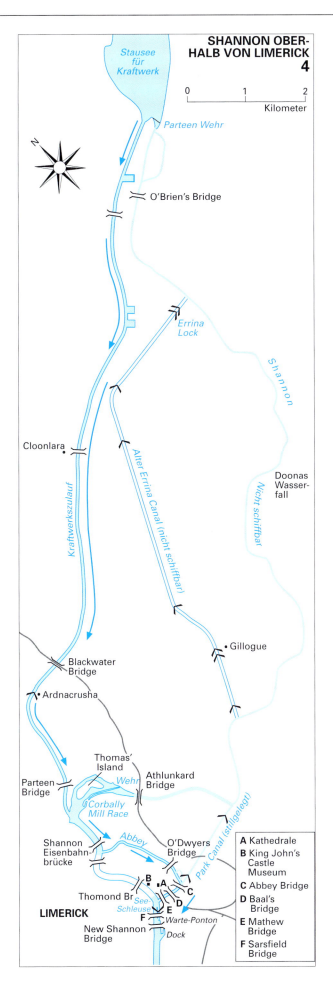

**SHANNON OBER-
HALB VON LIMERICK
4**

0   1   2
Kilometer

Stausee
für
Kraftwerk

Parteen Wehr

O'Brien's Bridge

*Errina
Lock*

S h a n n o n

Cloonlara

Alter Errina Canal (nicht schiffbar)

Kraftwerkszulauf

Doonas
Wasser-
fall

Nicht schiffbar

• Gillogue

Blackwater
Bridge

• Ardnacrusha

Thomas'
Island

Athlunkard
Bridge

Parteen
Bridge

Wehr

*Corbally
Mill Race*

Abbey

Shannon
Eisenbahn-
brücke

O'Dwyers
Bridge

Park Canal (stillgelegt)

A Kathedrale
B King John's
Castle
Museum
C Abbey Bridge
D Baal's
Bridge
E Mathew
Bridge
F Sarsfield
Bridge

B • **A**

F

C

Thomond Br

LIMERICK

*See-
Schleuse*

E

D

F

Warte-Ponton

New Shannon
Bridge

Dock

*Die Schleuse von Ardnacrusha hat einen Hub von fast
30 m – ein gewaltiges Bauwerk.*

deckt Ardnacrusha noch etwa 2 Prozent des Strom-
bedarfs. Der Speisekanal ist 11,2 km lang. Südlich
von Killaloe wurde ein großes Becken als Reservoir
geschaffen. Die Schleuse in Ardnacrusha ist mit zwei
Kammern und einem Hub von fast 30 m ein gewaltiges Bauwerk. Die massiven Betonwände am Ende
der ersten Kammer und die Tatsache, dass man in der
ersten Kammer schon sehr tief abgestiegen sein
muss, bevor man die Ausfahrt in die zweite Kammer
sieht, sind nichts für schwache Nerven.

Auch für die Lachse des Shannon musste man sorgen.
In dem großen Damm gibt es einen Lachslift, in den
die Fische auf ihrem Weg flussauf schwimmen und
dann nach oben befördert und freigelassen werden.
Die jungen Lachse verlassen den Shannon durch die
Turbinen. 80 Prozent überleben diese Begegnung mit
den modernen Zeiten – und dies ist mehr, als bei jeder anderen technischen Lösung zu erwarten wäre.
Bei Aalen funktioniert es umgekehrt: Die ausge-
wachsenen Fische schwimmen durch die Turbinen in

die Sargassosee zum Laichen, die zurückkehrenden Jungfische werden unterhalb des Damms in Tanks gesammelt und per Lastwagen oberhalb des Damms wieder ihrem natürlichen Element übergeben.

Limerick fällt einem nicht gerade als Erstes ein, wenn man einen Urlaub in Irland plant. Aber die Annäherung zu Wasser ist überaus attraktiv. Die Stadt hat einen eher grauen und konservativen Ruf, aber mit der Zeit entfaltet sie ihre Reize. Neue Vorhaben an ihrer Wasserseite rücken den Shannon mehr in den Mittelpunkt. Das neue Wehr und Anlegemöglichkeiten erlauben nun einen durchaus interessanten Besuch von Limerick.

Die Wikinger hatten hier eine Niederlassung gegründet, weil dies der einfachste Übergang zum Shannon war. Das erste Gebäude der Stadt stand auf der Insel zwischen dem Shannon und dem Abbey River. Von hier aus unternahmen sie ihre Raubzüge am Shannon. Ende des 10. Jahrhunderts wurde dann der Clan der O'Briens die herrschende Kraft. Die Wikinger gaben sich friedlicher und wurden Handwerker und Händler.

Zweihundert Jahre später überrannten die Normannen die Stadt und errichteten King John's Castle und die Thomond Bridge. Dann bauten sie die Baal's Bridge als Verbindung über den Abbey River. Im Castle befindet sich heute ein Museum, in dem man die Geschichte Limericks auch audiovisuell nachverfolgen kann. An der Westseite der Thomond Bridge findet sich der Treaty Stone, der an den Vertrag von Limerick aus dem Jahre 1691 erinnert: Wilhelm III. von Oranien hatte Jakob II. und damit der Protestantismus den Katholizismus in Irland besiegt.

Hinter Limerick beginnt das gezeitenabhängige Mündungsgebiet des Shannon.

Die Shannon-Mündung

Die Küste von Limerick und Kerry

Die Reise zum Atlantik ist noch 96 km lang. Eine weite Wasserfläche erstreckt sich zwischen den Küsten von County Clare im Norden und der Counties Limerick und Kerry im Süden. Wer darüber nachdenkt, hier einen Törn zu machen, sollte sich den Führer des Irish Cruising Clubs *Sailing Directions: South and West Coasts of Ireland* zulegen, der sehr genaue Informationen über das Seegebiet enthält.

Unterhalb von Limerick ist die Fahrrinne gut betonnt. Hinter der Mündung des River Maigue gibt es zwei mögliche Kurse. Der nördlich des Middle Ground verlaufende wird zumeist gewählt. Er ist gut betonnt und hat eine Mindesttiefe von 2,5 m. Die südliche Fahrrinne bietet nur eine Mindesttiefe von 1,8 m.

Die Mündung der Maigue an der Südküste liegt 13,5 km westlich von Limerick. Bis Anfang des vorigen Jahrhunderts war dieser Fluss 18 km bis nach Adare schiffbar. Die Ferry Bridge hatte einen Teil zum Drehen. Sie ist nun fest und damit die Grenze der Schiffbarkeit. 14 km weiter entlang der Küste des County Limerick mündet der River Deel, den man bei Flut 5 km bis zur Eisenbahnbrücke von Askeaton hinauffahren kann. Bis zum Masseys Quay liegen Tonnen aus. In Askeaton gibt es eine Bootswerft.

Weiter entlang der Südküste kommt man zu einem einen halben Kilometer vor der Küste gelegenen Anleger, der mit Aughinish Point mit einem mächtigen Viadukt verbunden ist. Der Tidenstrom erreicht hier 4 Knoten. Boote laufen Gefahr, gegen die Pfeiler des Viaduktes gedrückt zu werden. Vier Kilometer westlich liegt Foynes Island. Die Durchfahrt zwischen der Insel und dem Festland ist einer der besten Ankerplätze in der Shannon-Mündung. Skipper von Sportbooten sollten sich aber bewusst sein, dass der Hafen von Foynes in den letzten Jahren einen großen Aufschwung genommen hat und von vielen Frachtern angelaufen wird.

Die Geschichte von Foynes ist beachtlich. Es ist wohl das einzige Dorf mit nur 400 Einwohnern, das einen internationalen Flughafen, einen Seehafen und eine wichtige Eisenbahnlinie hat. Hier befand sich in den 1930er-Jahren der erste Flughafen für Transatlantikflüge. Der Flug nach New York konnte bis zu 20 Stunden dauern. Ein weiteres Ereignis für die Annalen ist die Tatsache, dass der Irish Coffee hier erfunden wurde. Eines Nachts brach ein Flugzeug nach New York auf, aber der Pilot entschied nach sechs Stunden, wegen der schlechten Bedingungen lieber umzukehren, was seinerzeit nichts Ungewöhnliches war. Der Wirt eines Restaurants spendierte den Passagieren einen Schuss Whiskey in den Kaffee und wurde von einigen gefragt, ob dies brasilianischer oder kenianischer Kaffee oder was auch immer sei. Seine klassische Antwort lautete: „No, it's Irish Coffee".

Westlich Foynes verengt sich der Meeresarm zwischen Tarbert Island und Kilkerin Point für die nächsten 14 km auf eine Breite von nur 2 km. An der Ostseite von Tarbert Island gibt es einen Kai, eine Pier und einen Fähranleger, an der Westseite einen großen Anleger für Tanker. Sportboote können südlich der Pier ankern, dürfen aber die Fähre nicht behindern. Auch muss man mit starkem Gezeitenstrom rechnen. Hat man Tarbert Island passiert, öffnet sich das Mündungsgebiet westlich von Carrig und Scattery Island zu über 6 km Breite. Zwischen Kerry Head und Loop Head sind es dann schon fast 15 km.

Die Küste von Clare

An der Nordküste gegenüber der Mündung des River Maigue wurden der Shannon Aiport und das Indu-

Die neuen Schwimmstege vor dem Custom House in Limerick

striegebiet seit den 1930er-Jahren auf trockengelegtem Grund gebaut. Als der Flughafen zum Auftanken vor der Atlantiküberquerung angeflogen wurde, entwickelte er sich zur Duty-free-Zone. Er hat diesen Status bis heute. Deshalb dürfen Boote seinen trockenfallenden Hafen nicht anlaufen.

Weiter entlang der Küste von Clare folgt das sehr ausgedehnte Mündungsgebiet des Fergus River mit seinen vielen Inseln. Der Fluss entspringt weit im Hinterland des County Clare und war in der zweiten Hälfte des 9. Jahrhunderts bis nach Clarecastle schiffbar. Den unteren Abschnitt kann man nach wie vor befahren. Aber die Mündung ist wegen zahlreicher unbezeichneter Felsen mit Vorsicht zu genießen. Bei Ebbe ragt Horse Rock bis zu 2,8 m Höhe direkt an der Mündung aus der Fahrrinne. Wenn man diese Gefahrenquelle ausgemacht hat, sind die übrigen leichter zu meiden. Östlich von Coney Island lauert im Fahrwasser der Roadway Rock, der bereits zwei Stunden nach Niedrigwasser überflutet ist. Vom Horse Rock bis nach Clarecastle sind es 18,5 km. Es gibt keine Betonnung und viele Untiefen.

Man kann das Fergus-Mündungsgebiet durch einen Kanal westlich von Cannon Island mit Inishtubbrid an Backbord verlassen. Erfahrene Skipper können bis Killadysert laufen, wobei die Inseln Inishtubbrid und Inishcorcker südlich bleiben. Es gibt zwar eine Passage zwischen diesen beiden Inseln, aber vor dem

Ostteil von Inishcorcker, The Colonel's Point, liegt ein unbezeichneter gefährlicher Felsen – und der Tidenstrom setzt sehr stark durch diese Enge.

An der Einfahrt nach Killadysert liegen Tonnen. Das Dorf hat einen Kai und einen Ponton sowie die üblichen Läden.

Im Verlauf der Shannon-Mündung ist westlich der nächste Ankerplatz vor der Pier von Inishmurry, aber nicht besonders angenehm. 10 km weiter folgt die Labasheeda Bay, in deren Nordostecke ein Flüsschen mündet, das vom Dorf Labasheeda kommt. Der Shannon verengt sich nun zwischen Tarbert Island und Kilkerin Point beträchtlich, bevor sich die Clonderalaw Bay nach Nordosten öffnet. Bei Ebbe fällt die Bucht zum größten Teil trocken. In Knock im Nordwesten gibt es eine Pier. Von hier aus sieht man die beiden Autofähren zwischen Killimer im County Clare und Tarbert Island an der Küste von Kerry hin- und herfahren. Sie sparen sich so einen Umweg über Limerick von 130 km Länge.

Die einzige Marina im Mündungsgebiet gibt es in Kilrush. Das Hafenbecken erreicht man durch eine Schleuse. Der moderne Yachthafen bietet alles, was eine Marina heutzutage auszeichnet. Und was es nicht gibt, findet man sicher in Kilrush, einschließlich einer Busverbindung zum Shannon Airport. Dem Kilrush Creek kann man sich von Südosten zwischen Hog Island und dem Festland nähern. Auch hier lauert ein Felsen mit dem schönen Namen Wolf Rock. Einfacher ist es von Westen: Man lässt Scattery und Hog Island östlich liegen. Im Norden von Hog Island ist die Fahrrinne betonnt.

Scattery Island ist ein bedeutender Ort irisch-christlicher Gelehrsamkeit. St. Senan gründete einst hier ein Kloster. Einige Kirchenruinen sind erhalten. Auch diesem Ort haben die Wikinger mehrfach Besuche abgestattet und werden überrascht gewesen sein, dass der Zugang zum Rundturm ebenerdig lag und nicht einige Meter hoch wie auf dem Festland üblich.

Nun gelangt man auf die offene See. Die letzten 20 km der Shannon-Mündung können beim besten Willen nicht mehr als irisches Binnengewässer bezeichnet werden. Was man noch tun kann, ist, die Kaps der Mündung, Kerry Head und Loop Head, zum Beispiel mit dem Auto zu besuchen, um einen weiten Blick vom Shannon Richtung Amerika zu werfen.

Behörden und Häfen Waterways Ireland, Market Square, Scarriff, Co. Clare, Tel. 00 353 (0) 61 922033, Fax 922036. Verantwortlich für alle Häfen zwischen Limerick und Atlantik sind Shannon Estuary Ports, 3 Pery Square, Limerick, Tel. 00 353 (0) 61 315377.

Schleusen Jede Schleuse hat einen Wärter, der eine geringe Gebühr kassiert. Waterways Ireland gibt eine Broschüre heraus, in der die Öffnungszeiten von Schleusen und Brücken und die aktuellen Gebühren aufgeführt sind.

Die Schleusen- und Brückenwärter informieren gerne über alles, was zu beachten ist, besonders über die Wasserstände nach Regenfällen und veränderte Durchfahrtshöhen. Wenn man die Schleuse zwischen Killaloe und Limerick passieren will, sollte man den Wärter von Ardnacrusha Control wenigstens 24 Stunden vorher informieren, Tel. innerhalb Irlands 061 315377 oder mobil 087 997 0131. Am Wehr an der Sarsfield Bridge ist die Seeschleuse.

Brücken Es gibt 37 Brücken. Geöffnet werden können die Fußgängerbrücke am Lough Allen Canal und die Brücken von Roosky, Tarmonbarry und Portumna. Für die letzten drei ist ein Fee fällig, Portumna wird regelmäßig für alle Boote geöffnet. Einige Jahre haben die Schleusenwärter einen Beutel an einem Stock für die Gebühren zum Boot gehalten. Dabei hat es 1999 sogar einen tödlichen Unfall gegeben. Üblich ist aber ohnehin, dass mindestens ein Crewmitglied an Land geht, das Geschäftliche erledigt und beim Schließen und Öffnen der Tore von Hand mithilft. Die Bord na Mona-Brücke nördlich Lanesborough hat eine maximale Breite von 7,5 m. Dies begrenzt die Möglichkeiten der üblichen Boote aber nicht.

In Limerick hat die Baal's Bridge über den tideabhängigen Abbey River bei Flut die geringste Höhe. Sie beträgt 4,77 m, bevor das Hochwasser das Wehr

überspült. Die Wassertiefe oberhalb des Wehrs liegt bei 1,7 m. Unterhalb des Wehrs und der Seeschleuse folgt die Sarsfield Bridge und dann die New Shannon Bridge, die in der Mitte zu passieren ist. Der Tidenhub kann hier bis zu 6 m betragen.

Nebengewässer Boyle Water, Carnadoe Waters, River Suck, Scarriff Bay.

Zufahrten Grand Canal, Royal Canal (derzeit nur ab Richmond Harbour), Lough Allen Canal, Shannon–Erne Waterway.

Slips Carrick-on-Shannon, Drumsna, Kilglass, Dromod, Lanesborough, Barley Harbour, Hodson Bay, Athlone, Shannonbridge, Banagher, Meelick, Terryglass, Rossmore, Kilgarvan, Dromineer, Dromaan, Mountshannon, Garrykennedy.

Geschwindigkeitsbeschränkung 5 km/h. Bei der Annäherung an Brücken, Anleger und Schleusen oder dem Passieren von ankernden Booten sowie beim Einlaufen in Häfen. Man sollte auch keinen großen Schwell erzeugen, um die Ufer nicht zu sehr in Mitleidenschaft zu ziehen.

Scheitelhaltung Von der Quelle bis zur Mündung beträgt das Gefälle insgesamt 150 m.

Fahrhinweise Die Fahrrinne ist mit roten Bezeichnungen links und schwarzen rechts ausgezeichnet, wenn man stromauf oder in Häfen oder Buchten fährt. An einigen Stellen gibt es jetzt weiße Pfeile, die den richtigen Weg weisen. Auch die Durchfahrtsbögen der Brücken sind entsprechend angezeigt.

Der Lough Ree und der Loug Derg sind so groß, dass bei starken Winden steile Wellen entstehen. Darauf und auf ausreichende Sicht muss man immer Acht geben. Man darf die markierte Fahrrinne nie verlassen und muss immer mit unbezeichneten Untiefen rechnen, wenn man eine Bucht anläuft. Die großen Tonnen im Lough Ree tragen Zahlen, im Lough Derg Buchstaben, sodass man immer seine Position bestimmen kann. Ein gutes Fernglas ist dafür unverzichtbar. Obwohl nicht ganz so groß, gibt es am Lough Allen Fallwinde, die ähnliche Effekte wie auf den großen Seen bewirken können.

An engen Stellen kann die Strömung recht kräftig sein, besonders bei Anlegern direkt an Brücken. Wenn immer möglich, sollte man hier mit dem Bug gegen den Strom anlegen. Segelboote müssen auf die Höhe von Überlandleitungen achten.

Zwar werden Gespräche darüber geführt, aber derzeit ist der Shannon südlich von Killaloe für alle Charterboote verboten. Einige Verbesserungen im Jahre 2001 in Limerick haben diese Passage etwas leichter, aber immer noch nicht narrensicher gemacht.

Nach Einbruch der Dunkelheit darf der so genannte Head Race, auch Tailrace genannt, oberhalb von Ardnacrusha nicht befahren werden, ein Stopp über Nacht ist verboten. Jede laufende Turbine erzeugt eine Strömung von einem Knoten. Unterhalb von Ardnacrusha wirkt sich die Tide mit Stromgeschwindigkeiten bis zu 5 Knoten aus. Hinzu kommt der Effekt der Turbinen.

Landkarten Ordnance Survey of Ireland *Discovery Series* Nos. 33, 40, 47, 53, 58, 59, 63, 64 sowie 65 und Ordnance Survey of Northern Ireland *Discoverer Series* No. 26.

Seekarten Admiralty Lough Ree 5078, Lough Derg 5080, Shannon-Mündung 1540, 1547, 1548, 1549, 1819, 2173 und Imray C 55. Die Karten von Lough Ree und Lough Derg sind noch erhältlich, werden aber nicht mehr aktualisiert. Die Wassertiefen sind durch das Kraftwerk Ardnacrusha verändert worden, den Faktor muss man erfragen (Hydrographic Office in Taunton).

Führer Es gibt Karten von der IWAI, Waterways Ireland und ERA-MAPTEC Ltd.; *Shell Guide to the River Shannon; Shannon–Erne Guide – The Cruising Enthusiasts Companion* (Filesta Publications); Edgar Heenan hat zwei nützliche neue Führer geschrieben: *Cruising Guide: Killaloe to Limerick und Cruising Guide: The Shannon Estuary*; Irish Cruising Club: *Sailing Directions to the South and West Coasts of Ireland.*

Entfernungstabelle	**km**
Shannon-Einmündung in den Lough Allen bis:	
Inishmagrath Island	1,0
Cleighran More Anleger, Ostufer	4,0
Spencer Harbour, Westufer	4,0
O'Reilly's Island	10,2
River Shannon Abfluss aus Lough Allen	11,5
Drumshanbo Lock und Brücke	13,0
Acres Lake Anleger	14,1
Drumleague Lock	17,3
Battlebridge Lock und Brücke, Verbindung zum River Shannon	19,4
Verbindung zum Shannon–Erne Waterway Abschnitt bis Leitrim (0,6 km bis Leitrim Kai)	20,2
Verbindung zum River Boyle	26,8
Carrick-on-Shannon	28,0
Lough Corry	30,6
Jamestown Cut (Stichkanal zum Kai 0,6 km)	36,0
Albert Lock, Ende des Jamestown Cut (Drumsna 2,6 km)	39,0
Drumsna Eisenbahnbrücke, Einfahrt zum Lough Tap	39,8
Lough Boderg, Verbindung zu den Carnadoe Waters	42,8
Derrycarne Narrows, Einfahrt in den Lough Bofin	45,6
Roosky Brücke und Kai	50,4

Entfernungstabelle	*km*
Roosky Lock	51,0
Einfahrt zum Lough Forbes	56,2
Tarmonbarry Brücke	62,6
Tarmonbarry Lock und Kai	63,0
Clondara, Verbindung zum Royal Canal	63,8
Lanesborough Brücke und Kai	75,2
Einfahrt zum Lough Ree	77,2
Inchenagh Island	82,2
Inchcleraun Island	88,2
Rindoon Castle	93,6
Black Islands	94,0
Yew Point	98,2
Ausfahrt aus dem Lough Ree	102,8
Athlone Eisenbahnbrücke	105,6
Athlone Lock, Brücke und Kai	106,2
Clonmacnois Anleger	121,6
Shannonbridge Brücke und Kai	129,6
Verbindung zum River Suck	130,2
Verbindung zum Grand Canal, Shannon Harbour	139,8
Banagher Brücke und Kai	143,2
Victoria Lock, Meelick	150,6
Portumna Brücke und Kai	163,4
Einfahrt zum Lough Derg	165,2
Gortmore Point	168,2
Kilgarvan Kai	173,4
Goat Island Reef	177,2
Illaunmore Island	180,4
Williamstown Harbour	182,6
Corrikeen Islands	183,0
Dromineer Kai	185,8
Garrykennedy Kai	187,4
Scarriff Kai	201,4
Scilly Island	191,2
Derry Castle	196,0
Ausfahrt aus dem Lough Derg	200,0
Killaloe Pierkopf	201,2
Parteen Wehr, Einfahrt zum Kanal Richtung Kraftwerk	208,6
Ardnacrusha Lock	219,4
Limerick Docks	224,2

Nebengewässer

Boyle Water

Verbindung zum River Shannon bis:	
Inishatirra	1,8
Cootehall Kai	5,3
Knockvicar Brücke und Kai	8,1
Clarendon Lock	8,7
Bullock Island	11,7
Rockingham Forest Park	13,2
Drum Brücke	15,8
Boyle Harbour	16,4

Entfernungstabelle	*km*
Carnadoe Waters	
Lough Boderg bis:	
Carnadoe Brücke und Kai	1,0
Einfahrt zum Grange Lough	4,3
Grange	8,4
Einfahrt zum Carrigeen Cut	4,2
Einfahrt zum Kilglass Lough	5,1
Kilglass	8,3
Scarriff Bay	
Scilly Island, Lough Derg bis:	
Bushy Island	2,2
Holy Island	3,8
River Scarriff	7,8
Reddan's Kai	9,4
Scarriff Kai	10,2

Shannon–Erne Waterway

Der ohne Zweifel erfolgloseste Kanal, der je auf den Britischen Inseln gebaut wurde, war der Ballinamore and Ballyconnell Canal. In den neun Jahren nach seiner Fertigstellung 1860 sollen insgesamt acht Frachtschiffe Kanalgebühren entrichtet haben. Auch wenn diese Zahl etwas zu niedrig sein dürfte, wird sie jedoch kaum doppelt so groß gewesen sein. Die Trasse sollte eine zu jener Zeit als wichtig angesehene Verbindung zwischen Limerick und Belfast über den Ulster Canal, den Lough Neagh und den Lagan herstellen. Unglücklicherweise entwickelte sich zwischen diesen beiden Endpunkten kein Warenaustausch. Vermutlich war die Entwicklung des Schienennetzes die Hauptursache, aber die Schließung des Ulster Canal wegen Reparaturarbeiten gleich nach der Eröffnung des Kanals zum Shannon war auch nicht gerade hilfreich.

Die ersten Pläne, den Woodford River schiffbar zu machen, gab es Ende der 1770er-Jahre. Zu jener Zeit gab es ein Interesse daran, den Lough Erne mit der See bei Ballyshannon zu verbinden. Man unternahm auch etwas, kam aber nicht sehr weit damit. Als in den 1830er-Jahren am Ulster Canal gearbeitet wurde – er war 1842 fertig –, erwachte das Interesse am Woodford River erneut. Ende der 1830er-Jahre führte William Mulvany, ein Ingenieur vom Office of Public Works, eine Planung für den Ballinamore and Ballyconnell Canal durch.

Viele der früheren Probleme entstanden aus der Absicht, Schifffahrt und Entwässerung in einem Wasserweg miteinander verbinden zu wollen. Es scheint unvermeidlich, dass eine Funktion immer zu Lasten der anderen geht. Man plante entsprechend dem Gesetz von 1842, das „die Drainage von Land sowie die Verbesserung der Schifffahrt und Wasserkraft in Verbindung mit dieser Drainage in Irland" verlangte. Es gab etliche Verzögerungen, bis im November 1847 schließlich mit den konkreten Arbeiten begonnen werden konnte.

Bis Mitte der 1850er-Jahre ging es sehr langsam voran. Die vorgesehenen Gesamtkosten waren bereits erheblich überschritten, obwohl der Kanal weit von seiner Vollendung entfernt war. Die Entwässerung funktionierte bereits recht gut, aber schon 1856 kam das OPW zu der Auffassung, dass es „vermutlich nur einen sehr begrenzten Schiffsverkehr" geben werde. Man sagte die Fertigstellung für den Herbst 1857 voraus. Weitere finanzielle und technische Probleme verzögerten den Eröffnungstermin aber bis zum Juli 1860.

Der Ingenieur J. B. Pratt führte eine Inspektion durch und legte den Auftraggebern im Oktober einen Bericht vor. Die meisten dürften sich der anhaltenden Probleme mit dem Kanal bewusst gewesen sein, aber es ist zweifelhaft, ob sie den Kanal weitergeführt hätten, wenn sie die Komplikationen voll durchschaut hätten. Auf der ganzen Länge gab es Abschnitte mit unzureichender Tiefe. Die Wasserzuführung auf der Scheitelhaltung reichte im Sommer nicht aus, etliche Schleusen und Wehre waren nicht dicht. Der Bericht führte zahllose andere Mängel auf, darunter auch solche in Bezug auf die Schleusenwärterhäuser und die Sicherheit der Brücken.

Man reparierte, so gut man konnte, und propagierte den Kanal – allerdings ohne Echo bei den Schiffseignern. Nach einer weiteren landesweiten Kampagne für den Kanal im Jahre 1864 mit wiederum keinerlei Erfolg entschloss man sich, kein weiteres Geld mehr im Kanal zu versenken. Bis in die 1870er-Jahre wurden unerlässliche Reparaturarbeiten an den Schleusen durchgeführt. Die Funktion des Wasserweges war nur noch die Drainage, für die mögliche Schifffahrt wurde nichts mehr getan.

Als der Kanal langsam zuwuchs, traten beiderseits Überflutungen auf. Ende des 19. Jahrhunderts gab es Versuche bei den Counties, durch die der Kanal führt, eine Umlage zu erheben, um die dringendsten Reparaturen durchführen zu können. Erst als es anfangs des 20. Jahrhunderts gewählte Grafschaftsräte gab, begann man mit einigen Arbeiten, allerdings nur zur Erhaltung der Entwässerungsfunktion.

In den 1930er-Jahren gab es hier und da Reparaturen seitens der nun verantwortlichen Counties, die aber insgesamt immer weniger Interesse zeigten. 1948 löste sich der Board of Trustees endgültig auf, und es gab keine zentrale Verantwortung für den Wasserweg mehr. Kurz darauf brach passenderweise die Brücke von Derrymacoffin zusammen.

In Keshcarrigan sollte man einen Besuch in Gertie's Canal Stop auf keinen Fall verpassen.

In diesem Pub in Ballinamore kann man faszinierende alte Fotografien des Ortes bewundern.

Mitte der 1960er-Jahre begannen Enthusiasten die Diskussion um eine Wiederbelebung. Das Geschäft mit den Urlaubsbooten auf dem Shannon entwickelte sich prächtig. Das County Leitrim hatte in Carrick-on-Shannon erfolgreich in die dortige Infrastruktur investiert. Nun konnte man sich leicht vorstellen, dass die Orte am Kanal von einer Verbindung zum Erne profitieren würden. 1969 veranlassten die IWAI

und der Rat von Leitrim eine Untersuchung über die Möglichkeit einer Wiederherstellung.

Die Idee fand nach und nach mehr Unterstützung. Einige Politiker erkannten die Chancen, die in einer Verbindung von Nordirland in die Republik lagen. Nach viel Überzeugungsarbeit durch die IWAI wurde in den späten 1980er-Jahren eine Machbarkeitsstudie in Auftrag gegeben. 1991 begannen die Arbeiten mit kräftiger Unterstützung aus dem EU-Regionalfond. Im Mai 1994 wurde der nun Shannon–Erne Waterway benannte Kanal vom Außenminister der Republik, Dick Spring, und Sir Patrick Mayhew, dem Staatssekretär für Nordirland, eingeweiht. Bereits Ende September 1993 hatte eine ausgewählte Schar von Journalisten drei Tage lang in einer Kavalkade von Booten den Kanal erstmals in voller Länge befahren. Die Wiederherstellung berücksichtigte natürlich die Dimensionen der modernen Sportboote, was an vielen Stellen den völligen Neubau erforderte. Einige Puristen mögen dies nicht für angemessen halten, aber man wird kaum verlangen können, einen vollständigen Fehlschlag exakt nachzubauen. Man hat die Auswirkungen des wiederbelebten Kanals auf die Umwelt sehr genau untersucht und verschiedene Schutzmaßnahmen für die Tierwelt getroffen. Nicht verhindern konnte man jedoch das Vordringen der hier nicht heimischen Zebramuscheln durch den Kanal in den Lough Erne.

Die Umweltverträglichkeitsprüfung berücksichtigte die Wasserqualität, Vegetation, Tier- und Vogelwelt sowie die Landschaft. Die Empfehlungen betrafen die Bauphase und die spätere Nutzung. Als Ergebnis sind fünf Gebiete von besonderer Bedeutung ausgewiesen worden.

Sehenswürdigkeiten

Die Landschaft rund um den Wasserweg ist nicht gerade reichhaltig mit historischen und kulturellen Schätzen bestückt, sondern spricht für sich selbst und ist ein herrliches Erholungsgebiet zum Wandern, Radfahren, Reiten und Angeln. Golfplätze gibt es in Ballinamore, beim Slieve Russell Hotel außerhalb von Ballyconnell und in Belturbet.

Ballinamore – Träume vom wirklich Wilden Westen werden in der Drumcoura City außerhalb der Stadt wahr. Stetsons, Western Riding und ein Saloon mit John Wayne-Schwingtür erfreuen das abenteuerlustige Herz.

In der County-Bücherei gibt es für die Ahnenforschung das Leitrim Genealogy Centre. Während der Hungersnot 1845–51 haben Zehntausende das Land verlassen, deren Nachkommen hier nach ihren familiären Bindungen forschen.

Ballyconnell – Im Ballyhugh Arts and Cultural Centre kann man an Kunst-, Musik oder Tanzkursen teilnehmen. Abends findet hier zumeist ein Unterhaltungsprogramm statt.

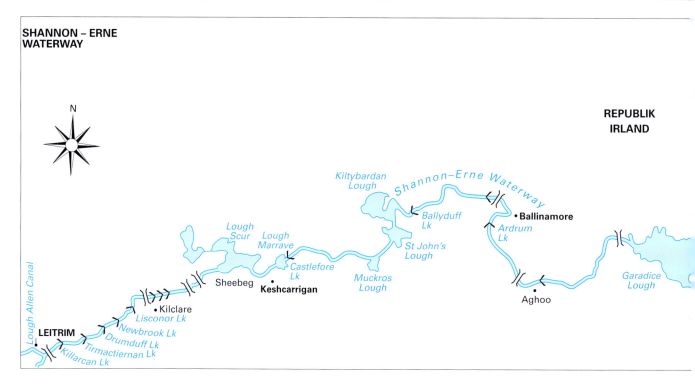

SHANNON – ERNE WATERWAY

REPUBLIK IRLAND

Shannon–Erne Waterway

Maximale Bootsgrößen

von bis Leitrim bis zum River Erne	Entfernung	Länge	Breite	Tiefgang	Durchfahrtshöhe	Schleusen
	63,0 km	24,0 m	4,5 m	1,2 m	3,2 m	16

Nun ist der Shannon–Erne Waterway der modernste Kanal in Irland. Er hat automatische Schleusen, die mit einer Smart Card von einer Konsole aus kinderleicht zu bedienen sind. Liegeplätze wurden in der überaus attraktiven Landschaft angelegt. Sie haben Toiletten und Duschen in einem modernen Design und sind gleichfalls über die Smart Cards zugänglich. Die acht vom Lough Erne aufsteigenden Schleusen wurden alle auf 6 m Breite erweitert und mit den Originalsteinen verkleidet. Die übrigen acht Schleusen wurden aufgearbeitet und bei ihrer Breite von 5 m belassen.

Der alte Kanal hatte keinen Treidelpfad – das ist leider so geblieben. So kann er von Land aus nur an wenigen Stellen erreicht werden. Es ist bedauerlich, dass hier bei der Restaurierung kein Fernwanderweg angelegt wurde.

Eine Fahrt auf dem Shannon–Erne Waterway

Von Carrick-on-Shannon nach Ballinamore

Dieser herrliche Wasserweg stellt eine überaus reizvolle Kombination aus Fluss, Kanal sowie Seen dar und ist vom Shannon bis zum Erne – 6 km nördlich

von Belturbet – 63 km lang. Wenn man von Carrick aus einen halben Kilometer nördlich fährt, gelangt man bereits im Waterway zunächst zu einer Straßenbrücke, vor und hinter der es einen Kai gibt. Auf Letzterem befinden sich die Serviceeinrichtungen. Leitrim unmittelbar in der Nähe ist ein hübscher Ort. Nach einem weiteren halben Kilometer folgt die erste von acht Schleusen, die hinauf zur Scheitelhaltung führen. Der Aufstieg über nur sechs Kilometer ist ein künstlicher Kanal. Die Schleusen sind von Ost nach West durchnummeriert, die Brücken umgekehrt. Die Fahrwasserseiten nach dem System des Shannon bezeichnet, also in unserer Fahrtrichtung (zu Berg bzw. stromauf) schwarz an Steuerbord und rot an Backbord. Östlich vom Lough Scur gilt das System vom Lough Erne mit den Stangen mit den rot-weißen, U-förmigen Tafeln, die jeweils an der weißen Seite zu passieren sind. Aber praktisch fällt der Unterschied kaum jemandem ins Auge.

Das Land hier ist nicht reich gesegnet: Es gibt Moore und sumpfige Wiesen. Aber die Berge im Norden und die Hügellandschaft im Süden schaffen ständig sich verändernde Perspektiven von einiger Eindrücklichkeit. Nach der achten Schleuse, die aber die Nummer 9 trägt, weil von Osten aus gezählt wird, erreicht man die Scheitelhaltung, der folgende Abschnitt wird Let-

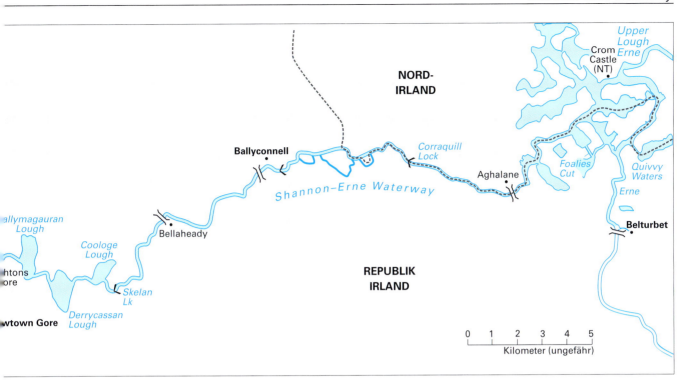

terfine Cutting genannt, und fährt um die Nordseite des Sheebeg Hill mit dem Grab von Finn McCool auf der Spitze – manche sehen es lieber 1 km von Schleuse 14 – zum Lough Scur.

Nach Passieren der Insel Prison und Whiskey und der Umrundung von Castle John folgt bald der neue Anleger von Keshcarrigan. Bis hier ist man vielleicht einen gemütlichen halben Tag unterwegs gewesen, weshalb sich ein Besuch in Gertie's Canal Shop für Speis und Trank lohnen könnte. Es gibt auch ein kleines Museum und abends oft Musik. Beim Anlegen sollte man schon darauf achten, dass man von eventuellem Wind nicht ins Flachwasser gedrückt wird.

Die erste Schleuse für den Abstieg zu Tal trägt die Nr. 8 und folgt bald in Castlefore. Sie hat einen Hub bzw. Fall von 4 m, der größte am Shannon–Erne Waterway. Nach dem kleinen Muckros Lough wendet sich der Lauf nördlich ins St. John's Lough, von wo man einen idyllischen Abstecher ins einsame Kiltybardan Lough machen kann. Dann geht es weiter am Golfplatz auf dem Ostufer vor Ballinamore vorbei in die Stadt. Hier lohnt sich ein Aufenthalt allemal.

Von Ballinamore nach Ballyconnell

Ballinamore hat alle notwendigen Läden und mehr Pubs als unbedingt erforderlich. In Smyth's Siopa Ól, was nur Bierladen bedeutet, gibt es rund um die Bar viele alte Fotos aus der Stadt. Weiterhin ist ein Archiv und genealogisches Zentrum vorhanden, vorzugsweise von Amerikanern auf der Suche nach ihren Ahnen in Leitrim aufgesucht. Auch für Angler ist Ballinamore ein Zentrum.

Es gibt hier zwei Anlegemöglichkeiten: Die Erste ist direkt oberhalb der Schleuse und hat alle Serviceeinrichtungen. Die Zweite folgt unterhalb Schleuse und Brücke, man fährt nach Passieren der Flussinsel ein Stück nach links zurück. Von hier ist der Weg in die Stadt unwesentlich kürzer.

Unmittelbar hinter Ballinamore folgen die Ardrum-Schleuse und dann die herrliche parkartige Landschaft von Riversdale oberhalb der Arghoo-Schleuse. In Riversdale, einem eleganten Herrenhaus am Ostufer oberhalb der Schleuse, kann man einen der traditionellen Flusskähne, die so genannten „Barges", mieten und von hier aus auf dem wunderbaren Kanal geruhsame Tage verbringen. Dieser Abschnitt zwischen St. John's Lock und Garadice Lough ist der einfühlsam kanalisierte Yellow River, der an Wehren und Schleusen bei hohem Wasserstand kräftige Strömungen entwickeln kann.

Restaurants

Leitrim – Das Leitrim Inn empfiehlt sich für Lunch oder Supper.

Keshcarrigan – Das Canal View Restaurant hält, was es verspricht – man kann hier gut und günstig essen. Ein Muss ist Gertie's Canal Shop wenigstens für einen Drink.

Ballinamore – Atmosphäre und Qualität machen Smyth's in der Main Street zu einer guten Wahl. Gehobener geht es im Glenview Restaurant oberhalb der Aghoo Bridge zu, Tel. 078 44157.

Ballyconnell – Cruisers Restaurant und der Anglers Rest Pub liegen in der Main Street.

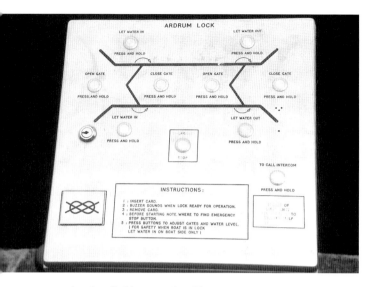

An den Schleusen des Shannon–Erne Waterway sorgen Hightech-Konsolen für den reibungslosen Ablauf.

Garadice Lough ist der größte See im Verlauf des Shannon–Erne Waterway. Das Fahrwasser über den See ist nicht bezeichnet. Man muss nördlich an der Church Island vorüberfahren und dann eine Landzunge in nördlicher Richtung umrunden, bevor man die recht enge Einfahrt am Ostufer in den Woodford River erreicht. An den Ufern des Sees sitzen zumeist viele Angler. Am kurzen Kanalabschnitt östlich von Garadice Lough befindet sich der behagliche Hafen Haughtons Shore; hier werden alle Serviceleistungen vorgehalten. Nicht weit entfernt liegen die Dörfer Newtown Gore und Ballymagauran.

Bei der Ausfahrt aus dem Hafen Richtung Osten hat man eine sehr scharfe Rechtswendung geruhsam zu bewältigen. Die nächsten 6 km sind eine abwechslungsreiche Mischung aus Fluss und kleinen Seen wie Ballymagauran Lough, Derrycassan Lough und Coologe Lough. Hier muss man sich exakt in der Fahrrinne halten, weil die Ufer sehr flach sind. Die folgende Flusslandschaft mit bewaldeten Ufern, grasenden Kühen und nur einer Schleuse bei Skelan windet sich gemächlich nach Ballyconnell.

Von Ballyconnell nach Belturbet

Unmittelbar oberhalb der Brücke von Ballyconnell liegt links der Kai mit den Serviceeinrichtungen; hier gibt es auch einen Slip. Der zweite Anleger liegt unterhalb der Brücke links, die in jeder Fahrtrichtung in der rechten Durchfahrt passiert werden muss. Ballyconnell ist ein lebendiges Städtchen mit allen Läden und vielen Pubs und Restaurants.

Ostwärts der Stadt strömt der Fluss rechter Hand über ein Wehr, links führt der Kanal zur Schleuse. Nach einigen Windungen des Woodford River passiert man Scotchtown Island an der Nordseite. Hier wird der Fluss zur Grenze zwischen Nordirland und

der Republik im Süden des Flusses. Die Cloncoohy-Brücke wird in der mittleren Durchfahrt passiert. Die schöne Landschaft verrät schon lange nichts mehr von den Konflikten zwischen beiden Seiten, die sie einstmals in Spannung gehalten haben. Die letzte Schleuse in Corraquill ist die einzige des Shannon–Erne Waterway, die zu Nordirland gehört – der Schleusenkanal liegt am Nordufer.

Vier Kilometer weiter erreicht man die neue Straßenbrücke in Aghalane. Die alte Steinbrücke wurde 1970 gesprengt, weil sie ein strategisch genutzter Übergang über den Woodford River war. Zwar ist die neue Brücke bei weitem nicht so ansehnlich wie die alte, aber sie ist immerhin ebenso wie der Wasserweg selbst ein manifestes Zeichen für die Normalisierung zwischen beiden Teilen der Grünen Insel. Auf vielen älteren Karten findet sich aber noch der Hinweis „Remains of Aghalane Bridge" – Ruine der Aghalane-Brücke.

Südlich des Flussverlaufs gibt es etliche kleine Seen, die alle nicht schiffbar sind. Das Gebiet bis zum Erne ist ein interessanter Biotop und die Heimat etlicher Spezies, die anderswo selten geworden sind – stellenweise mag man sich hier wie im Dschungel vorkommen. Schließlich erreicht man dann eine ausgeschilderte Abzweigung: Geradeaus kann man weiter zum Upper Lough Erne fahren, nach rechts durch den Foalies Cut unter der malerischen Foalies-Brücke hindurch zum River Erne und dann auf diesem weiter nach Süden bis Belturbet. Auch hier sind überall an den Ufern und in kleinen Booten Angler unterwegs.

Belturbet hat am Ostufer einen schönen Anleger, und gegenüber liegt die Marina von Emerald Star. Es ist neben Carrick-on-Shannon und Portumna die dritte Basis des großen Vercharterers. Der attraktive Ort liegt nur einen kurzen Fußweg hügelauf entfernt.

Behörden Waterways Ireland, Main Street, Carrick-on-Shannon, Co. Leitrim, Tel./Fax 00 353 (0) 78 50898.

Treidelpfad Es gibt nur an einigen kanalisierten Abschnitten einen Fußweg am Ufer. Viele Abschnitte des Wasserweges führen durch Seen. Es gibt zahlreiche Naturschutzgebiete.

Brücken Auf dieser Strecke gibt es 31.

Slips Leitrim, Keshcarrigan, Ballinamore, Haughtons Shore, Ballyconnell, Aghalane.

Geschwindigkeitsbeschränkung 5 km/h.

Scheitelhaltung Lough Scur mit 67 m.

Zufahrten Vom Shannon in Leitrim, vom River Erne und vom Upper Lough Erne.

Fahrhinweise Alle Schleusen werden von den Crews per Smart Card automatisch bedient, allerdings nur während der Dienstzeiten des Personals zwischen 9.00 und 20.00 Uhr. Im Notfall kann über den zentralen Button „Emergency Stop" auf der Konsole ein Wärter alarmiert und über Funk angesprochen werden.

Smart Cards gibt es bei den Bootsvermietern, an Schleuse 1 (Corraquill) und 16 (Killarcan) oder in Läden und Touristenbüros, die das Logo des Waterway zeigen.

Es gibt einige kaum einsehbare Brücken und Kurven, bei denen mit Gegenverkehr zu rechnen ist. Hupen und sich sorgfältig rechts in der Fahrrinne halten!

Vom Shannon bis zum Lough Scur gibt es die üblichen Shannon-Fahrwasserzeichen schwarz und rot, vom Lough Scur zum Lough Erne bzw. River Erne die dort üblichen Stangen mit den rot-weißen Tafeln.

Landkarten Ordnance Survey of Ireland *Discovery Series* Nos. 33 und 34 und Ordnance Survey of Northern Ireland *Discoverer Series* Nos. 26 und 27.

Seekarten Shannon–Erne Waterway Navigation Chart.

Führer Dick Warner: *Shannon–Erne Waterway Users Guide* (hrsg. von Shannon–Erne Waterway Promotions Ltd.); Filesta Publications: *Shannon–Erne Guide – The Cruising Enthusiasts Companion.*

Entfernungstabelle	**km**
Verbindung zum River Shannon:	
Leitrim Liegeplätze und Brücke No 1	0,3
Killarcan Lock No 16	1,0
Killarcan Brücke No 2	1,7
Tirmactiernan Lock No 15	1,8
Ballinwing Brücke No 3	2,3
Drumduff Brücke No 4 und Lock No 14	3,4
Newbrook Straßenbrücke No 5	3,6
Newbrook Lock No 13	3,8
Lisconor Brücke No 6 und Lock No 12	4,4
Kilclare Lower Lock No 11	5,2
Kilclare Brücke No 7 und Middle Lock No 12	5,4
Kilclare Upper Lock No 9	5,6
Kilclare Straßenbrücke No 8	6,0
Scrabbagh Brücke No 9	6,3
Drumaleague Lough	7,1
Letterfine Cutting (Westeinfahrt)	7,3
Letterfine Straßenbrücke No 10	7,5
Lough Scur Straßenbrücke No 11	7,9
Letterfine Cutting (Osteinfahrt), Lough Scur	8,5
Lough Scur (Südost)	10,3
Keshcarrigan Liegeplätze in der Stadt	10,5
Rossy Fußgängerbrücke No 12	11,1
Lough Marrave	11,4
Castlefore Straßenbrücke No 13	12,5

Entfernungstabelle	*km*
Castlefore Lock No 8 und Brücke No 14	13,2
Drumany Brücke No 15	13,6
Derrinkip Brücke No 16	14,9
Muckros Lough	15,5
St. John's Lough	16,6
Derrymacoffin Brücke No 17	17,5
Ballyduff Straßenbrücke No 18	18,6
Ballyduff Lock No 7	19,0
Creevy Brücke No 19, Ballinamore Golf Course	20,7
Ballinamore Kai	22,7
Ballinamore Lock No 6	22,8
Ballinamore Straßenbrücke über Durchfahrt No 20	23,0
Ardrum Lock No 5	23,9
Aghoo Straßenbrücke No 21	26,4
Aghoo Lock No 4	26,8
Derrygoan Straßenbrücke No 22	28,9
Carrickmakeegan Brücke No 23	30,7
Garadice Lough (West)	31,3
Garadice Lough (Ost) Haughtons Shore Liegeplätze	35,0
Ballinacur Straßenbrücke No 24	35,2
Woodford Lough (Zufahrt)	35,3
Ballymagauran Lough (West)	36,4
Derrycassan Lough (West)	38,0
Coologe Lough (West)	39,4
Coologe Straßenbrücke No 25	40,0
Skelan Lock No 3	40,6
Bellaheady Straßenbrücke No 26	44,4
Ballyconnell Liegeplätze	49,0
Ballyconnell Straßenbrücke No 27 und Kai	49,2
Ballyconnell Wehr	49,5
Ballyconnell Lock No 2	49,9
Scotchtown Island (Westspitze)	51,0
Scotchtown Island (Ostspitze)	51,4
Cloncoohy Cut (West)	51,7
Cloncoohy Brücke No 29	52,0
Cloncoohy Cut (Ost)	52,7
Dernagore Cut (West)	53,0
Dernagore Cut (Ost)	53,4
Corraquill Lock No 1 und Brücke No 30	55,1
Aghalane Straßenbrücke No 31	58,5
Aghalane Kai (Liegeplätze)	59,0
Drumard Lough, Abzweigung zum River Erne	62,8
Upper Lough Erne	63,4

Nebengewässer

Drumard Lough bis:	
Foalies Cut (Nord)	1,2
Foalies Brücke	1,5

Entfernungstabelle	*km*
Foalies Cut (Süd), Verbindung zum	
River Erne	1,7
Creeny Brücke	5,8
Belturbet Liegeplätze	6,0
Straßenbrücke, Grenze der Schiffbarkeit	6,3

River Slaney

Der River Slaney mündet in der weiten und flachen Bucht des Hafens von Wexford im südwestlichsten Zipfel der Grünen Insel. Der einigermaßen geschützte Hafen liegt an der Westseite dieser fast 5 km breiten Bucht. Der Leitdamm an der Ostseite verlängert die Mündung ein wenig. Bis vor kurzem verkehrten hier kleine Küstenfrachter, heute wird der Hafen nicht mehr kommerziell genutzt. Unterhalb der langen Straßenbrücke liegen Fischerboote und einige Yachten im Hafen. Auf dem Slaney fahren kleine Boote 26 km flussaufwärts bis nach Enniscorthy.

Wexford ist eine Wikingergründung und trug den Namen Weisfiord. Der Slaney war seit alters her ein Transportweg ins Land. Im 12. Jahrhundert kamen die Normannen und beherrschten von ihrem Castle aus die Gegend für die nächsten fünfhundert Jahre. Das 18. und 19. Jahrhundert war die Zeit des Kanalbaus und einer intensiven Nutzung der Wasserwege. Auch der River Slaney sollte für die damaligen Anforderungen schiffbar gemacht werden. Das Gesetz von 1715 erwähnte auch die 85 km des Slaney von Wexford nach Baltinglass, aber wie bei vielen anderen Projekten auch geschah nie etwas.

Ende des 18. Jahrhunderts beabsichtigte man, immerhin die Strecke bis nach Enniscorthy schiffbar zu machen – es blieb jedoch bei dem Plan. Ein Gesetz von 1833 sah einen Kanal parallel zum Fluss vor, weil Enniscorthy durchaus einen beträchtlichen Warenumschlag hatte. Aber es kam nie zu einem Spatenstich.

In den 1840er-Jahren nahm die Eisenbahn zwischen Dublin und Wexford den Betrieb auf. Sie verlief von Enniscorthy parallel zum Fluss und beendete für lange Zeit alle Spekulationen über die Schifffahrt auf dem Slaney. Nach dem Ersten Weltkrieg schlug ein Komitee aus Enniscorthy die Ausbaggerung und Betonnung vor. Die neue Republik befasste sich fünf Jahre später ohne praktisches Ergebnis damit.

Heute ist Wexford die Heimat einer kleinen Fischereiflotte und einiger Yachten. Die Einsteuerung in

---

Restaurants

Wexford – Die Zahl der Pubs in der Stadt ist wahrlich erstaunlich. In vielen kann man gut essen. Es gibt auch zahlreiche Restaurants. Etwas Besonderes sind Heaven's Above in der South Main Street und La Riva am Crescent Quay.

Sehenswürdigkeiten

Wexford – Das dreiwöchige Opernfestival im Oktober genießt einen internationalen Ruf, obwohl es nicht nur Oper, sonder auch andere Musik gibt. In dieser Zeit ist die Stadt total ausgebucht.

Die Stadt ist recht klein, und die Hafenkais liegen verlassen da, seit die Versandung den Frachtverkehr nach Rosslare oder Waterford abwandern ließ.

Das weite Mündungsgebiet vor dem Hafen ist ein Paradies für Vogelbeobachter. Die Wattlandschaft heißt North Slobs; sie bildet das Wexford-Vogelreservat, das von April bis September zugänglich ist. Es gibt Führungen.

Ferrycarrig – Etwas außerhalb im Nordwesten von Wexford liegt der Irish National Heritage Park am Ufer des River Slaney. In diesem Freilichtmuseum wird die irische Geschichte von der Steinzeit bis zur normannischen Besiedelung im 12. Jahrhundert nachgestellt. Auf jeden Fall erleichtern diese Informationen das Verständnis der unzähligen Ruinen und Steine auf der Grünen Insel.

Enniscorthy – Die attraktive Marktstadt ist das Zentrum der irischen Erdbeerkulturen. Anfang Juli wird der beliebte Erdbeermarkt abgehalten.

Im National 1798 Visitor Centre werden ausführlich die Ereignisse des Aufstandes aus diesem Jahr dargestellt, in den auch Enniscorthy verwickelt war. Zum Teil war diese Auflehnung gegen die englische Herrschaft von der Französischen Revolution inspiriert. Es ist interessant, dass die United Irishmen in Ulster eine überwiegend protestantische Bewegung war, in Wexford unter Führung des Priesters John Murphy aber katholisch. Die Rebellion brach zusammen, als die beiden Führer Lord Edward Fitzgerald und Wolfe Tone getötet worden waren. Die Ausstellung wirkt sehr lebendig und bietet einen guten Einblick in die jahrhundertelange Auseinandersetzung zwischen Irland und England.

In der normannischen Festung über der Stadt befindet sich das County Museum mit einer bunten Sammlung. Am Ostufer kann man Vinegar Hill besteigen, wo das Hauptquartier der Rebellen mit einem beeindruckenden Blick auf Stadt und Flusstal lag.

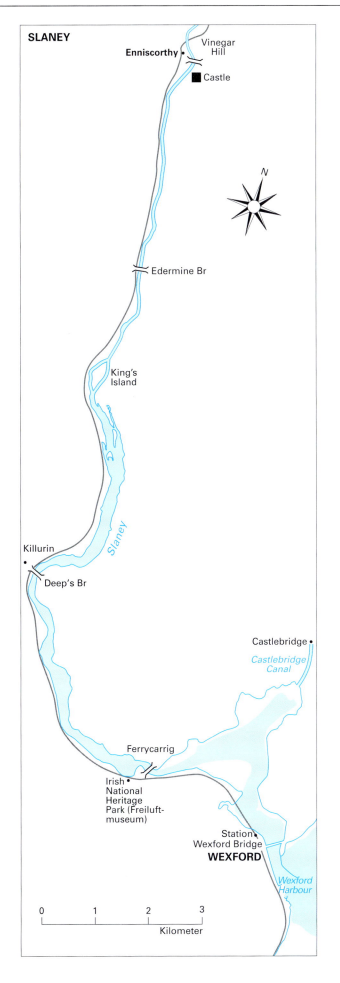

Geschäfte mit Angelbedarf findet man überall.

den Hafen ist wegen der vorgelagerten Sandbänke nicht ganz einfach. Die Fahrrinne ist ab der äußeren Barre durch kleine orangene Bojen markiert, die der Wexford Harbour Boat Club betreut. Für detaillierte Informationen sollte man den Club anrufen.

Gefährlich ist die Ansteuerung bei starkem auflandigem Wind, wenn die See sich an den Bänken und Barren bricht. Die Bucht und der anspruchslose Hafen sind ein angenehmes Ziel. Über den Bau einer Marina wird derzeit nachgedacht.

Flussauf nach Enniscorthy

Die Slaney-Gruppe der IWAI veranstaltet auf dem Fluss regelmäßig Bootsfahrten. Mit einem kleinen Boot kann man die 26 km bis nach Enniscorthy hinauf fahren. In dieser schönen natürlichen Landschaft gibt es nur vier Brücken und keine Schleusen. Imposante Herrenhäuser finden sich am Ufer. Auf der IWAI-Website liegt eine ausführliche Geschichte des Slaney bereit. Enniscorthy ist eine interessante Stadt und hat ein National 1798 Visitor Centre, das die turbulente Geschichte Irlands an der Wende zum 19. Jahrhundert darstellt.

Und wenn man kein passendes Boot dabeihat, kann man das Flusstal auch mit der Eisenbahn besichtigen,

River Slaney	
von bis	*Entfernung*
Wexford Harbour bis Enniscorthy	26,0 km

die über Enniscorthy und Wexford hinunter zum Fährhafen Rosslare fährt.

Behörden Wexford Harbour Boat Club, Tel. 00 353 53 22039.

Treidelpfad Es gibt nur wenige Wege entlang des Flusses.

Brücken Vier feste Brücken: Wexford mit einer Durchfahrtshöhe von 5,8 m, Ferrycarrig, Deep's, Endermine.

Slips Wexford Harbour Boat Club.

Scheitelhaltung Der Slaney ist bis Enniscorthy tidenabhängig.

Zufahrten Castlebridge Canal, North Slobs.

Fahrhinweise Hochwasser in Wexford tritt 5 h 50 min vor dem Hochwasser Dover ein.

Karten Ordnance Survey of Ireland *Discovery Series* No. 77.

Seekarten Admiralty 1772, 1787; Imray C 61.

Führer Irish Cruising Club: *Sailing Directions for the East and North Coasts of Ireland*; Macmillan Reeds *Nautical Almanac*.

Entfernungstabelle	km
Wexford Harbour bis:	
Wexford Brücke	1,1
Old Ferry Crossing (Alte Fähre)	2,0
Ferrycarrig Brücke	6,4
Deep's Brücke	12,6
Polldarrig	15,5
King's Island (Südspitze)	18,2
Edermine Brücke	21,5
Enniscorthy	26,7

Strangford Lough

Der alte gälische Name für diesen Fjord nicht weit von Belfast war Lough Cuan. Die Wikinger nannten ihn „Strong Fjord", vielleicht weil sie in der engen Zufahrt vom Meer schwer gegen die starke Strömung anrudern mussten. Der Strangford Lough ist ein Meeresarm von unübertroffener Schönheit, der größte Salzwassersee auf den Britischen Inseln und ein international bedeutender Lebensraum für die Tierwelt. Bootsurlaubern wird hier eine Fülle und Vielfalt von Möglichkeiten geboten. Es gibt über 70 Inseln, viele davon kann man besuchen. Zahlreiche freundliche Yacht Clubs heißen Gäste willkommen, historische Gebäude und ausgezeichnete Restaurants freuen sich auf Besucher. Man muss die Strangford-Austern probiert haben!

Die 8 km lange enge Zufahrt von der Irischen See aus bildet einen starken Kontrast zu der 156 km großen offenen Wasserfläche des eigentlichen Lough. Die

Meerenge ist zwischen dem County Down und der Südspitze der Halbinsel Ards weniger als einen halben Kilometer breit. Überall lauern hier Felsen. Man muss sich vor den St. Patrick's Rocks an der Einfahrt hüten, Angus und Garter Rock beachten, Pillar and Tower in der Mitte zwischen Ballyquintin und Mullog Point umfahren und kleine Inseln und Felsen beachten, bevor man Strangford oder Portaferry erreicht. Die Admiralty Chart 2156 weist alle diese Gefahrenpunkte exakt aus. Bei Ebbe kann der Strom hier mit 8 Knoten setzen. Bei jeder Tide werden fast 400 Millionen m^3 Wasser bewegt.

Wenn man hier einen Törn plant, sollte man die Admiralitätskarte 2156 genau studieren und sich mit dem vom Irish Cruising Club herausgegebenen Führer *Sailing Directions for the East and North Coasts of Ireland* ausführlich befassen. Überall im Fjord gibt es Untiefen, hier „Pladdies" genannt, überspülte Felsen und kleine Inselchen. Die Topografie des Gewässers ist nicht anders als die der umliegenden Landschaft, nur dass die Moränen hier seit etwa 3600 Jahren von Wasser überspült sind. Naturfreunde sollten sich in dem nützlichen Naturführer informieren, den der National Trust herausgibt. Die Kartenskizze gibt die Lage der Naturreservate an und zeigt, wo Brutplätze und Winterquartiere der Vogelwelt liegen und wo Seehunde zu finden sind.

Das Naturreservat

Der Strangford Lough bildet das größte maritime Naturreservat auf den Britischen Inseln. Es gibt Gebiete, die als von besonderem wissenschaftlichen Interesse oder Ramsar-Flächen ausgewiesen sind und zahlreiche andere Umwelt-Klassifikationen. Trotz dieser Bedeutung gibt es hier keine Zugangsverbote oder Beschränkungen für die Freizeitnutzung. 1966 wurde das Strangford Wildlife Scheme verabschiedet. Das Management des Küstenvorlandes liegt seither beim National Trust.

Der Manager David Thompson ist zusammen mit drei Warten für die Umsetzung verantwortlich. Das Strangford Lough Wildlife Centre befindet sich im Castle Ward, einem Anwesen des National Trust am Südende des Lough. Dem Trust gehören mehr als 30 Inseln, 19 weitere werden von ihm betreut. Er fördert auch Studien zur Unterwasserwelt und zum komplexen Biotop der Gezeitengebiete.

Das Umweltministerium hat im Quoile Countryside Centre am Rande von Downpatrick eine Außenstelle. Die Yacht Clubs befolgen strikte Verhaltensregeln auf

Strangford Lough	
von bis	*Entfernung*
Killard Point bis Gregstown	32,8 km

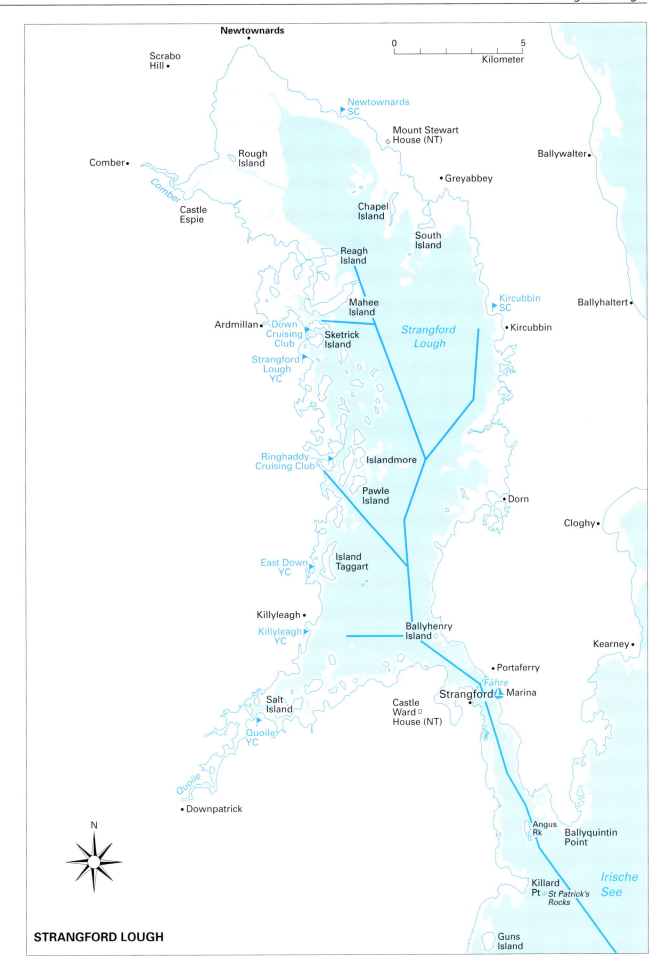

Newtownards

Scrabo
Hill •

Comber •

Comber

Castle
Espie

Rough
Island

Newtownards
SC

Mount Stewart
House (NT)

Ballywalter •

• Greyabbey

Chapel
Island

South
Island

Reagh
Island

Mahee
Island

Kircubbin
SC

Ballyhaltert •

Ardmillan • Down
Cruising
Club

Sketrick
Island

*Strangford
Lough*

• Kircubbin

Strangford
Lough
YC

Ringhaddy
Cruising Club

Islandmore

Pawle
Island

• Dorn

Cloghy •

East Down
YC

Island
Taggart

Killyleagh •

Killyleagh
YC

Ballyhenry
Island

Kearney •

• Portaferry

Fähre

Salt
Island

Strangford Marina

Castle
Ward
House (NT)

Quoile
YC

Quoile

• Downpatrick

Angus
Rk

Ballyquintin
Point

Killard
Pt   *St Patrick's
Rocks*

*Irische
See*

Guns
Island

N

STRANGFORD LOUGH

0   5
Kilometer

dem Wasser. Der National Trust verteilt einen *Castaways Code*, der die Freizeitskipper auf den Schutz der Tierwelt besonders während der Brutzeiten der Vögel hinweist. See- und Watvögel sind hier zu Tausenden als Stand- oder Zugvögel, auch Seehunde sieht man häufig. Die Karte des *Castaways Code* zeigt private Inseln, Inseln, die jederzeit betreten werden dürfen und solche, die besonders während der Brutzeit nur für Vogelbeobachter zugänglich sind.

Schaltiere

Im Strangford Lough werden in Aquakulturen Schaltiere gezüchtet. Austernkulturen gibt es auf dem Grund und in Käfigen. Muscheln gedeihen an im Wasser versenkten Schnüren, Kammmuscheln kommen ganz natürlich vor. Lizenzen für Aquakulturen vergibt die Fischereiabteilung des Ministeriums für Landwirtschaft und ländliche Entwicklung. Bei jedem neuen Antrag haben die bisherigen Nutzer ein Anhörungsrecht. Skipper sollten die mit Stangen und Pfählen bezeichneten Aquakulturen weiträumig umfahren, weil sie sehr störungsanfällig sind. Früher gab es im Lough eine Heringsflotte, und die natürlichen Muschelfelder wurden abgeerntet. Die Überfischung hat diesen Wirtschaftszweigen ein Ende gemacht.

Eine Fahrt auf dem Strangford Lough

Ein Boot ist das ideale Gefährt, um den Fjord zu erkunden, aber auch eine Rundfahrt mit dem Auto oder eine Wanderung werden nachhaltige Eindrücke hinterlassen. Auch für Kanuten ist das Gewässer gut geeignet, weil man fast überall unter einer Insel schnell Schutz suchen kann. Auf Salt Island im Südwesten darf man zelten. Die Insel gehört dem National Trust. Man sollte sich im Castle Ward Estate anmelden, Tel. 028 4488 1668 oder 1411.

Beginnt man seine Fahrt im Dorf Strangford am

Sehenswürdigkeiten

Portaferry – Das Aquarium Exploris vermittelt Einblicke in die Unterwasserwelt des Lough. Hier wird auch ausführlich über die Geologie und Flora des Reviers informiert. Wenn man mit dem Auto unterwegs ist, sollte man von hier die Fähre nach Strangford nehmen und einen Blick auf die mächtige Strömung der Meerenge werfen, die wohl für den Namen des Fjords verantwortlich ist. Außerdem ist die Fähre der weit schnellere Weg zum anderen Ufer als der Umweg über Newtownards.

Ende Juni findet in Portaferry die beliebte Galway Hookers-Regatta statt, Anfang September ein Seafood Festival. Die Touristeninformation gibt unter Tel. 028 4272 9882 Auskunft.

Strangford – Um die Stadt herum gruppieren sich fünf Castles, die man schon von der Fähre aus sehen kann. Diese historischen Festungen betonen die strategische Bedeutung der Meerenge. Besonders sehenswert sind Kilclief Castle und Audley's Castle. Auf dem Gelände von Castle Ward kann man einen Wehrturm aus dem 16. Jahrhundert besichtigen.

Das Castle Ward House Estate westlich des Ortes an der Bucht gehört dem National Trust und ist ein beeindruckendes Gebäude aus dem 18. Jahrhundert mit vielen verschiedenen Stilelementen, die die Vorlieben des früheren Besitzers Bernard Ward und seiner Gattin, Lord Bangor and Lady Anne, ausdrücken. Im zum See abfallenden Park steht unter anderem ein Tempel im palladianischen Stil, von dem aus man weit auf den Lough hinausschauen kann. Hier befindet sich auch das Strangford Lough Wildlife Centre, von wo aus der Naturschutz betreut wird. Opernfreunde versammeln sich hier im Juni jeden Jahres drei Wochen zu einem opulenten Opernfestival.

Rund um den See – Die Schönheit der umliegenden Landschaft und die reiche Tierwelt sind die Hauptattraktionen vom Lough Strangford. Im Castle Espie Wildfowl and Wetland Centre nahe Comber kann man sich über die Flora und Fauna einen guten Überblick verschaffen und besonders die Vogelarten kennen lernen. Die Einnahmen werden zur Erhaltung der Feuchtgebiete für die 7000 Zugvögel verwendet, die jedes Jahr hier Rast machen.

Nördlich des Comber kann man zum Scrabo Hill wandern und wird mit einem unübertrefflichen Blick auf das Revier belohnt. Es gibt natürlich zahlreiche Golfplätze. Der vermutlich Schönste liegt auf Mahee Island fast mitten im See.

An der Ostküste ist das Zisterzienserkloster Grey Abbey aus dem 12. Jahrhundert im Sommer für Besucher geöffnet. Unter anderem gibt es hier einen neu angelegten Kräutergarten mit vielen im Mittelalter gebräuchlichen Heilpflanzen.

Newtownards – Das Mount Stewart House in der Nähe der Stadt gehört dem National Trust und kann besichtigt werden. Es gehörte einst der Familie Londonderry, die letzte Marquise lebt noch hier. Der Park in seiner heutigen Form wurde in den 1930er- und 1940er-Jahren angelegt. Der „Tempel der Winde" mit seinem schönen Ausblick stammt aus dem späten 18. Jahrhundert und war seinerzeit ein bevorzugter Picknickplatz.

Westufer der Meerenge, erinnern einige Castles sofort daran, wie wichtig die Kontrolle der Zufahrt über die Jahrhunderte war. Das Castle Ward Estate des National Trust etwas westlich geht auf das 15. und 16. Jahrhundert zurück, obwohl das heutige Gebäude aus dem 18. Jahrhundert stammt und eine gewisse Extravaganz zum Ausdruck bringt. Zwölf Generationen residierte hier die Familie Ward. Die Steine für den Bau wurden in den 1760er-Jahren aus Somerset hierher transportiert. Nach dem Ableben des 6. Viscount übereignete die Regierung von Ulster das Anwesen dem National Trust und verzichtete dafür auf Erbschaftssteuern.

Die Frau des 5. Viscount, Mary Ward, lebte nie hier und kam 1869 bei einem Unfall ums Leben. Im Basement befindet sich eine Ausstellung ihrer Zeichnungen und Gemälde nach der Natur. Sie war für ihre Zeit eine erstaunliche Frau und beschäftigte sich mit Naturforschung, Astronomie und Mikroskopie. Sie schrieb zwei Bücher, *Telescope Teachings* und *Microscope Teachings*, die in der Viktorianischen Zeit einige Wirkung entfalteten.

Zwischen Killyleagh und Chapel Island mündet der Quoile River in den Fjord. Seit es bei Castle Island einen Damm gibt, kann man nicht mehr den Fluss bis nach Downpatrick hinauffahren. Der Damm hat ein Süßwasser-Biotop geschaffen, er wurde einst als Schutz vor Überflutungen gebaut. Nun bietet das Quoile Pondage Nature Reservat einen interessanten Kontrast zu der Salzwassernatur davor.

In Killyleagh steht das älteste bewohnte Castle in Irland. Es ist für die Öffentlichkeit nicht zugänglich. Stadt und Yacht Club bieten alles, was für ein Boot

---

Restaurants

Castle Espie – An der Straße nach Ballydrain ist das Old Schoolhouse Restaurant mit seiner Dampfmaschine im Garten nicht zu übersehen. Es hat abends und für den Sunday Lunch geöffnet.

Sketrick Island – Daft Eddy's ist als lebendiger Pub mit anständigem Essen beliebt.

Strangford – Das Lobster Pot am Square bietet exzellente Austern und Schaltiere aller Art. Cuan Bar and Restaurant, gleichfalls am Square, hat frische Meeresgerichte und häufig Wild auf der Karte.

Portaferry – Bei einem besonderen Anlass sollte man ins Portaferry Hotel mit seinen exzellenten Fischgerichten gehen – und sich nicht über die Rechnung ärgern. Das Narrows Hotel in der Shore Street ist eine ebenso gute Wahl mit herrlichem Blick über die Meerenge.

---

gebraucht wird. Einer der berühmtesten Söhne des Ortes war Hans Sloane, Leibarzt von König Georg II. Er gründete die Kew Gardens und gab dem Sloane Square in London seinen Namen.

Etliche Yacht Clubs unterhalten Anleger geschützt von den Inseln an der Westküste. Der East Down Yacht Club verbirgt sich hinter der Insel Taggart, der Ringhaddy Cruising Club am Ringhaddy Sound. Der Strangford Yacht Club hat sein Clubhaus in Whiterock, der Down Cruising Club residiert in einen umgebauten Schiff, das hinter Sketrick Island vertäut liegt.

Die Westküste ist geschützter, weil die vorherrschenden Winde vom Atlantik kommen. Zufälligerweise liegen hier auch die meisten Inseln des Fjords. Einige sind über einen Damm mit dem Festland verbunden und können so bequem auch mit dem Auto besucht werden, andere nur zu Fuß und bei Niedrigwasser, wenn der Damm nicht überspült wird. Die meisten Inseln befinden sich zwischen Killyleagh und der Bucht des Comber River. Hier weiter im Nordwesten sind die Wattflächen ausgedehnter; ganz im Norden ist der größte Teil davon Naturschutzgebiet.

Die Ostküste ist dem Wind weit mehr ausgesetzt. Beim Ankern muss man dies berücksichtigen und damit rechnen, dass der auflandige Wind sich schnell verstärken kann. Der Newtownards Sailing Club hat seine Basis nördlich von Grey Abbey. Das Revier ist sehr flach, deshalb segelt man hier auch fast nur offene Boote. Die Kircubbin Bay weiter südlich ist sehr exponiert. Die beste Bucht an der Ostküste des Strangford Lough ist Ballyhenry am nördlichen Ende der Meerenge.

Man ist hier auch in der Nähe von Portaferry, das eine gut geschützte Marina hat und der Anlaufhafen für die meisten Besucher des Fjords ist. Hier gibt es auch die einzige Fäkalienabsaugstation des Reviers.

Häfen Der Strangford Lough ist ein offenes Revier mit keinerlei Beschränkungen, Brücken oder Schleusen. Der Hafenmeister von Strangford ist zu erreichen unter Tel. 028 448 1637, die Marina in Portaferry unter Tel. 028 4272 9598. Die meisten Yacht Clubs nutzen den UKW-Kanal 80 M.

Treidelpfad Es gibt einige Küstenwanderwege.

Geschwindigkeitsbeschränkung In der Nähe der Yacht Clubs wird generell nicht schneller als 8 km/h (5 Knoten) gefahren.

Slips Strangford, Quoile Yacht Club, Kircubbin Sailing Club, Portaferry Marina.

Zufahrten Irische See.

Fahrhinweise In der Meerenge kann der Strom bis zu 8 Knoten setzen. Bei Ebbe mit auflandigem Wind, insbesondere bei kräftigem Südostwind, ist dieses Gebiet nicht ungefährlich. Im eigentlichen Fjord gibt es viele Untiefen und unerwartete Tidenströmungen, die manchmal in andere Richtungen setzen, als vermutet. Vor dem Eingang der Meerenge liegt eine Barre, auf der häufig steile Brecher stehen.

Landkarten Ordnance Survey of Northern Ireland *Discoverer Series* Nos. 15 und 21.

Seekarten Admiralty 2156, 2159; Imray C 62.

Führer Irish Cruising Club: *Sailing Directions to the East and North Coasts of Ireland*; National Trust: *Strangford Lough Guide*; Macmillan Reeds *Nautical Almanac*.

Entfernungstabelle	km
St. Patrick's Rock bis:	
Killard Point (Westküste)	0,7
Angus Rock Leuchtturm	2,5
Carrstown Point (Ostküste)	3,4
Gowland Bake (Ostküste)	5,9
Rue Point (Ostküste)	6,3
Cockle Point (Westküste)	7,2
Strangford (Westküste)	7,5
Church Point (Westküste)	8,0
Portaferry (Ostküste)	8,0
Strangford Sailing Club (Westküste)	9,2
Audley's Point (Westküste)	9,3
Ballyhenry Island (Ostküste)	10,2
Killyleagh Yacht Club (Westküste)	14,8
Quoile Yacht Club (Westküste)	18,0
Limestone Rock Leuchtfeuer	14,0
East Down Yacht Club (Westküste)	15,3
Ringhaddy Kai (Westküste)	18,3
Gransha Point (Ostküste)	18,6
Kircubbin Sailing Club (Ostküste)	23,7
Strangford Lough YC (Westküste)	24,0
Sketrick Island (Westküste)	24,1
Mahee Point (Westküste)	24,6
Down Cruising Club (Westküste)	24,8
Einfahrt in den Comber River (Westküste)	28,9
Mount Stewart NT (Ostküste)	29,2
Newtownards Sailing Club (Ostküste)	30,7
McCulley's Rock	31,1

River Suck

Der River Suck entspringt im County Roscommon nicht weit von Castlerea und Cloonagh und fließt nach Südosten, um sich bei Shannonbridge mit dem großen irischen Fluss zu vereinigen. Einen Gutteil der Strecke bildet er die Grenze zwischen den Counties Roscommon und Galway.

Das Gesetz über die Binnenwasserwege von 1715 sah vor, den Fluss von Castlerea bis zum Shannon schiffbar zu machen. Erst nach 50 Jahren wurde neuerlich darüber nachgedacht. Man veranlasste eine Schätzung über Verbesserungen auf dem Abschnitt vom Shannon nach Ballinasloe. Ein Argument gegen einen solchen Plan war die offenkundige Schwierigkeit, am Ufer einen für die Zugpferde geeigneten Treidelpfad anzulegen.

Die Grand Canal Company entschied sich schließlich, südwestlich des River Suck einen Zweigkanal anzulegen. Die ausgewählte Route führte durch ein Moor, das wie üblich erhebliche Schwierigkeiten beim Bau mit sich brachte. Es waren zwei Schleusen erforderlich. Der Kanal wurde 1829 eröffnet. Sehr

---

Sehenswürdigkeiten

Ballinasloe – Bekannt ist Ballinasloe wegen des Pferdemarktes Anfang Oktober. Das ist für die meisten Freizeitskipper allerdings etwas sehr spät im Jahr. Der Markt zieht sich eine Woche mit allerlei Unterhaltung hin, u. a. einem Springturnier. Im Mai gibt es hier eines der besten irischen Angelfestivals.

Die St. Michael's Church hat einige wunderbare Buntglasfenster. In Ballinasloe ist die Ruine der Burg eines Königs von Connaught aus dem 12. Jahrhundert zu besichtigen, und man kann in der Stadt auch Spuren des alten Hafens ausmachen.

Suck Valley – Wenigstens Teile des Suck Valley Way sollte man bewältigen, will man den River Suck oberhalb von Ballinasloe erkunden. Von dem Besucherzentrum in Athleague kann man dem Flusslauf bis Castlestrange folgen. Der Ort ist nach jenem Kapitän Le Strange benannt, der im 16. Jahrhundert hier eine Festung errichtete. Sie gibt es nicht mehr, und das Herrenhaus an ihrer Stelle ist auch bereits eine Ruine. Aber man kann einen von drei Steinen der La Tène-Kultur in Irland sehen, der oval und mit Spiralmustern graviert ist. Die Bedeutung ist unklar, aber der Stein stammt aus vorchristlicher Zeit.

River Suck

Maximale Bootsgrößen

von bis	Entfernung	Länge	Breite	Tiefgang	Durchfahrtshöhe	Schleusen
River Shannon bis Ballinasloe	16,0 km	32,0 m	8,5 m	1,5 m	4,0 m	1

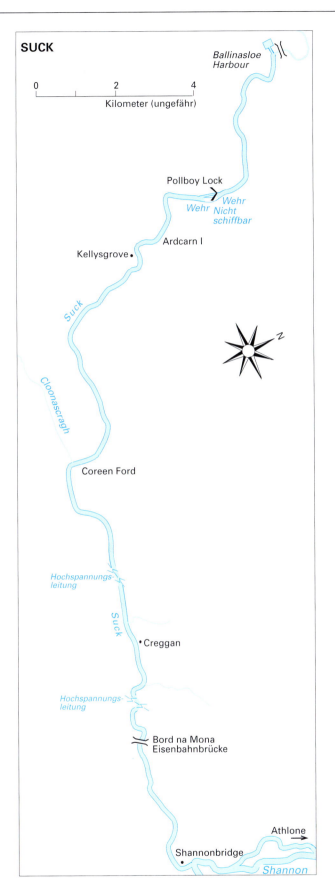

SUCK

0   2   4
Kilometer (ungefähr)

Ballinasloe Harbour

Pollboy Lock
Wehr
Wehr *Nicht schiffbar*

Ardcarn I

Kellysgrove •

Suck

Cloonascragh

Coreen Ford

Hochspannungs- leitung

Suck

• Creggan

Hochspannungs- leitung

Bord na Mona Eisenbahnbrücke

Athlone

Shannonbridge •

Shannon

Der La Tène-Stein soll mehr als 2000 Jahre alt sein.

Der Wanderweg im Suck Valley führt durch eine zauberhafte Landschaft im Herzen Irlands.

Der Zweigkanal erwies sich als erfolgreich, und Ballinasloe entwickelte sich sehr gut. Bis zum Aufkommen der Eisenbahn war auch der Passagierverkehr lebhaft, brach aber Anfang der 1850er-Jahre vollständig zusammen. Die Midland und Great Western Railway besaß eine Trasse von Athlone durch Ballinasloe, die auch den Güterverkehr anzog. 1961 wurde der Kanal schließlich endgültig geschlossen. Rund um sein altes Bett wurde intensiv Torf abgebaut.

Dies ist teilweise auch der Grund dafür, dass eine Restaurierung der alten Trasse als nicht mehr mach-

Restaurants
Ballinasloe – Etwas Besonderes sind Dinner oder Lunch in Tohers Restaurant in der Dunlow Street 18. Das Menü ist wirklich exzellent.

bald danach fuhren auf dem Shannon Dampfboote, die natürlich keinen Treidelpfad brauchten. Mit ein wenig Voraussicht wären Investitionen in den River Suck günstiger und sinnvoller gewesen.

Der neue Hafen in Ballinasloe

bar galt, als man Ende des 20. Jahrhunderts unter neuen Bedingungen darüber nachdachte, das Shannon-Revier zu erweitern. Man entschied sich dafür, die Schiffbarkeit des River Suck zu verbessern. Der untere Abschnitt an der Mündung in den Shannon war immer befahrbar gewesen. Der Fluss sollte vertieft und eine Schleuse zur Umgehung der felsigen Untiefen von Pollboy gebaut werden. Die Strecke nach Ballinasloe ist auf der neuen Route kürzer als über den alten Kanal. Ballinasloe hat einen neuen Hafen und Serviceeinrichtungen bekommen.

Der River Suck mündet unterhalb Shannonbridge und oberhalb des Shannonbridge-Kraftwerks in den Fluss. Das torfige Wasser des Suck windet sich durch eine friedliche und flache Farmlandschaft. Links und rechts grasen Kühe und Pferde, bevor man die Bord na Mona-Brücke erreicht. Weiter flussauf wird die Fahrrinne enger. Man muss auf die Fahrwasserbezeichnungen achten, um einige Felsen und Untiefen an den Ufern zu meiden. In dieser S-Kurve sollte man keinem anderen Boot begegnen. Ein Stück weiter bei der Coreen-Furt ist die Situation ähnlich knapp.

Die einzige Schleuse gibt es in Pollboy. Man muss besonders nach stärkeren Regenfällen bei der Einfahrt in den Zufahrtskanal mit stärkerer Strömung aus dem Wehrarm zur Rechten rechnen. Der Anleger vor der Schleuse ist sehr kurz und kaum ausreichend für zwei Schiffe. Aber ansonsten ist dies ein schöner ruhiger Liegeplatz für eine Nacht. Wenn allerdings eines Tages die neue Autobahn von Dublin nach Gal-

way hier entlangführt, wird es mit der Herrlichkeit vorbei sein.

Ballinasloe ist ein gefälliges Städtchen mit allen Geschäften, Banken und Pubs. Der neue Hafen mit Schwimmstegen ist geräumig und schön. Es gibt eine Nasszelle, aber keine Fäkalienabsaugstation.

Ballinasloe bedeutet zwar das Ende der Schiffbarkeit, aber eine weitere Erkundung des River Suck an Land ist durchaus lohnend. Farmer und Pensionen ermuntern Besucher, in diesem schönen Landstrich Wander- oder Radtourferien zu verbringen. Um Athleague ist der Suck Valley Way ein gut beschilderter Rundwanderweg nach Castlerea und zurück. Er führt durch Wälder, Moore und Weideland, über Hügel und durch Täler und an Castles, Ruinen und alten Steinen und kleinen Dörfern vorbei. Überall gibt es Unterkünfte. Hier kann man ein kaum entdecktes, ländliches Irland genießen.

Die Suck Valley Development and Co-operative Society hat einen Führer herausgegeben. Er enthält eine Karte und ein Verzeichnis der Unterkünfte. In einer umgebauten Kapelle von Athleague gibt es ein Visitor Centre. Weitere Informationen halten die Touristenbüros bereit.

Behörden Waterways Ireland, Market Square, Scarriff, Co. Clare, Tel. 00 353 (0) 61 922033, Fax 922036.

Treidelpfad Gibt es nicht.

Brücken Bei der Bord na Mona-Eisenbahnbrücke

hängt die Durchfahrtshöhe vom Wasserstand ab. Auf beiden Seiten der Pollboy-Schleuse gibt es Pegel.
Geschwindigkeitsbeschränkung 6 km/h.
Scheitelhaltung 39 m in Ballinasloe.
Zufahrten Shannon.
Fahrhinweise Der Fluss ist nur in der Sommersaison etwa vom St. Patrick's Day am 17. März bis Ende Oktober schiffbar. Die in der Tabelle angegebenen Bootsabmessungen gelten für normalen sommerlichen Wasserstand. Im Winter kann der Wasserstand um bis zu 3 m steigen. Die Schleusenwärter am Shannon können Auskünfte geben, wenn man einen Abstecher plant. Bei den seltenen heftigen Regenfällen kann es passieren, dass ein Boot zwar noch nach Ballinasloe gelangt, aber nicht mehr unter der Bord na Mona-Brücke zurück. Vom Brückenpegel lässt sich die Durchfahrtshöhe ablesen.

Die beiden S-Kurven und die Furt bei Coreen sind zwar gut bezeichnet, aber wegen der Untiefen mit Vorsicht zu genießen. An der Schleusenzufahrt kommt eine starke Strömung über das Wehr zur Rechten, die bei der Einfahrt die Gefahr des Übersteuerns mit sich bringt.
Landkarten Ordnance Survey of Ireland *Discovery Series* No. 47.

Entfernungstabelle	km
River Shannon bis:	
Bord na Mona-Eisenbahnbrücke	2,3
Pollboy Lock	12,0
Ballinasloe Harbour	16,0

River Suir

Der Fluss ist 182 km lang und hat seine Quelle im County Tipperary in den Devil's Bit Mountains. Er vereinigt sich mit dem River Barrow am Cheek Point im Hafen von Waterford. 60 km flussaufwärts bis westlich von Clonmel wirken sich Ebbe und Flut aus. Bei Flut ist der Suir bis Carrick-on-Suir 30 km oberhalb von Waterford schiffbar.

1537 – in der Regierungszeit Heinrichs VIII. – wurde der Suir zusammen mit dem Barrow und der Nore erstmals als schiffbar für Handelsschiffe erwähnt. Im Schifffahrtsgesetz von 1715 wurde auch der Suir als Ausbauprojekt aufgeführt, wenngleich wie in den meisten anderen Fällen ohne praktische Folgen. 40 Jahre später gab es Pläne, die Schiffbarkeit zwischen Carrick-on-Suir und Clonmel zu verbessern. Es scheint auch ein wenig Geld geflossen zu sein, aber die Arbeiten wurden nie aufgenommen.

Mit einem Gesetz von 1836 wurde die private River Suir Navigation Company mit der Absicht gegründet, die Schiffbarkeit zu verbessern und gegebenenfalls einen Kanal zwischen Granny Ferry und Carrick-on-Suir zu bauen. Der Vertrag enthielt Klauseln, die jedes Sperrwerk auf dem Fluss sowie Gebühren für Binnenschiffe verboten. Dies bedeutete, dass man Gebühren nur von auf See gehenden Schiffen verlangen konnte, die hier sehr selten verkehrten. Man grub unterhalb von Carrick-on-Suir eine Kanalrinne durch ein Riff im Fluss, die die Zufahrt in die Stadt erleichterte.

Es scheint durchaus einen beständigen Schiffsverkehr gegeben zu haben. Aber weil nur relativ wenige Schiffe Gebühren entrichteten, sind die Quellen nicht sehr aussagekräftig. Die Shuttleworth Commission erhielt 1906 nur wenige Informationen über die Nutzung des Flusses. Für 1888 kann man von 100 000 Tonnen Fracht bis nach Carrick-on-Suir ausgehen und 28–30 000 Tonnen bis nach Clonmel. Der Abschnitt zwischen Carrick und Clonmel war sehr schwierig zu befahren und hatte bei hohem Wasserstand eine starke Strömung und etliche Stromschnellen bei niedrigem.

Sehenswürdigkeiten
Waterford – Die Glasbläser und -schleifer der County Waterford Crystal Ltd. in Kilbarry muss man besuchen. Sie verkaufen keine „zweite Wahl", weil jedes mangelhafte Stück wieder eingeschmolzen wird. Man kann bei der Herstellung zuschauen. Die Busse zur Fabrik starten am Clock Tower an The Quay.
Das Stadtmuseum befindet sich im Reginald's Tower am Parade Quay. Er stammt aus dem 12. Jahrhundert. Zuvor hatten die Wikinger hier bereits eine Befestigung mit dem Namen „Ranguald's Tower". Das nahe gelegene Heritage Centre birgt eine beeindruckende Sammlung aus den Zeiten der Wikinger und Normannen.
Gartenliebhaber werden sich zu Mount Congreve begeben, wo auf mehr als 100 Hektar die größte Sammlung von Rhododendren auf der Welt gedeiht. Es liegt 8 km außerhalb am Südufer des River Suir.
Carrick-on Suir – Ormond Castle ist zu besichtigen. James Butler wurde 1661 Herzog von Ormond. Sein elisabethanisches Herrenhaus ist eines der wenigen aus dieser Epoche in Irland. Viele Schmuckelemente sollten Elisabeth I. huldigen, deren erwarteter Besuch allerdings ausblieb. Das Castle könnte auch 1507 der Geburtsort von Anna Boleyn, der zweiten Gemahlin von Heinrich VIII., gewesen sein. Daneben befinden sich die Reste eines älteren Castles, das auch die Butlers gebaut hatten. Es gehört Dúchas und ist von Juni bis September geöffnet.

Die Schwimmsteganlage in Waterford am River Suir

Anfang des 20. Jahrhunderts gab es verschiedene Vorschläge, um das Treideln nach Clonmel zu mechanisieren, weil auch große Gespanne von 10 oder 12 Pferden nur mit Mühe gegen die Strömung vorankamen. Aber angesichts des geringen Verkehrs erschienen die Kosten zu hoch. Die Gebühren mussten niedrig bleiben, weil die Great Southern and Western Railway eine Linie von Waterford aus betrieb, die auch in Carrick und Clonmel hielt. Als allerdings der Betrieb auf dem Fluss eingestellt wurde, stiegen die Gebühren der Eisenbahn beträchtlich an.

Eine Fahrt auf dem River Suir

Heutzutage kann man mit dem Boot bis nach Carrick-on-Suir fahren. Die Strecke hätte es verdient, bekannter zu sein. Sie windet sich durch eine wunderbare Landschaft mit einigen historischen Anwesen an ihren Ufern. Unternehmungslustige können im Kanu vermutlich auch bis nach Clonmel gelangen. Bis Waterford ist der Fluss betonnt und befeuert. Hier fahren viele private Boote, besonders seit Eröffnung der komfortablen Marina in Waterford. Zwischen Cheek Point und Waterford steht auf Little Island ein

eindrucksvolles Castle mit Zinnen, dass zu einem prächtigen Hotel umgebaut wurde. Das Hauptfahrwasser, genannt Queen's Channel, verläuft nördlich um die Insel. Auch der südliche Weg ist betonnt. Die-

---

Restaurants

Waterford – Alle Geschmacksrichtungen und Geldbeutel werden in der Stadt das Passende finden. McCluskey's Bistro in der High Street genießt einen guten Ruf. Hier werden regionale Produkte verwendet, die Atmosphäre ist warmherzig. In einer alten Kaserne in der Mary Street 8 liegt Dwyer's mit einem komfortablen Dining Room und guter Qualität. Eine gute Weinkarte und ein exzellentes Menü, besonders mit Meeresfrüchten, bietet Wine Vault in der Lower High Street. Haricots Wholefood Restaurant in der O'Connell Street bereitet vegetarische Kost, schließt dafür aber schon früh am Abend.

Carrick-on-Suir – Die beiden ersten Häuser am Platz sind das Carraig Hotel in der Main Street und das Park Inn in der New Street.

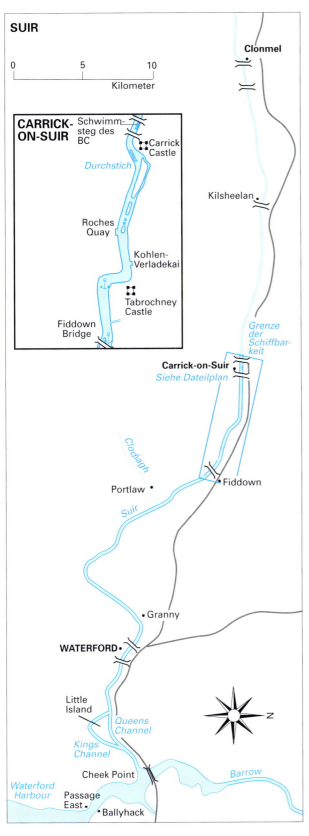

SUIR

0 5 10
Kilometer

CARRICK-ON-SUIR

Schwimmsteg des BC

Carrick Castle

Durchstich

Roches Quay

Kohlen-Verladekai

Tabrochney Castle

Fiddown Bridge

Clonmel

Kilsheelan

Grenze der Schiffbarkeit

Carrick-on-Suir
Siehe Dateilplan

Clodiagh

Portlaw • • Fiddown

Suir

• Granny

WATERFORD •

Little Island

Queens Channel

Kings Channel

Cheek Point

Barrow

Waterford Harbour

Passage East •
• Ballyhack

N

River Suir

von bis	Entfernung
Cheek Point bis Carrick-on-Suir	40,0 km

ser King's Channel ist der alte Flussverlauf und faszinierend zu befahren.

Öltanker fahren bis nach Fiddown hinauf. Die Firma Morris Öl hat bis zu ihrem Depot eine Karte erarbeitet und Tonnen ausgelegt. Oberhalb von Fiddown ist der Suir von vorsichtigen Skippern sicher zu befahren. Der Carrick-on-Suir Boat Club wirbt darum, dass mehr Boote nach Carrick kommen. Der Vorsitzende Jim Power und andere Mitglieder sind gerne bereit, ihre Kenntnisse der Gewässer an diejenigen weiterzugeben, die einen solchen Törn planen. Dieser letzte Abschnitt ist unbezeichnet, aber wenn man mit der Passage zwei Stunden vor Hochwasser beginnt, dürfte es normalerweise keine Probleme geben.

Bei der Annäherung an Carrick ist es wichtig, sich am Südufer des Flusses zu halten und einige kleine Inselchen an Steuerbord liegen zu lassen. Unmittelbar vor Ormond Castle fährt man südwärts in einen Stichkanal ein, an dem sich Kais befinden. Danach bleibt man am Südufer, um einige Felsen in der Flussmitte zu meiden. Nach etwa 40 m muss man in der Flussmitte die Straßenbrücke unterqueren. Danach und vor der nächsten Brücke kann man am Südufer oder an den Anlegern des Boat Club am Nordufer anlegen.

Behörden und Häfen Der River Suir ist ein offenes Schifffahrtsrevier. Der Hafenmeister von Waterford ist unter Tel. 00 353 (0) 51 874907 zu erreichen, die Waterford Marina unter Tel. 309900. Informationen zu Carrick-on-Suir gibt gerne Jim Power unter Tel. 00 353 (0) 51 641838.

Treidelpfad Nicht vorhanden.

Brücken Die Brücke in Waterford hat ein Hubteil. Die meisten Sportboote können aber so passieren. Die Brücke in Fiddown hat bei Nipphochwasser 2,5 m Durchfahrtshöhe, bei Springhochwasser allerdings keine mehr.

Slips Granny, Carrick-on-Suir, Fiddown, Waterford.

Scheitelhaltung Tidenabhängiger Fluss.

Zufahrt River Barrow.

Fahrhinweise Bis nach Clonmel ist der Suir gezeitenabhängig. Große Schiffe fahren nur bis Fiddown. Für die Strecke oberhalb von Waterford sollte man vor Ort Informationen einholen. Die Mitglieder des Carrick-on-Suir Boat Club sind gerne behilflich. Bis Fiddown ist der Fluss betonnt, und es gibt Richtfeuer, die auch am Tag brennen. Unter dem Mittelabschnitt der Brücke in Fiddown ist das Fahrwasser am tiefsten. Man sollte von einer Durchfahrtshöhe von 2,5 m bei Nipphochwasser ausgehen. Hochwasser tritt in Waterford 5 h 20 min vor Dover ein, in Carrick dann 55 min später.

Landkarten Ordnance Survey of Ireland *Discovery Series* Nos. 75 und 76.

Seekarten Admiralty 2046 Waterford Harbour; Imray C 57 mit Waterford Harbour.

Führer *The Guide to the River Barrow Navigation* von Dúchas enthält Anmerkungen zum Suir. *Sailing Directions for the South and West Coasts of Ireland* vom Irish Cruising Club endet bei Waterford.

Entfernungstabelle	km
Cheek Point bis:	
Snowhill Point	1,8
Gorteens Kai (Nordufer)	3,4
Little Island Leuchtturm	
(vor Osteinfahrt King's Channel)	4,2
Westeinfahrt King's Channel	6,0
Giles Kai (Nordufer)	6,4
Smelting House Point	7,7
Ferrybank Port (Nordufer)	9,3
Waterford Schwimmstege (Südufer)	9,7
Rice Brücke	10,5
Ehemalige Eisenbahnbrückenquerung	12,5
Granny Castle (Nordufer)	14,0
Granny Jetty (Nordufer)	18,0
Mount Congreve House (Südufer)	19,7
Whelanbridge River (Südufer)	20,6
Dawn River (Südufer)	23,6
Clodiagh River (Südufer)	27,1
Fiddown Island	31,5
Fiddown Brücke	32,2
Carrick-on-Suir	39,6

Ulster Canal

Eines der Ziele der irischen Kanalbauer war die Herstellung einer schiffbaren Verbindung quer über die Insel von Belfast nach Limerick. Die Arbeiten an den letzten Teilstücken vom Lough Neagh zum Lough Erne und weiter zum Shannon wurden erst im 19. Jahrhundert begonnen und blieben leider erfolglos.

Der River Blackwater mündet im Südwesten vom Lough Neagh. Der Kanal sollte im Flussbett bis nach Charlemont verlaufen und dann als Kanal und über den River Finn ab Wattle Bridge zu den verbundenen Seen des südlichen Endes vom Lough Erne führen. Schon 1778 gab es Pläne, die Ost- und Westküste zwischen Belfast und Ballyshannon zu verbinden. Ende

Restaurants

Monaghan – Andy's Bar and Restaurant in der Market Street 12 gegenüber dem Market House ist für Lunch und Dinner eine gute Wahl. Im Untergeschoss gibt es herzhafte Snacks, im Restaurant herrscht eine gediegene Atmosphäre.

der 1780er-Jahre begann man mit dem Bau einer Verbindung vom Lower Lough Erne zum Atlantik, ließ das Projekt aber schon 1794 wegen technischer Schwierigkeiten und Geldmangels wieder fallen. 1814 gab es neue Pläne für einen Kanal zwischen dem Lough Neagh und dem Lough Erne. John Killaly erstellte für die Directors General of Inland Navigation ein Gutachten. Der Kanal sollte 56,8 km lang sein

Sehenswürdigkeiten

River Blackwater – Am südlichen Ende des schiffbaren Flusses etwa vier Kilometer vor Charlemont liegt Argory, ein glanzvolles Herrenhaus aus dem 19. Jahrhundert im Besitz des National Trust. Hier hat sich seit mehr als hundert Jahren buchstäblich nichts verändert. Im Stall steht noch immer der alte Acetylenapparat, mit dessen Gas das Haus und die Wäscherei bis heute beleuchtet werden. Der Park am Fluss lädt zu schönen Spaziergängen ein.

Monaghan – Die Leinen-Industrie war der Grund, warum dieses schöne Beispiel einer Stadt aus der Ansiedelungszeit des 17. Jahrhunderts hundert Jahre lang florierte. Der zentrale Square heißt Diamond und ist mit dem Old Cross Square und dem Church Square verbunden. Viele der eleganten Häuser stammen aus der Viktorianischen Zeit und demonstrieren den damaligen Reichtum. Das Market House am Ende der Market Street stammt aus dem 18. Jahrhundert und wird von interessanten Ornamenten im Kalkstein geziert. Das Monaghan County Museum befindet sich in der Hill Street. Es zeigt Stücke aus der lokalen Geschichte, aber auch Ausstellungen moderner Kunst.

Clones – Die Stadt liegt auf einem Hügel und bietet hier und da Ausblicke auf die umgebende Landschaft. Auch hier bildet das Zentrum ein Diamond, der aber eher ein Dreieck als ein Diamant ist. In der Mitte steht ein sehr altes Hochkreuz mit biblischen Szenen. In der Abbey Street finden sich die Überreste eines augustinischen Klosters aus dem 12. Jahrhundert. In den Ulster Canal Stores, einer Verbeugung vor alten Zeiten, gibt es Informationen zum Lokalgeschehen und Ausstellungen. Clones hat einen guten Ruf wegen seiner Spitzen, die man in vielen Läden erwerben kann. Die Clones Lace Guild lohnt einen Besuch; hier sind wertvolle alte Stücke zu sehen.

Clones ist auch ein guter Ausgangspunkt für eine Fahrradtour auf dem Kingfisher Cycle Trail. Fahrräder kann man in den Ulster Canal Stores leihen.

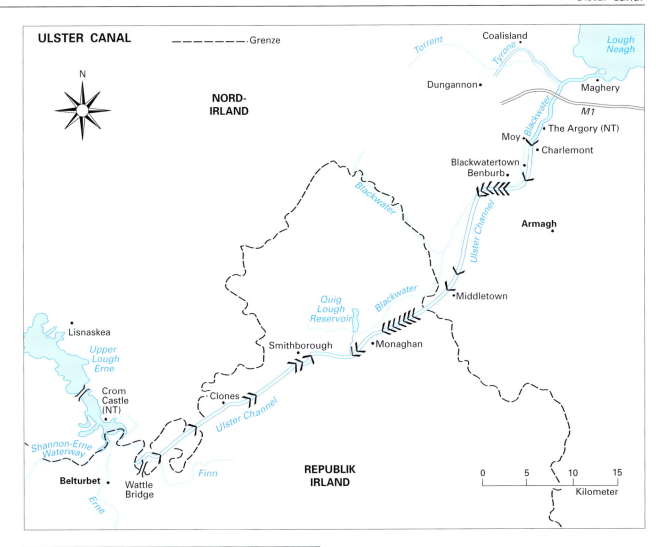

Ulster Canal

von bis	*Entfernung*
River Blackwater bei Charlemont bis Wattle Bridge am River Finn	73,2 km

und 22 Schleusen haben. Von der Größe her sollte er so ausgelegt werden wie der Royal Canal, damit gleich große Schiffe passieren konnten, wenn die Verbindung zum Shannon erst fertig war. Die Schleusengröße war mit 23,1 m mal 4,2 m etwas kleiner als am Lagan, aber für Boote bis zu 70 Tonnen ausreichend. Killaly warnte auch vor Schwierigkeiten mit der Wasserzufuhr der Scheitelhaltung und forderte hier eine Wassertiefe von 2,8 m, um eine ausreichende Wasserführung garantieren zu können.

Es gab für diesen Kanal überall an der Trasse beträchtliche Unterstützung. Ein Argument war, dass der neue Wasserweg Arbeitsplätze schaffen würde und die seinerzeit recht hohe Emigration mindern könnte. Etwa zwei Drittel der geschätzten Baukosten wurde von örtlichen Geschäftsleuten zugesagt. Auch die Lagan Navigation Company sicherte ihre Unterstützung zu, die von einer durchgehenden Verbindung in den Nordwesten natürlich für sich ein stärkeres Aufkommen erwartete. Aber die Directors General und die Regierung zögerten.

Es dauerte bis 1825 und bedurfte gehörigen öffentlichen Drucks, bis ein Gesetz die Bildung einer neuen Kanalgesellschaft erlaubte, die den Kanal vom River Blackwater bei Charlemont zur Erne bauen sollte. Die Auseinandersetzung über Zuschüsse, Anleihen und Zinsen zog sich hin, bis 1831 schließlich mit dem Ankauf von Land begonnen wurde. Der Ingenieur Thomas Telford war nach Irland gekommen, um die Pläne zu überprüfen. Er hielt das Schleusensystem für nicht brauchbar und ordnete 1831 eine neue Untersuchung an.

Killaly hatte in den 1820er-Jahren einen veränderten Plan ausgearbeitet. Um die Kosten zu senken, sah er nur noch 18 Schleusen vor, allerdings mit jeweils größerem Hub. Telford hingegen empfahl, die Zahl der Schleusen auf 26 mit entsprechend geringerem Hub zu erhöhen. Irgendwann wurde auch entschieden, die Schleusen zu verkleinern. Weil Killaly 1832 und Telford 1834 starben, ist unklar, auf wen diese missliche Entscheidung zurückging.

Mit William Dargan als Bauunternehmer und Wil-

141

liam Cubitt als Ingenieur begannen endlich die Arbeiten. Der Kanal begann nahe Charlemont in der Nähe der Mündung des Coalisland Canal in den River Blackwater. Der Kanal stieg recht steil über 19 Schleusen an. 1838 hatte man Monaghan und die kurze Scheitelhaltung erreicht, der aus dem Quig Lough gespeist wurde. Es folgten weitere sieben Abstiegsschleusen zum River Finn bei Wattle Bridge, wo die letzte Schleuse zugleich die engste mit nur 3,5 m Breite war.

Der Bau brachte allerlei unvorhergesehene Schwierigkeiten mit sich und kostete am Ende das Doppelte der geschätzten Summe von 12 000 £. Die Kalksteinschlucht bei Benburb war besonders problematisch. Die von Killaly vorgesehene Trasse musste mehrfach geändert werden. In einem Abschnitt wurden sieben Schleusen auf nur einem Kilometer angelegt. Es gab Sickerstellen, obwohl der Kanal hier wie anderswo üblich abgedichtet wurde.

1841 war der Ulster Canal fertig. Aber die normalen Boote von Lagan, Newry oder Tyrone waren zu groß und passten nicht durch die Schleusen. Das Umladen auf kleinere Schiffe brachte Zeitverzögerungen mit sich und führte zu nur geringem Frachtaufkommen. Außerdem erwies sich Killalys Warnung vor der unzureichenden Wasserzufuhr der Scheitelhaltung als richtig, die nahezu jeden Sommer trocken fiel; in manchen Jahren war der Kanal nur acht Monate befahrbar.

Die Arbeiten an einer Verbindung vom Lough Erne zum Atlantik waren zwischenzeitlich eingestellt worden – es gab kaum noch Aussicht auf eine Ost-West-Verbindung. Der Kanal vom Lough Erne zum Shannon florierte auch nicht, sodass auch keine Verbindung nach Limerick bestand. Als der Ballinamore and Ballyconnell Canal in den 1860er-Jahren fertig war, befand sich der Ulster Canal in einem erbärmlichen Zustand. Das Board of Public Works nahm den Ulster Canal 1865 unter seine Fittiche und schloss ihn bald für Reparaturarbeiten. Erst 1873 wurde der Kanal wieder geöffnet. Der heutige Shannon–Erne Waterway war mehr oder weniger unpassierbar, und es gab auch nicht das Frachtaufkommen quer über die Insel, das man sich erwartet hatte – letztlich also eine traurige Geschichte, in der die Hoffnung nie die Oberhand über die Realität gewann.

Obwohl man 22 000 £ zur Reparatur der Leckagen und zur Verbesserung der Wasserzufuhr vom Quig Lough investiert hatte, trockneten Speisesee und Kanal weiterhin im Sommer aus und legten den Kanal still. Den Investitionen standen nur äußerst geringe Einnahmen aus Kanalgebühren gegenüber. Es wurden Forderungen erhoben, den aufgegebenen Ballinamore and Ballyconnell Canal wiederzueröffnen, aber das Board of Public Works entschloss sich, den

Ulster Canal einer privaten Gesellschaft zu überlassen, statt auf unabsehbare Zeit weiter zu investieren. In den 1880er-Jahren hatte sich eine Transportgesellschaft gegründet, die den Verkehr auf dem Kanal mit speziell gebauten Booten betrieb, die der Größe der Schleusen angemessen waren. Sie konnte mit diesen 45-Tonnen-Booten – statt 60- oder 70-Tonnen-Schiffen auf den anderen Kanälen – immerhin beweisen, dass man auf dem Kanal den Lough Erne erreichen konnte. Der Transport nahm langsam zu.

Die Lagan Navigation Company war in der Zeit überredet worden, den Kanalbetrieb zu übernehmen. Sie wollte in den Vertrag eine Klausel aufnehmen, die es ihr erlaubt hätte, den Kanal zu schließen, wenn er sich nach zehn Jahren als unwirtschaftlich erwies. Eine Kommission des Oberhauses ließ dies nicht zu. Der Ulster Canal war für die Lagan Navigation Company ein ständiges Zuschussgeschäft und minderte ihre Gewinne. Sie durfte ihn aber trotz vieler Anläufe um die Wende zum 20. Jahrhundert nicht schließen, auch nicht, als die Shuttleworth Commission 1906 der Regierung empfahl, den Ulster Canal wieder in eigene Regie zu nehmen.

Bei nachlässiger Instandhaltung schließt sich ein Kanal schließlich selbst. Nach der Gründung der Irischen Republik verfiel der Ulster Canal auf beiden Seiten der neuen Grenze. Niemand hatte mehr Interesse an diesem Wasserweg, und das letzte Boot fuhr 1929. Drei Monate später wurde er endgültig geschlossen.

Die meiste Zeit seiner Nutzung waren die Instandhaltungskosten zwei- oder dreimal so hoch wie die Einnahmen durch Kanalgebühren. Aber seine schiere Existenz hielt die Frachttarife bei der Eisenbahn niedrig. Anfang des 20. Jahrhunderts war das Schicksal des Kanals unvermeidlich. Es war nur eine Frage der Zeit, bis die ökonomische Vernunft über lokale Interessen siegte.

Ist der Ulster Canal eine weitere schlafende Schönheit, die nach hundert Jahren einer glänzenden Zukunft entgegensieht? Angesichts des unbestreitbaren Erfolges nach der Wiederbelebung des Ballinamore and Ballyconnell Canals als Shannon–Erne Waterway ist klar, dass viel getan werden kann, wenn nur der Wille vorhanden ist. Eine Machbarkeitsstudie im Auftrag von Dúchas und der Rivers Agency aus dem Jahre 1998 zeigte sehr nachdrücklich, dass eine Restaurierung aus technischer Sicht möglich ist. Sie kam auch zu dem Schluss, dass eine Wiederherstellung positive ökonomische Auswirkungen auf die lokale Wirtschaft hätte. Es besteht also Hoffnung, dass es im 21. Jahrhundert einen Wasserweg von Belfast nach Limerick geben könnte.

Eine heikle Frage wäre, in welchem Maße es sich um eine reine Restaurierung oder um die Anpassung an moderne Erfordernisse handeln müsste. Man sagt zwar, dass niemand aus den Fehlern anderer Leute lernt, aber der exakte Wiederaufbau eines Kanals, der in seiner Geschichte ein solcher Fehlschlag war, würde doch jeder Vernunft widersprechen. Natürlich muss so viel wie möglich mit den modernen Anforderungen in Einklang gebracht werden, um eine für heutige Urlaubszwecke geeignete lebendige Verbindung zwischen dem Lough Neagh und den übrigen irischen Wasserwegen zu bekommen.

Gegenwärtig ist nicht mehr viel vom alten Kanal zu sehen, aber man kann mithilfe der hier abgedruckten Karte des Ordnance Survey seinen Verlauf verfolgen. Er führt durch eine ländliche Gegend. Monaghan ist die einzig nennenswerte Stadt an seinen Ufern. Viele Bauten wie Schleusen, Aquädukte und Schleusenwärterhäuser sind noch intakt und könnten in eine Restaurierung einbezogen werden.

Eine Fahrt auf dem Ulster Canal

Im Südwesten vom Lough Neagh kann man nahe bei Maghery auf dem River Blackwater 17 km flussaufwärts bis zum Ort Blackwatertown fahren. Genaue Kenntnisse des Flusses sind allerdings sehr hilfreich. Der Kanal beginnt mit einer Schleuse bei Charlemont und wendet sich oberhalb Blackwatertown westwärts, bevor er aus der Schlucht von Benburb emporsteigt. Dieser Abschnitt mit fünf Schleusen kurz hintereinander bereitete beim Bau die meisten Schwierigkeiten. Der Kanal verläuft hier parallel zum Fluss, bis er zwischen Caledon und Tynan den Fluss in südlicher Richtung verlässt. Oberhalb Middletown erreicht er das County Monaghan.

Die Landschaft ist von sanft geschwungenen Moränen geprägt. Dies ist fruchtbares Farmland, obwohl die Felder aufgrund der Topografie recht klein sind. Irgendwie sieht diese Kulturlandschaft heimelig aus. Auf dem Weg weiter westlich nach Monaghan folgen sechs Schleusen kurz hintereinander. Nach drei weiteren Schleusen hat der Kanal die Stadt hinter sich gelassen und seine Scheitelhaltung erreicht. Dieser Abschnitt wurde vom Quig Lough Reservoir gespeist und ist knapp 10 km lang. Die nicht ausreichende Wasserzufuhr war ein wesentlicher Grund für den Misserfolg des Ulster Canal.

Bei Smithborough beginnt der Abstieg zum Lough Erne. Hier befinden sich drei Schleusen, zwei weitere folgen vor Clones. Zwischen Clones und Wattle Bridge, der Mündung in den River Finn, wechselt der Wasserweg dreimal zwischen der Republik und Nordirland hin und her – natürlich war das zu Zeiten des Baus nicht so. Ganz am Ende des künstlichen Wasserweges befinden sich noch zwei Schleusen.

Die Wiedereröffnung des Kanals würde nicht nur einen weiteren attraktiven Kanal für Sportboote bieten, sondern zugleich aus dem Shannon- und Erne-Revier den Zugang zum Lough Neagh und zu anderen Wasserwegen eröffnen. Ein restaurierter Ulster Canal gäbe Touristen und Bootseignern die Chance, von Coleraine nach Limerick, Dublin oder Waterford zu fahren, ohne je mit der See in Berührung zu kommen.

Behörden Derzeit ist keine Behörde zuständig.

Schleusen Es gab 26 Schleusen für Boote mit einer maximalen Größe von 18,9 m Länge und 3,5 m Breite.

Treidelpfad Der ursprüngliche Kanal hatte auf voller Länge einen Treidelpfad. Teile davon dürften noch begehbar sein, sind aber häufig Privatgrundstücke.

Brücken 56 der alten Brücken gibt es noch, 50 weitere Querungen aller Art sind dazugekommen. An der Sicherung der vier Aquädukte wird gearbeitet.

Scheitelhaltung 65 m zwischen Monaghan und Smithborough.

Zufahrten Vom Lough Neagh über den River Blackwater, zur Tyrone über den Blackwater, vom Upper Lough Erne.

Landkarten Ordnance Survey of Northern Ireland *Discoverer Series* Nos. 19, 27 und 18.

Restaurierung Im Auftrag von Dúchas und der Rivers Agency führten 1998 Ferguson & McIlveen eine Machbarkeitsstudie durch. Der Bericht wurde 2000 für Waterways Ireland aktualisiert. Als Mindestmaße für einen restaurierten Kanal wurden eine Wassertiefe von 1,8 m, eine Durchfahrtshöhe von 3,5 m und eine Schleusenbreite von 5 m festgelegt.

Es werden positive wirtschaftliche Effekte erwartet. Auch bei Politikern scheint es eine generelle Bereitschaft zu geben, aber angesichts der ungeklärten Finanzierung ist noch keine positive Entscheidung gefallen. Die Ulster Waterways Group und die IWAI setzen ihre Kampagne fort – sie könnte in absehbarer Zeit Erfolg haben.

Führer Ruth Delany beschreibt die Geschichte des Kanals in *Ireland's Inland Waterways*, ebenso W. A. McCutcheon in *The Canals of the North of Ireland*.

Entfernungstabelle	km
River Blackwater bei Charlemont bis:	
Blackwatertown	4,5
Benburb	9,2
Milltown	10,8
Caledon	21,8
Tynan	23,3
Middletown	28,0
Monaghan	39,1
Smithborough	50,5
Clones	61,0
Wattle Bridge	73,2

BINNENGEWÄSSER IRLANDS
MIT AUFGEGEBENEN UND GEPLANTEN KANÄLEN

N

Malin Head

Lough Swilly

Lough Foyle bis Lough Swilly

Portrush

Coleraine bis Portrush

Coleraine

Limavady

Letterkenny

Foyle

Broharris Canal

LONDONDERRY

Lower Bann

Larne

Belfast Lough

Strabane Canal

Strabane

Antrim

NORD-IRLAND

Atlantischer Ozean

Donegal

Lough Neagh

BELFAST

Coalisland

Donegal Bay

Lough Erne bis Ballyshannon

Ballyshannon

Belleek

Lower Lough Erne

Tyrone

Lagan

Blackwater

Armagh

Upper Bann

Strangford Lough

Sligo

Enniskillen

Lough Gill

Upper Lough Erne

Monaghan

Ulster Canal

Newry Canal

Newry

Carlingford Lough

Lough Key

Lough Allen

Belturbet

Dundalk

Lough

Boyle

Boyle

Shannon - Erne Waterway

Lough Oughter

Carrick on Shannon

Westport

Carnadoe Waters

Longford

Erne

Drogheda

Shannon

Navan

Boyne

Lough Mask

Trim

Cong Canal

Royal Canal

Lough Corrib

Clifden

Lough Ree

Athlone

Kilbeggan

Suck

Edenderry

DUBLIN

GALWAY

Ballinasloe

Grand Canal

Dublin bis Dun Laoghaire

Shannon

Shannon Harbour

Naas

Aran Is

Mountmellick

Corbally

Lough Derg

Athy

Wicklow

Fergus

Ennis

REPUBLIK IRLAND

Carlow

Shannon

Barrow

Kilrush

Kilkenny

Foynes

LIMERICK

Adare

Inistioge

Nore

Enniscorthy

Tipperary

Castlebridge Canal

Tralee

Deel

Maigue

Carrick-on-Suir

New Ross

Slaney

Wexford

Tralee Ship Canal

Clonmel

Dingle

Mallow

Cappoquin

Suir

Castlemaine

Blackwater

Lismore

Waterford

Sankt-Georgs-Kanal

Killarney

Bride

CORK

Lee

Youghal

Bantry

Irische See

Schiffbar	—————
Nicht schiffbar	—————
Fluss	—————
Aufgegeben	··········
Geplanter Wasserweg	- - - - -

0   50
Kilometer

Weitere Wasserwege

In der Blütezeit des Kanalbaus im späten 18. und frühen 19. Jahrhundert gab es viele Überlegungen zu Kanälen und schiffbar gemachten Flüssen. Nur wenige derjenigen, die tatsächlich gebaut wurden, erwiesen sich wirtschaftlich als erfolgreich. Der Schiffsverkehr auf vielen kleineren Wasserwegen hatte nur lokale Bedeutung und endete mit dem Siegeszug der Eisenbahn. Andere Planungen waren nicht mehr als allein die Idee von Ingenieuren auf ihrem Reißbrett. Alle diese Projekte überall auf der Insel zeigen, welche Bedeutung man seinerzeit dem Transport auf dem Wasser zumaß. Die folgende Zusammenstellung umfasst einige der bedeutenderen Planungen, ist aber bei weitem nicht vollständig.

Existierende Wasserwege, die aufgegeben oder nur teilweise schiffbar sind

Belmullet Canal
(Ordnance Survey of Ireland Discovery Series No. 22)

Dieser kurze Kanal wurde in den 1880er-Jahren durch die Stadt Belmullet gebaut, um die Blacksod Bay mit dem Broad Haven zu verbinden und die häufig schwierigen Bedingungen auf See um die Halbinsel Mullet zu umgehen. Der Kanal ist weniger als einen halben Kilometer lang und wurde mit Granit ausgemauert. Es gab eine Brücke, die für Fischerboote geöffnet werden konnte. Die neue Brücke ist fest und hat bei Mittelwasser eine Durchfahrtshöhe von 2,5 m. Kleine Boote bis 10 m Länge mit geringem Tiefgang benutzen den Kanal auch heute noch, wenn sie die Brücke passieren können.

Boyne
(Ordnance Survey of Ireland Discovery Series Nos. 42, 43)

Schon Anfang des 17. Jahrhunderts gab es Pläne, die Boyne schiffbar zu machen. Unter der Leitung von Thomas Omer begannen 1759 die Arbeiten zwischen Drogheda und Navan. 1789 wurde vorgeschlagen, den Kanal bis nach Trim, 55 km von der Küste entfernt, weiter zu führen.

Ein Großteil der ersten Arbeiten war sehr unzureichend ausgeführt, und die Winterhochwasser beschädigten die Dämme. Zwischen Drogheda und Slane verlief nur ein Drittel des Wasserweges im Flussbett, zwei Drittel waren ein Seitenkanal. Es gab keine Brücken. Wenn der Treidelpfad das Ufer wechselte, mussten die Pferde durch den Fluss oder Kanal, was im Winter ziemlich unangenehm gewesen sein wird. Die 30 km von Drogheda nach Navan hatten 20 Schleusen, die für Schiffe mit maximal 40 Tonnen ausgelegt waren. Sie durften 23,7 m lang und bis zu

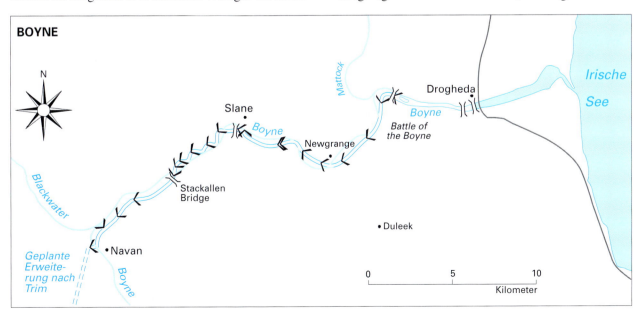

4,4 m breit sein und einen maximalen Tiefgang von 1,5 m haben. Am 1. April 1800 wurde der Kanal bis nach Navan eröffnet. Dieser Abschnitt hatte so viel gekostet, wie für den gesamten Kanal nach Trim vorgesehen war. Die Bitte der Kanalgesellschaft an die Regierung um mehr Geld wurde schließlich abschlägig beschieden.

Ein Gesetz von 1790 hatte der River Boyne Navigation Company aufgetragen, fünf Jahre nach der Fertigstellung bis Navan auch Trim zu erschließen. Dies war offensichtlich vergessen worden, bis zwischen der Gesellschaft und einem Reeder ein Streit um Kanalgebühren entstand. Als Ergebnis kam der Wasserweg, die Lower Boyne von Slane zur See unter die Kontrolle des 1835 etablierten Office of Public Works. Damit war die Profitabilität der Kanalgesellschaft sehr eingeschränkt. Ende des 19. Jahrhunderts übernahm die Regierung auch die Upper Boyne in ihre Verantwortung. 1896 wurde die Boyne Navigation Company mit dem Ziel neu gegründet, die Schiffbarkeit zwischen Drogheda und Navan zu verbessern.

Der Verkehr auf der Boyne war immer sehr beschränkt. 1915 kauften John Spicer and Co., Müller in Navan, den Wasserweg. Sie nutzten den Kanal noch bis in die 1920er-Jahre. Es gibt Überlegungen, den River Boyne wieder schiffbar zu machen. Eine Machbarkeitsstudie wurde durchgeführt und einige Arbeiten vorgenommen. Drei Abschnitte des Treidelpfades 3 km von Drogheda, 1,5 km von Slane und fast 5 km von Navan sind wieder hergerichtet.

Broharris Canal
(Ordnance Survey of Northern Ireland Discoverer Series No. 7)

Anfang des 19. Jahrhunderts wurde ein drei Kilometer langer Kanal vom Ballymacran Point im Lough Foyle nach Limavady gebaut. Er diente der Schifffahrt und der Entwässerung und war in den 1820er-Jahren fertig. Man transportierte auf ihm sperrige Güter und auch Nahrungsmittel, die aus Londonderry den River Foyle hinunterkamen. Die wichtigsten Güter werden Muscheln und Seegras gewesen sein, die man als Naturdünger auf den sandigen Böden um Limavady ausbrachte.

1827 beauftragten einige Farmer und Geschäftsleute John Killaly, die Möglichkeit eines Kanals von Limavady zum Lough Foyle zu untersuchen. Aber in den frühen 1830er-Jahren gab man die Pläne zugunsten einer Pferdeeisenbahn auf.

Castlebridge Canal
(Ordnance Survey of Ireland Discovery Series No. 77)

Diese kurze Verbindung vom River Slaney nach

Castlebridge wurde als Transportweg zu den Mühlen des Ortes gebaut, im Wesentlichen für Brauerste. James Dixon ließ ihn 1810 anlegen, nachdem er 1806 seine Mühle gebaut hatte. Die Boote waren nicht länger als 10 m und mussten durch den Kanal gestakt werden. Diese Boote, die auch segelten, so genannte Cots, konnten in den Kanal nur bei Hochwasser einfahren bzw. wieder verlassen. Kanalgebühren wurden nicht erhoben. Trotzdem blieb der Wasserweg bis Mitte des 20. Jahrhunderts in Betrieb.

Cong Canal und Lough Mask
(Ordnance Survey of Ireland Discovery Series No. 38)

Um den Lough Mask mit dem Lough Corrib zu verbinden, wurden ab 1848 fast fünf Kilometer Kanal gegraben. Man werkelte fünf Jahre und hatte auch schon zwei von geplanten drei Schleusen fertig, als der Ingenieur Samuel Roberts aus Dublin die Anweisung erhielt, die Arbeit einzustellen.

Mit dem Bau waren verschiedene Probleme verbunden – der Kanal wurde aufgegeben und nie befahren. In dem Kalksteingelände war eine wasserdichte Kanalsohle schwer zu realisieren. Man traf auf etliche Bodensenkungen. Die Kostensteigerung lag dazu erheblich über dem, was bei anderen Kanalbauten üblich war. Durch die massive Emigration dieser Jahre waren Arbeitskräfte knapp, und die Löhne stiegen beträchtlich. Ursprünglich bestand seitens der öffentlichen Auftraggeber auch die Absicht, mit dem Kanalbau Beschäftigung zu schaffen. Dieser Grund entfiel nun. Außerdem hatte sich die Eisenbahn in den Westen Irlands vorgearbeitet, und das zu erwartende Transportaufkommen auf dem Wasser war geringfügig. Die verbreitete Meinung, der Kanal sei schlecht geplant gewesen, wäre ein Sieb und sei überhaupt ein Desaster gewesen, ist überspitzt formuliert – schließlich musste er es nie beweisen.

Fergus
(Ordnance Survey of Ireland Discovery Series No. 57, 58, 64)

Der River Fergus war von unterhalb Clarecastle acht Kilometer bis zum Mündungsgebiet des Shannon immer schiffbar. Nahe der Mündung ist der Fluss breit, aber recht flach mit vielen Sandbänken und Inseln. In den 1830er-Jahren wurde beabsichtigt, den Fergus bis nach Ennis schiffbar zu machen. Aber man gab das Projekt bald wieder als unrealisierbar auf. Heute kann man bis Clarecastle fahren, die meisten Boote bleiben aber im Mündungsgebiet und in der Gegend um Coney Island.

Foyle und Strabane Canal

(Ordnance Survey of Northern Ireland Discoverer Series Nos. 7, 12; Ordnance Survey of Ireland Discovery Series No. 6)

Der Marquis von Abercorn sah am Ende des 18. Jahrhunderts die Notwendigkeit eines Kanals von Strabane zum Lough Foyle, 16 km nördlich von Londonderry. Ein Gesetz autorisierte 1792 den Bau eines 6,5 km langen Kanals. Der englische Ingenieur Richard Owen arbeitete damals an der Lagan-Kanalisierung und beriet den Marquis bei seinem Projekt. Ende des gleichen Jahres nahm man die Arbeit auf. Schon im

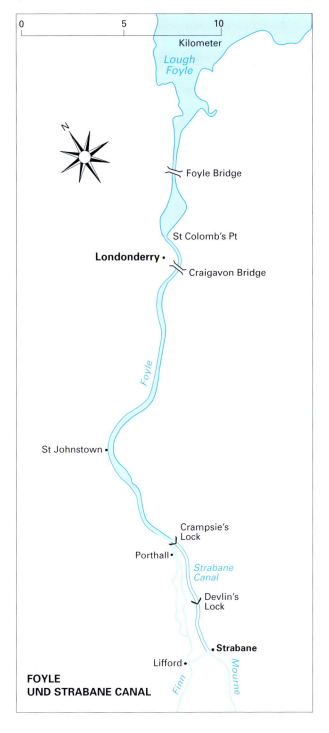

FOYLE UND STRABANE CANAL

März 1796 wurde der neue Wasserweg mit zwei großen Schleusen für seegängige 300-Tonnen-Schiffe fertig.

Anfang des 19. Jahrhunderts war der Kanal viel befahren, darunter besonders die Strecke zwischen Strabane und Londonderry, für die zwei Shilling zu entrichten waren. Strabane wurde zu einer blühenden Marktstadt, die große Mengen landwirtschaftlicher Erzeugnisse über den Kanal exportierte. 1820 wurde der Kanal an eine Gruppe von Geschäftsleuten aus der Stadt verpachtet und war weiterhin profitabel. 1836 zum Beispiel betrug das Transportaufkommen 10 500 Tonnen.

1847 wurde die Bahnlinie zwischen Londonderry und Strabane dem Verkehr übergeben; sie führte später weiter nach Omagh, Enniskillen und Belfast. Anfangs gab es nur Personenzüge, aber bald wurde auch der Güterverkehr in Konkurrenz zum Wasserweg aufgenommen. 1860 ging die Kanalgesellschaft in Konkurs. Die neu gegründete Strabane Steam Navigation Company stieg in den Pachtvertrag ein. Der Kanal gehörte weiter der Familie Abercorn, an die eine Pacht gezahlt wurde. Obwohl die Kanalgesellschaft in dieser Zeit Einnahmen von etwa 3000 £ hatte, dürfte der Überschuss nur etwa 300 £ betragen haben. Ende der 1880er-Jahre musste auch diese Gesellschaft Konkurs anmelden.

1890 gründete man die Strabane Canal Company, die einen Pachtvertrag über 31 Jahre abschloss und der Familie Abercorn dafür jährlich die feste Summe von 300 £ zahlte. Die Beziehung zwischen der Gesellschaft und dem Herzog von Abercorn gestaltete sich nicht immer einfach. Die Reeder warfen der Gesellschaft vor, nicht genug zur Erhaltung der Schiffbarkeit des Wasserweges zu investieren. Der Streit kam vor das Oberhaus, das eine Untersuchung anordnete. Sie kam zu dem Ergebnis, dass die Kanalgebühren zu hoch waren und setzte sie auf $2^{1}/_{2}$ Pence per Tonne fest, wies aber keine auszuführenden Arbeiten an. Verbesserungen blieben dann auch aus. Anfang des 20. Jahrhunderts betrug die Wassertiefe teilweise aufgrund von Versandungen, Leckagen und undichten Schleusentoren nur noch 0,6 m.

Aber der Betrieb ging weiter. 1912 wurde eine neue Gesellschaft verantwortlich, die Strabane and Foyle Navigation Company. Der Herzog verkaufte seine Pachtforderungen, blieb aber lebenslänglich Besitzer. Bis in die 1930er-Jahre wurde der Kanal weiter genutzt, doch das Verkehrsaufkommen ging stark zurück. Der obere Teil wurde 1962 geschlossen, obwohl der untere Teil des River Foyle nach wie vor schiffbar ist. Das Hafenbecken in Strabane wurde zugeschüttet; einige Stellen des Kanals führen noch etwas Wasser.

Der Strabane District Council befasst sich derzeit mit

einem Entwicklungsplan, der auch eine teilweise Restaurierung des Kanals, die Wiederherstellung der Schleusen, eine Verbesserung des Zugangs und die Erhaltung des historischen Wertes vorsieht. Die vollständige Wiederherstellung als Schifffahrtsweg ist allerdings nicht vorgesehen, in fernerer Zukunft aber auch nicht ausgeschlossen.

Maigue
(Ordnance Survey of Ireland Discovery Series No. 65)

Der River Maigue wurde bereits im Schifffahrtsgesetz von 1715 als Projekt erwähnt und war der einzige darin aufgeführte Fluss, an dem tatsächlich bald Arbeiten aufgenommen wurden. In Adare, 14 km flussauf, wurde ein Hafenbecken gebaut und der Fluss an einigen Stellen vertieft. Anfang des 19. Jahrhunderts wurde eine Klappbrücke gebaut, die mittlerweile durch eine feste Brücke ersetzt worden ist. Sie ist für die meisten Boote heute der Endpunkt, wenn sie mit der Flut in den Fluss hineinfahren.

Munster Blackwater, einschließlich Lismore Canal, Bride und Mallow–Lombardstown Canal
(Ordnance Survey of Ireland Discovery Series Nos. 80, 81)

Der River Blackwater ist von Youghal an der Küste bis Cappoquin etwa 29 km flussauf tideabhängig. In der Nähe bei Dromagh westlich der Stadt Mallow im County Cork lagen Kohlegruben. 1750 spielte die landeseigene Kohle eine große Rolle, und so gab es Pläne, den Fluss noch bis zu 50 km oberhalb von Cappoquin schiffbar zu machen. William Ockenden wurde zum Chefingenieur ernannt und begann 1759 auf dem 8 km langen Abschnitt zwischen Mallow und Lombardstown mit den Arbeiten. Zwei Jahre später war dieser Abschnitt mit zwei Schleusen fertig gestellt.

Finanziert wurde das Projekt von den Commissioners of Inland Navigation, die eine Kontrollkommission einsetzten. Ihr wurden Rechnungen für die durchgeführten Arbeiten und eine Schätzung der weiteren Kosten für den Abschnitt bis nach Dromagh vorgelegt, aber daran wurde nie mehr weitergearbeitet. Eine Gruppe von Landlords bedrängte 1800 die Kommission erfolglos zur Wiederaufnahme der Arbeiten.

Gleichzeitig begann der Herzog von Devonshire, dessen Besitz bei Cappoquin an den Blackwater grenzte, mit dem Bau eines 5,5 km langen Kanals von Cappoquin nach Lismore. Er wurde 1814 fertig.

Der River Bride, ein Nebenfluss des Blackwater, ist bei Hochwasser bis zur Tallow Bridge schiffbar. Versandungen und Untiefen gestalteten hier und am Blackwater die Navigation immer schwierig. Deshalb forderte die Shuttleworth-Kommission 1906 die Verbesserung dieser Verhältnisse, aber es geschah nichts. Die neue Brücke in Youghal ist fest und bietet, abhängig von der Tide, eine Durchfahrtshöhe von bis zu 6,5 m.

Lough Gill
(Ordnance Survey of Ireland Discovery Series No. 16)

Der Lough Gill liegt nahe der Küste bei Sligo. Von hier fließt mit einer starken Strömung der River Garavogue in den Atlantik. Dies scheint von vornherein alle Gedankenspiele über die Erschließung vom Lough Gill für die Schifffahrt ausgeschlossen zu haben. Anfang des 18. Jahrhunderts schauten die Ingenieure vielmehr in die entgegengesetzte Richtung und überlegten, einen Kanal zum Lough Allen zu bauen. Es erwies sich allerdings schnell, dass massive Schleusenbauten notwendig gewesen wären. Deshalb ließ man die Idee fallen.

Obwohl der Lough Gill also nicht an das Wasserstraßennetz angeschlossen war, verkehrten einige Schiffe auf dem See. 1843 nahm der Raddampfer *Lady of the Lake* seinen Dienst zwischen Sligo und Dromahaire auf, von wo es einen Kutschenverkehr nach Carrick-on-Shannon mit seinen Passagierschiffsverbindungen gab. Das ganze 19. Jahrhundert hindurch boten Raddampfer Vergnügungsfahrten auf dem Lough Gill an. Ab den zwanziger Jahren des vorigen Jahrhunderts übernahmen Motorschiffe diesen Dienst. Auch heute noch kann man die Insel des Dichters William Butler Yeats, Inisfree, mit dem Schiff besuchen. Überall in „Yeats' Country" finden sich zahlreiche Erinnerungen an den Nationaldichter und Nobelpreisträger von 1932, so auch im County Museum in Sligo. Hier hängen auch Gemälde von Jack Yeats, Bruder von William Butler Yeats und ein bedeutender irischer Maler.

Tralee Ship Canal
(Ordnance Survey of Ireland Discovery Series No. 71)

1828 autorisierte ein Gesetz einen Kanal zwischen Tralee und der Bucht von Tralee im Norden der Dingle-Halbinsel. Er wurde 20 Jahre später fertig und führte gezeitenabhängig über weniger als 2,5 km zu einem großen Hafenbecken für Schiffe mit bis zu 400 Tonnen. Schon Anfang des vorigen Jahrhunderts konnten aufgrund der Verlandung nur noch sehr viel kleinere Schiffe den Hafen anlaufen.

Tralee war einer der Auswandererhäfen nach Amerika. Die zurückkehrenden Schiffe brachten Getreide. Mit der zunehmenden Verlandung des Kanals ging man dazu über, die Ozeandampfer auf Reede liegen

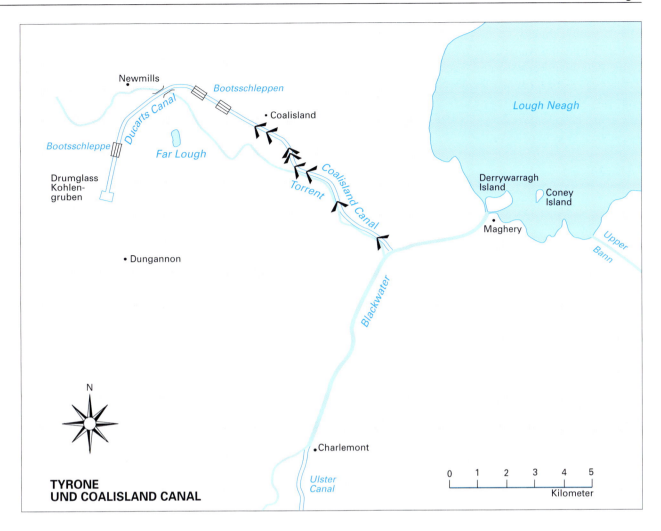

**TYRONE
UND COALISLAND CANAL**

zu lassen und Passagiere und Ladung mit Leichtern in den Hafen zu bringen. Die Limerick Steam Ship Company lief den Hafen auf dem Weg nach London oder Liverpool an.

Obwohl Teile des Hafens und des Kanals zugeschüttet wurden, wird in Tralee eine neue Marina gebaut. Die feste Brücke in Blennerville mit der Windmühle kann nun geöffnet werden. An der Nordküste der Tralee Bay gibt es in Fenit, 9 km von Blennerville, eine kleine Marina.

Tyrone und Coalisland Canal

(Ordnance Survey of Northern Ireland Discoverer Series No. 19)

Viele der Kohlegruben von Tyrone gehörten Landbesitzern aus Dublin. Als die Förderung zunahm, gab es ein starkes Interesse, die Kohle so billig wie möglich nach Dublin zu transportieren. Früh im 18. Jahrhundert begann die Diskussion über einen Wasserweg zum Lough Neagh.

Mit dem weiter führenden Newry Canal wurde 1731 begonnen, mit dem Coalisland Canal ein Jahr später. Der Kanal war etwas über 7 km lang und verband die Stadt Coalisland mit dem River Blackwater. Er hatte sieben Schleusen und einen Aquädukt über den River Torrent. Das größte Problem war für die Ingenieure der beträchtliche Höhenunterschied zwischen dem Fluss und den Gruben bei Drumglass.

Der erste Ingenieur war Acheson Johnston. Er scheint nicht nur wenig Erfahrung gehabt zu haben, sondern auch nur ein sehr begrenztes Verständnis für die technischen Probleme, die er zu lösen hatte. Das allermeiste, was unter seiner Verantwortung gebaut wurde, musste später erneuert werden. Der Kanal wurde im Tal des River Torrent gebaut, der im Winter zu einem mächtigen Fluss anzuschwellen pflegte. Der Trenndamm zwischen Fluss und Kanal hielt nicht, wie ursprünglich geplant, sodass der Kanal im Winter überflutet und im Sommer ausgetrocknet war. Aber die Entscheidung, von Newry an der Irischen See einen Kanal für 100-Tonnen-Schiffe nach Coalisland zu bauen, war gefallen. Man konsultierte den Ingenieur Thomas Omer. Er war von der Aufgabe nicht begeistert, da er gerade am Newry Canal arbeitete, den er seinem Assistenten Christopher Myers überließ. Doch Myers war von der Unpraktikabilität und Kostenintensität des Kanals überzeugt und teilte dies auch der Parlamentskommission mit.

Nun betrat Daviso de Arcort die Szene. Er schlug zur

Überwindung des Höhenunterschiedes den abschnittsweisen Transport der Boote auf Förderwagen vor. Anfangs waren dafür auch Tunnel bis in die Bergwerke vorgesehen. Später plante er dann schiefe Ebenen, so genannte Dry Hurries. Dies waren die ersten Bootsschleppen ihrer Art auf den Britischen Inseln, aber das System funktionierte nicht gut. Nach Beratung mit William Jessop verdoppelte de Arcort die Länge der Rampen und nutzte das Gewicht der herunterfahrenden Boote zum Heraufziehen des Gegenverkehrs.

Um 1800 war der Kanal in einem sehr schlechten Zustand. Die Generaldirektion der Binnenwasserstraßen ernannte einen neuen Ingenieur, Daniel Monks. Ein größeres Reparaturprogramm begann, aber die Klagen der Händler aus Coalisland und der Bergwerksbesitzer hielten an.

Es konnte nur wenig Kohle verschifft werden. Das Transportaufkommen bestand zumeist aus landwirtschaftlichen Erzeugnissen und allgemeiner Handelsware. Ironischerweise war ein Großteil der transportierten Kohle englische Kohle, die viel besser war und über Belfast auf die Insel gelangte. So wurde die Tyrone-Schifffahrt nie ein Erfolg. Als der Ulster Canal eröffnet wurde, gab es eine kurzlebige Vermehrung der Transporte. Ab den 1850er-Jahren ging das Volumen wegen der Konkurrenz der Eisenbahn erheblich zurück. In den 1880er-Jahren übernahm die Lagan Navigation Company auch die Tyrone Navigation.

Die Schiffe auf der Tyrone pendelten zumeist zwischen Belfast und Coalisland. Die Kohle spielte bald keine Rolle mehr. Nach dem Ersten Weltkrieg kam die Konkurrenz der Straße hinzu. Der Kanal wurde 1954 geschlossen, nachdem ein weiterer kontinuierlicher Rückgang zu verzeichnen war.

Upper Bann
(Ordnance Survey of Northern Ireland Discoverer Series Nos. 19, 20)

Zu diesem Revier gehört der River Bann von Whitecoat Point an der Vereinigung mit dem Newry Canal bis zum Lough Neagh und der Weg über den See und den River Blackwater bis nach Blackwatertown. Hier wurden zwischen 1847 und 1858 durch das Board of Public Works Maßnahmen als Teil der Entwässerung und Schiffbarkeit vom Lough Neagh und des Lower Bann vorgenommen. Seit Fertigstellung des Newry Canal wurde der Upper Bann als Verbindung zum Lough Neagh befahren. Die späteren Investitionen sollten die Überflutungen rund um den See einschränken. Die Gewährleistung der Schiffbarkeit oblag den örtlichen Behörden. Die aufkommende Eisenbahn führte sehr schnell dazu, dass die Kosten der

Erhaltungsmaßnahmen die Einnahmen durch Kanalgebühren überstiegen.

Ursprünglich sollten Upper und Lower Bann und Lough Neagh als ein zusammenhängendes Revier verwaltet werden, um mit den Einnahmen am Lower Bann und Lough Neagh den Upper Bann subventionieren zu können. Aber es wurden drei unabhängige Körperschaften gebildet, und die Counties am Upper Bann saßen auf hohen Kosten.

Im 20. Jahrhundert ging der Verkehr beständig zurück und war 1950 zum Erliegen gekommen. 1954 wurde die Schifffahrt offiziell eingestellt.

Es gibt Überlegungen, die Schiffbarkeit des Newry Canal und des Upper Bann wiederherzustellen, aber das wird noch eine Weile auf sich warten lassen. Ortskundige können derzeit den Upper Bann mit einem Sportboot bis Whitecoat Point befahren.

Geplante, aber nie gebaute oder vollendete Wasserwege

Die Aufstellung ist nicht vollständig, führt aber die größeren Projekte auf.

Von Armagh zum Blackwater
Die Absicht, Armagh mit dem River Blackwater und damit mit Lough Neagh durch einen Kanal zu verbinden, stammt aus dem Jahre 1800. Er sollte die Energiekosten für die Leineindustrie der Stadt senken helfen. 1815 sahen die Pläne John Killalys einen Zweigkanal vom Ulster Canal nach Armagh vor, zu dem es in den 1850er-Jahren eine Untersuchung gab. Nichts von alledem wurde realisiert.

Vom Grand Canal nach Tipperary
1808 wurde vorgeschlagen, zwischen dem Grand Canal bei Ballycommon an der Schleuse 21 nach Südwesten bis Tipperary einen mehr als 150 km langen Kanal zu bauen. John Killaly übernahm die Planungen und schlug dabei vor, die Scheitelhaltung des Grand Canal tiefer zu legen. Dann hätte der Kanal nach Tipperary keinerlei Schleusen gebraucht, wäre aber etwa 250 km lang geworden – fürwahr ein kühner Plan, der nie angegangen wurde.

Von Coleraine nach Portrush
Um die wilde See vor der Mündung des Lower Bann meiden zu können, beabsichtigte man Anfang des 19. Jahrhunderts, einen Kanal von Coleraine nach Portrush zu graben. Ende der 1820er-Jahre baute John Rennie an einem neuen Hafen in Portrush. Als er fertig war, hatte auch schon die Eisenbahn ihre Fühler in die Gegend ausgestreckt – man brauchte keinen Kanal mehr.

Von Dublin nach Dun Laoghaire

Nach 1800 plante William Jessop einen acht Kilometer langen Kanal von den Ringsend Docks in Dublin nach Dun Laoghaire, den er auf Baukosten von rund 405 000 £ schätzte. William Cubitt nahm die Idee 1833 als Seewasserkanal entlang der Küste der Bucht von Dublin wieder auf, der sehr viel billiger gewesen wäre. Aber die Eisenbahn ...

Kilkenny Canals

Das Schifffahrtsgesetz von 1715 sah bereits vor, den River Nore schiffbar zu machen, um den Handel im Land anzukurbeln. Aber solche Überlegungen hatte es auch schon im 16. Jahrhundert gegeben. 1581 belegen die Quellen bereits einige Zahlungen für Arbeiten zwischen Kilkenny und Inistioge, dann ist die Nore gezeitenabhängig.

1755 beantragten einige Herrschaften aus Kilkenny beim Parlament Zuschüsse für den Ausbau des Flusses. Thomas Omer und William Ockenden legten beide eine Planung vor. Ockenden wollte die größte Strecke entlang des Nore einen Kanal bauen, Omer den Fluss schiffbar machen. In den folgenden 50 Jahren gab es Untersuchungen, Komitees und neue Ideen. Anfang des 19. Jahrhunderts wurde dies alles zu den Akten gelegt. Andere Pläne zur Anbindung Kilkennys an das Binnenwasserstraßennetz sahen einen Zweigkanal beginnend in Athy oder von Bettyvale aus am River Barrow vor. Die Zeit ging auch über diese Ideen hinweg.

Von Larne zum Lough Neagh

John Rennie hatte den Auftrag, eine Planung für einen Kanal vom Hafen Larne an der Irischen See zum Lough Neagh vorzunehmen. Sein Vorschlag aus dem Jahre 1808 sah vor, dass der Kanal an der Hafeneinfahrt beginnen, seine Scheitelhaltung zwischen Ballygowan und Ballynure haben und bei Antrim Lough Neagh erreichen sollte. Er wäre 28 km lang gewesen und sollte zwischen 140 000 £ und 168 000 £ kosten. Der leidenschaftliche Urheber der Idee, John Farrell, konnte mit seiner Begeisterung weder die Farmer noch die Geschäftsleute der Gegend anstecken.

Von Limavady zum Lough Foyle

Obwohl in den 1820er-Jahren der Broharris Canal fertig war, bestand die örtliche Geschäftswelt auf einem eigenen Kanal von Limavady zum Lough Foyle. Der Plan von John Killaly rechnete mit Kosten von etwa 12 000 £. Der Optimismus über das Transportaufkommen war groß. Anfang der 1830er-Jahre entschied man sich für eine Pferdebahn, und der Kanal verschwand auf Nimmerwiedersehen in der Versenkung.

Vom Lough Erne nach Ballyshannon

Ein Gesetz von 1780 sah von der unteren Erne einen Kanal nach Ballyshannon am Atlantik vor. Er wäre 21 km lang gewesen und sollte 12 Schleusen haben. Der Ingenieur Richard Evans begann auch mit den Arbeiten, aber 1794 gab man das Projekt auf.

Vom Lough Foyle zum Lough Swilly

1760 befasste sich das irische Unterhaus mit Plänen, die Halbinsel zwischen beiden Fjorden im Norden der Grünen Insel mit einem Wasserweg zu durchqueren. John Rennie schätzte 1831 die Kosten auf mindestens 38 000 £. 1838 genehmigte ein Gesetz den Bau. Angesichts der technischen Schwierigkeiten verlief das Projekt im Sande.

River Liffey

Das berühmte Schifffahrtsgesetz von 1715 definierte als allgemeines Ziel „die Entwässerung und Nutzbarmachung von Mooren und Feuchtgebieten und die Erleichterung des Transportes von Gütern zwischen den Landesteilen dieses Königreiches". Der Liffey gehörte zu diesen Projekten. Man begann zügig mit der Arbeit. 1723 beantragte Stephen Costello, einer der Urheber dieser Maßnahme, beim irischen Parlament Mittel, um die Arbeiten fortführen zu können.

Der Liffey entspringt nur 24 km Luftlinie von Dublin entfernt, benötigt aber 147 Flusskilometer bis zur Hauptstadt. Gearbeitet wurde zwischen Lucan und Leixlip. Mitte der 1720er-Jahre war Schluss damit. Aber man hatte nun begriffen, dass es ohne Beteiligung der Regierung nicht ging und setzte 1729 für jede der vier irischen Provinzen Commissioners for Inland Navigation ein.

Von Strabane zum Lough Erne

Diese Verbindung zwischen dem Lough Foyle und dem Lough Erne kam 1811 in die Diskussion. Etwa alle zehn Jahre wurde sie wiederbelebt, bis Ende der 1830er-Jahre ein Landvermesser eine sehr viel günstigere und profitablere Eisenbahnverbindung vorschlug.

Vom Royal Canal zum Lough Erne

Diese 75 km lange Verbindung vom Royal Canal bei Thomastown zum Lough Erne wurde 1809 vorgeschlagen. Der Kanal sollte 10 Schleusen und einen Zweigkanal nach Ballinacargy haben. John Killaly hatte Kosten in Höhe von 320 000 £ veranschlagt – vergeblich.

Literatur

Einige der hier genannten englischsprachigen Werke sind vergriffen, aber in gut sortierten Antiquariaten noch zu erhalten.

Revierführer

Corrib Country. Tír Eolas 1998

Delany, Ruth (Hrsg.): The Shell Guide to the River Shannon. ERA-Maptec Ltd 1996

Delany, Ruth und Addis, Jeremy: Shannon Guide. Inland Waterways Association of Ireland 1978

Delany, Ruth und Addis, Jeremy: Guide to the Barrow. Inland Waterways Association of Ireland 1991

Dwyer, Kevin: Ireland – Our Island Home. The Collins Press 1997

Dwyer, Kevin: Ireland – The Inner Island. The Collins Press 2000

Ellison, Cyril: The Waters of the Boyne and Blackwater. Blackwater 1983

Feehan, John M.: The Magic of the Shannon. Mercier 1980

Gardner, Raymond: Land of time enough: a journey through the waterways of Ireland. Hodder & Stoughton 1977

Guide to the Barrow Navigation of Ireland. Dúchas The Heritage Service 1998

Guide to the Grand Canal of Ireland. The Waterways Service 1995

Guide to the Royal Canal of Ireland. The Waterways Service 1997

Henry, Maeve: The River Shannon. The Conna Press 1996

Heyward, Richard: Where the River Shannon Flows. Dundalgan Press 1989

Irish Cruising Club: South and West Coasts of Ireland. Irish Cruising Club 1999

Irish Cruising Club: East and North Coasts of Ireland. Irish Cruising Club 1999

Malet, Hugh: In the Wake of the Gods: on the waterways of Ireland. Chatto & Windus 1970

Malet, Hugh: Voyage in a Bowler Hat ‚Eire & UK'. M. & M. Baldwin 1985

McKnight, Hugh: The Shell Book of the Inland Waterways. David & Charles 1981

Moriarty, Christopher: Down the Dodder. Wolfhound 1991

Nowlan, David (Hrsg.): Silver River: a celebration of 25 years of the Shannon Boat Rally. Inland Waterways Association of Ireland 1985

O'Sullivan, T. F.: Goodly Barrow. Lilliput Press 2001

Ransom, P. J. G.: Holiday Cruising in Ireland. David & Charles 1971

Rice, H. J.: Thanks for the Memory. Inland Waterways Association of Ireland (Athlone Branch) 1974

Rogers, Mary: Prospect of Erne (NI). Fermanagh Field Club 1967

Rolt, L. T. C.: Green and Silver. Inland Waterways Association of Ireland 1993

Tipper, Bernadette: The River Shannon. A Boaters Guide. Town House 1987

Geschichte der irischen Wasserwege

Blair, May: Once upon the Lagan: the story of the Lagan Canal. Blackstaff 2000

Boughey, Joseph: Hadfield's British Canals. Alan Sutton Publishing Ltd 1994

Clarke, Peter: The Royal Canal: the Complete Story. Elo Publications 1992

D'Arcy, Gerard: Portrait of the Grand Canal (Eire). Transport Research Associates 1969

Delany, Ruth: A celebration of 250 years of Ireland's Inland Waterways. Appletree 1986

Delany, Ruth: Ireland's Royal Canal 1789–1992. The Lilliput Press 1992

Delany, Ruth: The Grand Canal of Ireland. The Lilliput Press 1995

Delany, V. T. H. und D. R.: The Canals of the South of Ireland. David & Charles 1966

Flanagan, Patrick: The Ballinamore & Ballyconnel Canal. David & Charles 1972

Flanagan, Patrick: The Shannon–Erne Waterway. Wolfhound Press 1994

Martin, Michael (Hrsg.): Inland Waterways of Ireland Silver Jubilee 1954–79. Inland Waterways of Ireland 1979

McCutcheon, W. A.: The Canals of the North of Ireland. David & Charles 1965

McNeill, D. B.: Coastal Passenger Steamers and Inland Navigations in the North of Ireland. Belfast Museum & Art Gallery 1960

McNeill, D. B.: Coastal Passenger Steamers and Inland Navigations in the South of Ireland. Belfast Museum & Art Gallery 1965

Paget-Tomlinson, Edward: The Illustrated. History of Canal and River Navigations. Academic Press 1994

Praeger, R. L.: The `Way that I Went. Methuen & Hodges Figgis 1947

Ransome, P. J. G.: The Archaeology of Canals. World's Work 1979

Raven-Hart, R.: Canoeing in Ireland. London Canoe and Small Boat 1938

Scott-James, R. A.: An Englishman in Ireland. J. M. Dent 1910

Semple, Maurice: Some Galway Memories. Semple 1969

Semple, Maurice: Reflections of Lough Corrib. Semple 1973

Semple, Maurice: By the Corribside. Semple 1981

Wakeman, W. F.: Three Days on the Shannon. Hodges & Smith 1852

Wilde, Sir William: Lough Corrib. M'Glashan 1867

Wilde, Sir William: The Beauties of the Boyne and its Tributary the Blackwater. M'Glashan & Gill 1850

Allgemeine Reiseführer

Bord Fáilte: Guide to Ireland. Gill & Macmillan 2000

de Buitlear, E.: Irish Rivers. Country House 1985

Campbell, Georgina: Ireland's Finest Places to Eat, Drink and Stay. Georgina Campbell Guides 2001

Day, Catharina: Cadogan Guides: Ireland. Cadogan Books 1998

Eyewitness Travel Guide to Ireland. Dorling Kindersley 1997

Fodor's Ireland. Fodor 1998

Frommer's Ireland. Macmillan 1997

Gillmor, D. (Hrsg.): The Irish Countryside. Wolfhound Press 1987

Globetrotter Guide: Ireland. 2000

Insight Guide to Ireland. APA 1998

Hawks, Tony: Round Ireland with a Fridge. Ebury Press 1998

Hidden Places of Ireland. Travel Publishing Ltd 2000

Kerridge, Roy: Jaunting through Ireland. Michael Joseph 1991

Lalor, Brian: Blue Guide Ireland. A&C Black 1998

Lee, J. J.: Ireland County by County. Salamander

Mitchell, G. F.: The Shell Guide to reading the Irish Landscape. Dublin Country House 1986

Mitchell, F. (Hrsg.): The Book of the Irish Countryside. Blackstaff 1987

Newsham, Brad: Spectacular Ireland. Könemann U. K. Ltd 2000

O'Rielly, P.: Trout and Salmon Rivers of Ireland. Unwin Hyman 1987

O'Rielly, P.: Trout and Salmon Loughs of Ireland. Merlin Unwin Books 1998

Perry, Tim und Gerard-Sharp, Lisa: Portrait of Ireland. Dorling Kindersley 2000

Somerville-Large, Peter und Hawkes, Jason: Ireland from the Air. Orion Paperbacks 1998

Webb & Bower Dumont Guide Ireland. Webb & Bower 1985

Wanderführer

Fewer, Michael: Irish Waterside Walks. Gill & Macmillan 1997

Fewer, Michael: The Way-marked Trails of Ireland. Gill & Macmillan 1996

Geschichte Irlands

Craig, Patricia (Hrsg.): The Oxford Book of Ireland. Oxford University Press 1998

Foster, R. F. (Hrsg.): The Oxford Illustrated History of Ireland. Oxford University Press 1998

Lydon, James: The Making of Ireland. Routledge 1998

Neville, Peter: A Traveller's History of Ireland. The Windrush Press 1992

O'Brien, Conor Cruise und Máire: A Concise History of Ireland. Thames & Hudson 1973

Naturführer, Bestimmungsbücher

Cabot, David: Collins New Naturalist: Ireland. HarperCollins 1999

Chinery, Michael: Larousse Field Guides: Wildlife. Larousse 1996

Gooders, John: Larousse Field Guides: Birds of Britain and Ireland. Larousse 1995

Praeger, K. L.: Natural History of Ireland. EP Publishing 1972

Sutton, David: Larousse Field Guides: Wildflowers. Larousse 1995

Sutton, David: Larousse Field Guides: Trees of Britain and Europe. Larousse 1998

Turpin, Richard und Lay, Paul: Enchanted Ireland. Little, Brown & Co. 2001

Wilson Foster, John und Chesney, Helena C. G.: Nature in Ireland. Lilliput Press 1997

Deutschsprachige Literatur

Angeln in Irland. Hamburg 2001

Borowski, Birgit u. a.: Baedeker Allianz Reiseführer Irland. Ostfildern/München 2002

Braun, Ralph-Raymond und Wuhrer, Pit: Irland. Erlangen 2001

Braunschläger, Franz-Michael: Abenteuer und Reisen Irland. Ostfildern 1996

Dubilski, Petra: Irland. Richtig reisen. Köln 2002

Elvert, Jürgen: Geschichte Irlands. München 1999

Gerard-Sharp, Lisa und Perry, Tim: Vis à Vis Irland. Starnberg 2001

Hofmann, Tessa: Irland. Bremen 1998

Kossow, Annette: Irland. Reise-Handbuch. Dormagen 2002

Maletzke, Elsemarie: Irish Times. Unterwegs in Irland und Schottland. Frankfurt/Main 1996

Merian Irland. Hamburg 2000

Rappel, Franz: Irland. Seefeld 2001

Schreiber, Hermann: Irland. Seine Geschichte – seine Menschen. Gernsbach 1997

Semsek, Hans-Günter: Irland. Bielefeld 2001

Stieglitz, Andreas: Wandern in Irland. Köln 2002

Wagner, Margit: Irland. Ein Reisebegleiter. München 2001

Register

Abbey, River 118, 120
Abbeyleix 79
Abbeyshrule 95, 99, 101
Acres Lake 105
Adare 115, 118, 148
Aghalane 126
Aghalane Bridge 126
Aghalee 62
Agivey 28
Allenwood 55
Annaghdown, Priorei 65
Antrim 71, 72, 73, 74, 151
Antrim Bay 73
Ardhowen 45
Ardnacrusha 98, 103, 105, 116, 117, 120
Ardreigh 31
Ards 130
Arigna 94
Armagh 150
Armstrong Bridge 56
Arthurstown 34
Ashford Castle 63
Askeaton 118
Assaroe Lake 45
Athleague 136
Athlone 96, 101, 110, 111, 115, 120, 135
Athy 29, 30, 31, 32, 34, 47, 50, 57, 58, 151
Audley's Castle 132
Aughinish Point 118

Baal's Bridge 118, 120
Bagenalstown 32
Ballagan Point 38
Ballina 101
Ballinacargy, Zweigkanal nach 151
Ballinamore 123, 124, 125, 126
Ballinamore and Ballyconnell Canal 122, 142
Ballinasloe 48, 49, 56, 57, 112, 134, 135, 136, 137
Ballinasloe, Zweigkanal nach 58, 60, 112, 113
Ballinderry, River 70
Ballinduff Bay 65
Ballintra 105
Ballitore 30
Ballycommon 56, 150
Ballyconnell 123, 125, 126
Ballycowan Castle 56
Ballycurrin 65
Ballyellen 32, 33
Ballygowan 151
Ballyhack 34
Ballyhenry 133
Ballyholme Bay 37
Ballykeeran Bay 109
Ballymacegan Island 113
Ballymacran Point 146
Ballymagauran 126

Ballymagauran Lough 126
Ballymahon 101
Ballynacargy 99, 100
Ballynasheera Castle 113
Ballynure 151
Ballyquintin 130
Ballyragget 79
Ballyronan 72, 73, 74
Ballyshannon 45, 122, 140, 151
Ballyteague Bog 47
Ballyteague Castle 57
Ballyvally Point 116
Baltinglass 128
Banagher 112, 113, 115, 120
Bangor 36, 37
Bann, River 38, 40, 72, 76, 77, 150
  s. auch Upper und Lower Bann
Bantry Bay 108
Barley Harbour 120
Barmouth, The 26, 27, 28
Barrow Line 29, 34, 47, 52, 55, 57, 58
Barrow, River 29 ff., 46, 47, 54, 57, 58, 79, 80, 93, 137, 139, 151
Battery 73
Battlebridge 105
Belfast 27, 35, 36, 37, 40, 60, 61, 62, 71, 76, 78, 122, 130, 140, 142, 150
Belfast Lough 35, 36, 37, 60, 62
Bellaghy 28
Bellaghy Bawn 28
Bellanaleck 45
Belleek 41, 42, 44, 45
Bellevue Point 114
Belmont 56
Belmullet Canal 145
Belturbet 40, 42, 45, 123, 124, 126
Benburb 142, 143
Bennetsbridge 79
Bethlehem Point 108
Bettyvale 151
Binns' Bridge 100
Black Castle 32
Black Head 36
Black Islands 108
Black Pig's Dyke 103
Blackbrink Bay 108
Blacksod Bay 145
Blackwater, River 46, 71, 72, 73, 140, 141, 142, 143, 148, 149, 150
Blackwater-Aquädukt 100
Blackwatertown 73, 143, 150
Blackwood Feeder 55
Blackwood Point 108
Blanchardstown 99
Blennerville 149
Blundell-Aquädukt 55
Boa Island 44
Bog of Allen 46, 47, 55
Bord na Mona 55, 56, 111, 120, 136

Boyle 105, 111
Boyle Water 105, 120, 121
Boyne, River 23, 46, 103, 105, 111, 145, 146
  s. auch Upper und Lower Boyne
Boyne-Aquädukt 100
Bride, River 148
Broad Haven 145
Broad Water 61, 62
Broadmeadow 43, 45
Brockagh 72, 73
Broharris Canal 146
Brosna, River 46, 47, 56, 112
Browneshill Dolmen 30
Buncrana 74, 75
Bunratty Castle 114
Bushmills 27, 28
Bushy Island 116

Cameron Island 115
Camlin, River 105, 106
Cannon Island 119
Cappa Bog 100
Cappoquin 148
Carledon 143
Carlingford 39, 40
Carlingford Lough 38, 39, 40, 72, 77, 78, 79
Carlow 29, 30, 31, 32, 34
Carnadoe Waters 103, 105, 106, 120, 122
Carrickarory 68
Carrickfergus 36, 37
Carrick-on-Shannon 103, 105, 115, 120, 123, 124, 126, 148
Carrick-on-Suir 137, 138, 139
Carrig 118
Carrybridge 42, 45
Cartland Bridge 52
Castle Caldwell 41
Castle Coole 45
Castle Forbes 106
Castle Island 133
Castle John 125
Castle Ward 132
Castlebridge Canal 130, 146
Castlecomer 48
Castlefore 125
Castlerea 134, 136
Castlestrange 134
Castletown Bay 115
Chapel Bay 36
Chapel Island 133
Charlemont 140, 141, 142, 142
Charlemont Bridge 73
Charlestown 72
Charlie's Island 110
Cheek Point 34, 137, 138, 139
Chruch Island 126
Circular Line 47, 53, 54, 58